# 相剋の中世

佐藤和彦先生退官記念論文集

東京堂出版

# 目　次

# 相剋の中世

# 戦後中世史学の展開と課題

佐藤和彦

## はじめに

第二次世界大戦後の歴史研究は、戦争中抑圧されていた学問・思想の自由が復活し、民主化が進むなかで、歴史意識の変革を求めて活発に動き出した。一九四五年十二月、ＧＨＱは「修身・日本歴史・地理の授業停止」を指令したが、翌年一月には、民主々義科学者協会が創立され、東京でも京都でも、科学的歴史研究の創造をめざして活動が再開されつつあった。一九四六年五月には、『日本史研究』が創刊され、六月には、『歴史学研究』が復刊された。(1)

歴史学は、農地改革、天皇制、家族制度など現実的課題の史的解明に、きわめて有効な武器であった。

以降、半世紀を経るなかで、歴史学研究はさまざまな課題に直面し、紆余曲折の展開をとげてきた。しかし、ここ数年、歴史の発展と、発展の主体をあいまいにする思想状況が急速に進み、歴史学の前途には暗雲が垂れこめている。はたして、歴史学は現実的課題解明の武器たりうるのであろうか。

この命題にせまるためには、まず、戦後歴史学（小稿の場合は中世史学）の展開過程を検討し、先学の仕事を謙虚に学びとることが大切である。それは、新たな課題を追求するための基礎的作業である。しかるのち、現実的課題と切り結ぶ方法の発見に努力していくことが必要であろう。

## 一　社会発展の法則と構成体の研究

「人間が生き、闘い、かくして歴史を形成してきた一箇の世界」を解明した石母田正『中世的世界の形成』（伊藤書店、一九四六年）は、中世史学のみならず、戦後の歴史学に決定的影響を与えた。四五年から五〇年代にかけての歴史学の特徴は、社会発展の法則認識であり、社会構成体の研究とともに、土地制度史の理解が深められていったことにある。石母田の領主制理論に対する批判検討を通じて、歴史発展の主体についての論争が生まれ（いわゆる鈴木・石母田論争）、南北朝封建革命論、太閤検地論争が展開し、歴史変革の主体が追求され、歴史認識の方法が一段と深化していった。(2)

領主制理論と直接的にはかかわらない研究も進んでいたことは揚言するまでもない。民衆の生活実態を追求し、戦前以来の研究を深化させていた西岡虎之助『民衆生活史研究』（福村書店、四八年）、実証史学の伝統をさらに深めつつ独自の国制史研究を進めていた佐藤進一『幕府論』（中央公論社、四九年）、地方史・女性史・部落史の重要性を指摘して、民衆文化論を展開していた林屋辰三郎『中世文化の基調』（東京大学出版会、五三年）などである。これらの研究は、きたるべき歴史学の方向性を示唆するものであった。

## 二　領主制の再検討と民衆史研究

一九六〇年代から七〇年代にかけて、安保闘争の挫折と高度経済成長がもたらしたさまざまな歪をいかに克服するのかといった現実的課題のなかから、民衆史研究が歴史学の前面に登場した。やがて、民衆史研究は巨大な流れとなって歴史学の諸分野に影響を与えるようになる。民衆思想史が追求され、人民闘争論が提起された。民衆を主体とする初めての通史『日本民衆の歴史』が刊行された。(3) 中世史の分野としては、稲垣泰彦と戸田芳実によって『土一揆と内乱』(三省堂、七五年)が編集され、佐藤和彦と黒川直則が執筆に参加した。(4)

階級闘争と国家の問題を統一的に把握することを目指して、原秀三郎・峰岸純夫・佐々木潤之介・中村政則らによって、『大系　日本国家史』(東京大学出版会、七五年)が編集された。脇田晴子・田端泰子らによる女性史研究も本格的に開始された(『日本女性史』東京大学出版会、八二年)。

石母田の領主制理論を再検討し、封建社会の成立と中世社会の構造を独自に解明しようとしたのは、戸田芳実『日本領主制成立史の研究』(岩波書店、六七年)、河音能平『中世封建制成立史論』(東京大学出版会、七一年)、大山喬平『日本中世農村史の研究』(岩波書店、七八年)らの研究である。かれらは、荘園領主と在地領主が総体として封建領主階級を構成し、下人を農奴として掌握支配していると立論した。

黒田俊雄は石母田の領主制論を批判し、中世社会における在地領主の位置を副次的なものと評価し、名主経営を小経営であると把握し、荘園領主と名主との関係に封建制の日本的形態を見い出している(『日本中世封建制論』東京大学出版会、七四年)。この延長線上に、公家・武家・寺社が相互に支配機能を分担しつつ、全体として人民を支配するという「権門体制論」が構想されたのである（『日本中世の国家と宗教』岩波書店、七五年）。権門体制論は、中世国家史の研究を進捗させる契機となった。(5) 国家史研究の枠組を超えて、国家領域を東アジア世界との関連で論じた村井章介『アジアのなかの中世日本』（校倉書房、八八年）も注目すべき成果である。

このような動向に対して、永原慶二は中世社会の発展を在地領主制の展開過程と把握し、中世前期における荘園領主と在地領主との関係を「職」の秩序を媒介にして認識し、領主制の確立を大名領国制に求めている（『体系　日本歴史(3)大名領国制』日本評論社、六八年。同『日本中世の社会と国家』日本放送出版協会、八二年）。

在地領主制論に立脚すれば、南北朝内乱をどのように把握するかが大きな論点となる。小泉宣右は、南北朝内乱を領主制の矛盾と把握し（『悪党』教育社、八一年）、佐藤和彦は、内乱期社会の本質を農民闘争と悪党蜂起との緊張関係に焦点をあわせて追求した（『南北朝内乱史論』東京大学出版会、七九年）。佐藤は西岡虎之助の研究視点を学び、農民の生活・生産・闘争の具体的様相を一貫して把握しようとしている。

林屋辰三郎の視点を継承しつつ、民衆の生活文化を追求した横井清は、中世民衆の日常生活の実相と民衆内部の差別意識とを解明し、中世社会における身分制問題を検討するための重要な論点を提起した（『中世民衆の生活文化』東京大学出版会、七五年。この仕事は後年の『的と胞衣』平凡社、八八年に繋がれるものである）。三浦圭一は、牧歌的な惣村論、惣村への平等幻想を打破し、惣の内部矛盾を鋭く剔出した。中世民衆の生活を階級的視点を貫きつつ検討し貴重な成果をあげた（『中世民衆生活史の研究』思文閣出版、八一年）。

## 三　新しいパラダイムの発見

　戦後二十年を経過するなかで、歴史学研究が硬直した理論的な枠囲にとらわれて、いつしか自由な発想を失ない、研究が隘路を彷徨しつつあった時、中世史研究の総点検を呼びかけたのが石井進である。石井は、硬直しきった中世史把握の枠囲を厳しく批判し、新しいパラダイムを発見するために、研究を総点検し、中世社会論の地平を切り開こうとしたのである。かれは、「日本史上における中世とはいかなる時代か。日本中世社会の社会全体としての特色をどうとらえ直すのか」と所論を展開した（「中世社会論」岩波書店、七六年、のち、『中世史を考える』校倉書房、九一年に所収）。ところで、パラダイムとは、トーマス・クーンによって提唱された科学革命の過程を研究するための基本的概念のことであり（『科学革命の構造』みすず書房、七一年）、中山茂『歴史としての学問』（中央公論社、七四年）によれば、さまざまな論争の結果成立する問題解決のための出発点であり、基本的業績であるという。しかし、専門家集団によって認知された基本的業績も、やがて、矛盾を顕在化させ、新しいパラダイムにとってかわられると説明されている。歴史科学の弁証法的展開にほかならない。

　さて、こうして、一九七〇年代後半から八〇年代にかけて、歴史の読み直しが各分野において開始されることとなった。その成果はどのようなものであったろうか。

　網野善彦は、戦後中世史研究が看過してきた非農業民や職人の世界に光をあて、中世史研究の新生面を切り開いた。非人を「職人」身分として把握するという独自の非人論を展開した（『日本中世の非農業民と天皇』岩波書店、八四年）。定着民としての平民（農民）と遍歴する職人（「非農業民」）との生活実態を追求した網野は、さらに、日本文化を農業というひとつの軸だけでとらえてはならないこと、領主権力の及ばない場の存在をも研究の対象とすべきであると主張している（『無縁・公界・楽』平凡社、七八年）。

中世社会における身分制を追求する作業は、当該社会の本質規定にかかわるだけに重要であり、より慎重に遂行されねばならないだろう。そのさい、非人身分をどのように位置づけるかは、中世身分論における最大の論点となる。黒田俊雄は、公私の隷属関係からはなれた非人を体制外身分であると論じている（『日本中世の国家と宗教』岩波書店、七五年）。大山喬平は、非人身分をキヨメという社会分業の編成形態としてとらえ、百姓・凡下の特殊形態であると規定した（『日本中世農村史の研究』岩波書店、七八年）。身分制研究は絵巻を検討して非人身分論を展開した黒田日出男（『境界の中世　象徴の中世』東京大学出版会、八六年）、中世非人が検非違使によって支配統轄されていたことを解明した丹生谷哲一（『検非違使』平凡社、八六年）、清水坂非人と京都市中の葬送との関連を論じた馬田綾子（「中世京都における寺院と民衆」〈『日本史研究』二三五、八二年〉）によって深められた。馬田によれば、中世後期、清水坂非人が乞場の縄張りと重なりあう形で京都市中の葬送を統轄する権利を有するようになるという。中世前期の非人を動態的に把握した細川涼一は差別からの身分解放を主張し、非人が中世社会における重要な役割を職掌として担っていたことを論じ、生活史からの視角・研究の重要性を強調している（『中世の身分制と非人』日本エディタースクール出版部、九四年）。勧進場・草場・旦那場・舞場など、土地支配とは異なるさまざまな「場」を検討した三浦圭一『日本中世賤民史の研究』（思文閣出版、九〇年）は、中世の被差別民衆（非人・河原者）が葬送・墓穴掘りなどの呪術的・宗教的な、しかして、人間の一生の終りである死とかかわる重要な職掌を担っていたことを明らかにしている。部落の歴史を「貧困と差別」の歴史から、部落が社会構造のなかで果した「生産と労働」の観点でとらえ直すことを要求した松崎武俊の主張を大切にしていくべきであろう（『部落解放史　ふくおか』一八、七九年）。

歴史の読み直しが進められるなかで、社会史が重要な位置を占めるにつれて、歴史における日常性・集合心性・社会的結合関係が重視されるようになった。集合心性と社会的関係をめぐる研究は、一揆史研究においてもさまざまな成果を生んだ。青木美智男他編による『一揆　一―五』（東京大学出版会、八一年）は、一揆を前近代日本の固有の階級闘争であるととらえ、その結合様式・行動形態・意識状況などを追求した。(6) 勝俣鎮夫の『一揆』（岩波書店、八二年）は、一揆状況を歴史具体的に解明して興味深い。一揆発動のさいの、一味神水の作法や寺社の鐘の音の持つ意味が、入間田宣夫『百姓申状と起請文の世界』（東京大学出版会、八六年）、千々和到「中世民衆の意識と思想」（『一揆　四』東京大学出版会、八一年）、神田千里「鐘と中世の人びと」（『遙かなる中世』四、八〇年）、峰岸純夫「誓約の鐘」（『都立大学人文学報』一五四、八二年）らによって追求されている。鐘をつく権利は、誰が持っていたのか。領主階級から村落レヴェル（生産共同体、政治共同体など）にいたる人々を対象とした検討が必要であろう。

民衆の日常生活に果たした音声の役割の検討も進み、藤木久志「言葉戦いの習俗」（『戦国の作法』平凡社、七八年）や西岡芳文「『音』の世界を垣間見る」（『新視点　四　日本の歴史』新人物往来社、九三年）らの成果となっている。

社会史研究の一つの到達点は、一九八六年から八七年にかけて刊行された『日本の社会史』全八巻（岩波書店）であろう。従来の研究が軽視してきた非農業民・女性・病者などに注目しつつ、地域史を重視し、周辺世界との関連を追求して大きな成果をあげた。なかでも、東アジア通交圏の特質を検討し、列島内外の交通と国家領域との関連を明らかにしようとした論稿が興味を引いた。(7) 聖と俗の世界の接点としての境界を論じた高橋昌明「境界の祭礼」は、鬼を媒体として中世人の集団心性の本質にせまるものであった（『境界領域と交通』）。

この間、荘園絵図の解読も進展した。荘園史研究の長い歴史のなかで、荘園絵図は常に傍証資料として位置づけられてきたが、西岡虎之助編『日本荘園絵図集成　上・下』（東京堂出版、七六・七七年）の刊行をきっかけに、一つの独立した研究対象となった。一九八二年の日本史研究会五月例会における荘園絵図の研究方法をめぐる真摯な討議が、以後の研究に大きな影響を与えつつある。荘園絵図に表現された小宇宙のなかに、領主と荘民との関係のみならず、中世社会の矛盾と発展の諸相を読みとることが必要であろう。(8)

佐藤進一の学風をうけつぐ笠松宏至の研究にも注目が集まっている。笠松は徳政に焦点をあてて、中世の政治社会思想を追求し、中世国家史のみならず、民衆運動史研究にも大きな影響を与えている(『日本中世法史論』東京大学出版会、七九年。『徳政令』岩波書店、八三年)。言葉の一つ一つの意味を探り出し、その歴史的意義を適確に指摘する手法は、他の追従を許さない(『中世人との対話』東京大学出版会、九七年)。保立道久の所論(「中世初期の国家と庄園制」〈『日本史研究』三六二・三六七、九二・九三年〉。『物語の中世』東京大学出版会、九八年)や、海津一朗の研究法(『中世の変革と徳政』吉川弘文館、九四年)に視点がうけつがれている。

## 四　地域社会史と家族史の深化

一九八〇年代後半から九〇年代にかけて、地域社会史の研究が深められ、情報伝達の方法や周縁的存在者のあり方にまで目配りがゆきとどくようになった。国家儀礼と王権論も在地の側から照射されはじめた。

地域社会史の視点から、村の日常的な営みを重視し、紛争解決手段として村の武力などを追求したのは藤木久志(『戦国の作法』平凡社、八七年。『戦国史をみる目』校倉書房、九五年。『雑兵たちの戦場』朝日新聞社、九五年)である。藤木は「歴史のなかの民衆が戦争と平和にどうコミットしたか」を問いつづけ、中世が飢饉・疫病・戦争のあいつぐ時代であったことを強調し、危機管理のあり方を解明して、「女性・一揆・侵略」は「いまなお現代史の真っただ中にある」と警告する（『戦国史をみる目』）。藤木の研究法は、小林一岳「鎌倉・南北朝期の領主『一揆』と当知行」（『歴史学研究』六三八、九二年）、稲葉継陽『戦国時代の荘園制と村落』（校倉書房、九八年）、池上裕子「戦国の村落」（『日本通史　中世四』岩波書店、九四年）などに影響を与えている。黒田弘子も藤木の方法に学びつつ、百姓の知的力量を重視し、丹念な史料点検をくりかえしつつ農民闘争史の研究を進めている（『ミミヲキリ　ハナヲソギ』吉川弘文館、九五年）。農民闘争との関連でいえば、田中克行「村の『半済』と戦乱・徳政一揆」（『史学雑誌』一〇二―六、九三年。のち『中世の惣村と文書』山川出版社、九八年に所収）にも注目したい。田中は一揆史研究と村落史研究の融合を進めるべきであると提言している。京都を中心とする「徳政一揆」の行動については、酒井紀美の研究が具体的かつ詳細である（「中世後期の在地社会」〈『日本史研究』三七九、九四年〉、のち、『日本中世の在地社会』吉川弘文館、九九年に所収）。

情報伝達に関しては、酒井紀美「中世社会における風聞と検断」（『歴史学研究』五五三、八六年、のち『日本中世の在地社会』に所収）、[9]同『中世のうわさ』（吉川弘文館、九七年）、佐藤和彦「内乱期社会の研究視角」（『歴史地理教育』四七二、九一年、のち『日本中世の内乱と民衆運動』校倉書房、九六年に所収）、榎原雅治「中世後期の地域社会と村落祭礼」（『歴史学研究』七三八、九二年）などがある。『中世のうわさ』において、酒井は、中世の民衆的世界・寺院組織における犯罪捜索にさいして、風聞や落書がいかなる意味を持っていたかを追求している。

国家儀礼と王権論については、国家儀礼と民間儀礼とのかかわりを追求した井原今朝雄『日本中世の国家と家政』（校倉書房、九五年）、農事暦や年中行事に焦点をあわせた木村茂光『日本古代・中世畠作史の研究』（校倉書房、九二年）、後白河法皇の異色評伝といわれる棚橋光男「転形期の王権」（『講座・前近代の天皇』一、青木書店、九二年）、内乱史研究のなかで王権のあり方にせまった伊藤喜良『日本中世の王権と権威』（思文閣出版、九三年）、古代王権を支えた祭儀がどのようにして、中世の王権と国家を支える神話や儀礼に転換したかを詳述した桜井好朗『祭儀と注釈』（吉川弘文館、九三年）などが重要である。

中世の政治・経済の分野について言及すれば、鎌倉末・南北朝期における諸矛盾の集中的表現である悪党をめぐる研究が進み、室町期における守護領国の支配組織、室町幕府の権力構造が具体的に解明されつつあるといってもよかろう。

悪党研究は、悪党とは鎌倉幕府の訴訟用語であると規定した山陰加春夫「『悪党』に関する基礎的考察」（『日本史研究』一七八、七七年。のち『中世高野山史の研究』〈清文堂出版、九七年〉において論点が深められた）、悪党と漂泊世界とのかかわりを論じた新井孝重『中世悪党の研究』（吉川弘文館、九〇年）、諸権門の用いた悪党処分の手続きを明らかにした近藤成一「悪党召し捕りの構造」（永原慶二編『中世の発見』吉川弘文館、九三年）、鎌倉中末期の政治社会史（蒙古襲来と全国的な徳政興行）のなかに、悪党問題を位置づけた海津一朗（『中世の変革と徳政』吉川弘文館、九四年）らを中心に展開しているといえよう。[10]　網野善彦『悪党と海賊』（法政大学出版局、九五年）は、戦前・戦中の悪党論研究の評価から、現段階にいたる論点にまで言及しており、きわめて刺激的である。中世史研究の新しい切り口を模索している悪党研究会編『悪党の中世』（岩田書院、九八年）の諸論稿にも注目しておきたい。

守護領国の支配組織、室町幕府の権力構造、幕府権力と東国などについては、田沼睦「室町幕府・守護・国人」（『岩波講座　日本歴史七』岩波書店、七六年）の視点を進展させた岸田裕之『大名領国の構成的展開』（吉川弘文館、八三年）、今谷明『室町幕府解体過程の研究』（岩波書店、八五年）、石田晴男「室町幕府・守護・国人体制と『一揆』」（『歴史学研究』五八六、八八年）、峰岸純夫『中世の東国』（東京大学出版会、八九年）、佐藤博信『中世東国の支配構造』（思文閣出版、八九年）、山田邦明『鎌倉府と関東』（校倉書房、九五年）などがある。

戦国期の大名権力と構造、村落実態、物流や都市については、池享『大名領国制の研究』（校倉書房、九五年）、勝俣鎮夫『戦国時代論』（岩波書店、九六年）、永原慶二『戦国期の政治・経済構造』（岩波書店、九七年）、池上裕子『戦国時代社会構造の研究』（校倉書房、九九年）などが、それぞれに重要な論点を提起しており興味深い。

海が人々と地域の交流に果した役割を重視し、検討すべきであるとの網野善彦『海と列島の中世』（日本エディタースクール出版部、九二年）、『日本社会再考』（小学館、九四年）の提言は、綿貫友子「中世後期東国における流通の展開と地域社会」（『歴史学研究』増刊号、九四年。のち、『中世東国の太平洋海運』東京大学出版会、九八年に所収）に受けつがれ、発展させられている。伊勢大湊における海商の実態、熊野の海商と関東との深い関係を見事に描き出した永原慶二「熊野・伊勢商人と中世の東国」（小川信先生古希記念論集『日本中世政治社会の研究』続群書類従完成会、九一年）・「南朝と伊勢大湊」（『ビクトリアル足利尊氏』学習研究社、九一年、以上の二論文は『室町戦国の社会』吉川弘文館、九二年に所収）、さらには、「戦国織豊期の日本海海運の構造」（『知多半島の歴史と現在』七、九六年。のち『戦国期の政治経済構造』岩波書店、九七年に所収）も貴重である。

人の一生を追究する研究も、家族史、女性史の展開につれて深められ、子どもや老人、母性のライフサイクル、疫病の問題が解明されつつある。飯沼賢司「日本中世の家父長制について」（『比較家族史研究』二、八七年）・「女性名から見た中世の女性の社会的位置」（『歴史評論』四四三、八七年）は家族史にとって興味深い論点を提示した。黒田日出男『「絵巻」子どもの登場』（河出書房新社、八九年）、新村拓『老いと看取りの社会史』（法政大学出版局、九一年）、服藤早苗『家成立史の研究』（校倉書房、九一年）、田端泰子の『日本中世女性史論』（塙書房、九四年）、脇田晴子『日本中世女性史の研究』（東京大学出版会、九二年）、『中世に生きる女たち』（岩波書店、九五年）などに注目すべきであろう。家族と個人にかかわる問題を提起した坂田聡『日本中世の氏・家・村』（校倉書房、九七年）も重要である。

村落景観をイエとムラという社会的諸集団の編成原理を示す史料として読み解こうという水野章二「荘園調査と中

世史研究」(『歴史評価』五〇〇、九一年)の視点は、さらに深められねばならないだろう。徹底した現況調査を基礎に、条理の復元、耕地の地質調査、居住空間(里と奥)、居館・城・市場のあり方など、中世以来の伝統的生活の痕跡を記録した大山喬平編『中世荘園の世界』(思文閣出版、九六年)、荘園絵図と地図・空中写真の解読、さらに、現地調査の継続によって、中世農民の生産と生活の実態に肉迫した高島緑雄『関東中世水田の研究』(日本経済評論社、九七年)、荘園遺構の保存問題を視野に入れつつ、中世村落論を展開した海老澤衷『荘園公領制と中世村落』(校倉書房、二〇〇〇年)などに、中世村落調査の方向性、将来的展望が見事に示されている。これらは、一九五〇年代後半から六〇年代にかけて、永原慶二によってはじめられた集落と耕地のあり方をめぐる形態研究の深化であり、応用であった。(11)

地域史とかかわる村落論としては、田村憲美『日本中世村落形成史の研究』(校倉書房、九四年)、山本隆志『荘園制の展開と地域社会』(刀水書房、九四年)も重要であろう。村落景観をイエとムラから読み解こうとした従来の方法に、先述した大山の方法を学びつつ、もう一つ、シロという動態的視点を導入したならば、どのような村落論、地域社会論、戦争論が展開できるのであろうか。課題の一つとなろう。

文献史料を中心として構築された従来の歴史研究法に対して、豊かな情報を読みとりうるものとして絵画史料が重視されるようになった。西岡虎之助以来の伝統をもつ荘園絵図研究については先述したが、絵巻や屏風図、肖像絵などが社会史的手法を援用しつつ検討されている。黒田日出男『姿としぐさの中世史』(平凡社、八六年)・『王の身体　王の肖像』(平凡社、九三年)、今谷明『京都　一五四七年』(平凡社、八八年)、一遍研究会編『一遍聖絵と中世の光景』(ありな書房、九三年)、武田佐和子編『一遍聖絵を読み解く』(吉川弘文館、九九年)、五味文彦『絵巻で読む中世』(筑摩書房、九四年)、瀬田勝哉『洛中洛外の群像』(平凡社、九四年)、黒田紘一郎「都市図の機能と風景」(小山靖憲・佐藤和彦編『絵図にみる荘園の世界』東京大学出版会、八七年。のち『中世都市京都の研究』校倉書房、九六年に所収)らの貴重な成果が生み出された。

## おわりに

中世史研究は、いまや百花繚乱の状況であるといわれている。これを可能にした条件は、硬直した歴史理論への果敢な批判と、生き〳〵とした課題認識を獲得しようとする新たな挑戦にあった。

とはいえ、一九七一年の国立公文書館の設立、八一年の国立歴史民俗博物館の発足などをはじめ、都道府県レヴェルの文書館、博物館の開設、県・市史編纂作業の過程における資史料の発掘と整備・公開が、地域史研究を可能にした基礎的条件であったことを看過してはならない。竹内理三編『平安遺文』・『鎌倉遺文』（東京堂出版）が中世史研究に与えた影響の大きさも忘れてはならない。(12) 瀬野精一郎編『南北朝遺文　九州編』（東京堂出版）・松岡久人編『南北朝遺文　中国四国編』（東京堂出版）も重要な史料集である。佐藤進一・池内義資編『中世法制史料集　第一巻　鎌倉幕府法』が刊行されたのは、一九五五年のことであった。以降、『第二巻　室町幕府法』（五七年）、『第三巻　武家家法Ⅰ』（六五年）を経て、佐藤進一・百瀬今朝雄編『第四巻　武家家法Ⅱ』（岩波書店、九八年）が刊行された。厳密な校訂作業に裏づけられた『中世法制史料集』から、研究者が受けた学恩は多大である。

二十一世紀の歴史学は、環境問題、平和と人権の問題に真正面からとり組み、答えていかねばならないだろう。たとえば、荘園絵図を読み解くなかで、高度経済成長によって破壊された農村の原風景を復元し、環境問題へコミットすることも可能となる。平和の問題についても、村の紛争、武力、自力救済と権力のあり方を追求するなかで、現実と切り結ぶ課題や論点を発見することができるのではないであろうか。人権についても、生と死、飢餓と疫病、老人と子供、差別やマイノリティーなどについて徹底的な検討をくりかえすことによって、それらを歴史具体的に追体験し、人権を守る方策を発見し、守る戦いの糧を獲得することができるのではあるまいか。

中世史研究が、考古学・民俗学・国文学・文化人類学など隣接する諸分野の研究と成果に学び連携しつつ、さらに歴史学の新しい地平を切り開き、つねに現実的課題を追求し、歴史学の創造に真摯かつ積極的に参加していくことが、今後の最も大きな課題であろう。

## 注

(1) 『歴史学研究』(復刊一号、通算一二二号、一九四六年六月)には、津田左右吉「シナの史といふもの」、西岡虎之助「日本の農家における自給経済生活の史的展開」、岡本三郎「ソヴェート・レンポーにおけるアジア研究」らの研究論文が載掲され注目を集めた。

(2) 鈴木良一『土一揆論』(中央公論社、一九四八年。以後、四八年と省略する。以下同じである)、同「敗戦後の歴史学における一傾向」(『思想』二九五、四九年)。松本新八郎『中世社会の研究』(東京大学出版会、五六年)、永原慶二『日本封建社会論』(東京大学出版会、五五年)、安良城盛昭『幕藩制社会の成立と構造』(御茶水書房、五九年)、宮川満『太閤検地論』(御茶水書房、五九年)など、秀れた論稿・著書が続出した。

(3) 鹿野政直「国民の歴史意識・歴史像と歴史学」(『戦後日本史学の展開』岩波書店、七七年)。鹿野は、この仕事を「歴史学は民衆的歴史像をはじめて持つにいたった」と高く評価しつつも、民衆運動史に傾きすぎ、生活史の究明が手薄であると厳しく批判している。鹿野は、民衆史研究の視点として、①民衆の生活実態の追求、②民衆の意識や文化への目くばり、③変革期の民衆のみならず、体制存続期の民衆の様態への配慮、④女性のがわから歴史をみること、⑤日本民衆の歴史と世界のそれとの共通性と特殊性の検討などが重要であると論述している。

（4） 稲垣泰彦・戸田芳実編『日本民衆の歴史2 土一揆と内乱』には、戸田「律令制からの解放」、稲垣「領主と農民」、佐藤「惣村と内乱」、黒川「土一揆の時代」が集録されている。四人の執筆者は、日本中世社会の成立と展開における社会構成の骨格が封建制であり、農民を主力として発展する民衆のたたかいを、基本的に反封建闘争ととらえる点で、ほぼ共通の見解を持って研究会を開き分担執筆にあたった。なお研究会には、執筆者のほかに、大山喬平、河音能平、北爪真佐夫、小山靖憲、藤木久志、峰岸純夫、義江彰夫、今井克樹の諸氏の参加をえて、問題の視角・時代区分などに関して積極的な意見交換をおこなった。

（5） 国家史研究の進捗をうけて、橋本義彦は従来等閑視されがちであった公家政権をめぐる研究を深め（『平安貴族社会の研究』吉川弘文館、七六年）、佐藤進一は東国政権論を国家論にまで高めていった（『日本の中世国家』岩波書店、八三年）。網野善彦は中世複数国家論を主張している（『東と西の語る日本史』そしえて、八二年）。

（6） 『一揆（一―五）』は、一九七六年から八一年にかけて、十数回にわたる研究会をくりかえし、集録論文の内容を報告しあい、出席者相互の批判により深化させ、刊行にいたったものである。企画の当初は、一揆を人民闘争史のなかに位置づけようとしたが、数年間にわたる準備作業のなかで、蜂起そのものよりも、蜂起にいたる農民の日常生活や一揆をむすぶための過程を追求するという方向へ論点が変化していったことは、千々和到が的確に指摘したとおりである（「中世日本の人びとと音」『歴史学研究』六九一、九六年）。

（7） 『列島内外の交通と国家』には、村井章介「中世における東アジア諸地域と交通」、田中健夫「倭寇と東アジア通交圏」、大石直正「東国・東北の自立と『日本』」などの論稿が収録されている。ここでの検討作業は、やがて、蝦夷・琉球・朝鮮・中国のみならず、東南アジア諸国の歴史事実にも丹念な目配りをした『対外関係史総合年表』（吉川弘文館、九九年）となって結実する。

（8） 荘園絵図をめぐる研究史と絵図研究の現況については、佐藤和彦「荘園絵図研究の軌跡」（竹内理三編『荘園絵図研究』東京堂出版、八二年。のち『中世民衆史の方法』校倉書房、八五年に所収）、黒田日出男『境界の中世 象徴の中世』（東京大学出版会、八六年）、小山靖憲『中世村落と荘園絵図』（東京大学出版会、八七年）、小山靖憲・佐藤和彦編『絵図にみる荘園の世界』（東京大学出版会、八七年)、葛川絵図研究会編『絵図のコスモロジー』上・下(地人書房、八八・八九年)荘園絵図研究会編『絵引荘園絵図』(東京堂出版、九一年)、『荘園絵図とその世界』(国立歴史民俗博物館、九三年)、樋口州男「荘園絵図」(佐藤和彦・榎原雅治・西岡芳文・海津一朗・稲葉継陽編『日本中世史研究事典』東京堂出版、九五年)などを参照のこと。なお、一九八二年五月の日本史研究会例会は、日本中世史研究者と人文地理の研究者が一堂に会して荘園絵図の研究法をめぐって討議を展開するという画期的な研究会であった。その成果は、小山靖憲「荘園絵図研究の成果と課題」、葛川絵図研究会「〝葛川絵図〟に見る空間認識とその表現」(『日本史研究』二四四、八二年)として発表されている。

(9) 酒井紀美は、多種多様な風聞が、中世社会において占めていた位置、持っていた意味について考えるさい、風聞が社会のどのような局面にかかわって現われるかという観点から、いくつかの軸を設定する必要があると論じ、一つの軸として検断という局面を設定した。中世社会における盗み・殺害事件、交名注進、在地検断と風聞の関係が具体的に論述されて興味深い。なお、検断については、蔵持重裕「『荘園古老法』の展開と荘園制」(『歴史評論』三七四、八一年。のち『日本中世村落社会史の研究』校倉書房、九六年)をも参照のこと。

(10) 悪党問題を、悪党発生の背景から再検討すべきであるとして積極的に研究を進めているのは、渡辺浩史「悪党の結合形態について」(『史叢』三二、八三年)・「流通路支配と悪党」(『年報　中世史研究』一六、九一年)、桜井彦「再考　殺生禁断法」(『民衆史研究』四〇、九〇年)・「播磨国矢野荘における講の意義」(『書陵部紀要』四五、九四年)・「路次狼藉の成立」(『悪党の中世』岩田書院、九八年)、小林一岳「鎌倉・南北朝期の領主『一揆』と当知行」(『歴史学研究』六三八、九二年)・「悪党と初期南北朝内乱」(『悪党の中世』)らである。桜井は、悪党事件の周辺の掘り起こしを提起し、渡辺は、悪党集団の広域活動(流通路支配)に焦点をあわせ、小林は、「当知行」の否定・主張・保全のあり方に論点を見出している。

(11) 永原慶二「中世村落の構造と領主制」(稲垣泰彦・永原慶二編『中世の社会と経済』東京大学出版会、六二年。のち『日本中世社会構造の研究』岩波書店、七三年に所収)。

(12) 竹内理三編『鎌倉遺文』全四二巻(文書数三二八六六通)が完成した時、瀬野精一郎は「世紀の遺産である」と賞嘆し、「個人の生涯の仕事量としては空前絶後、ほぼ人間の限界を示すものではないか」と語った。入間田宣夫は「地方にいながら、古代・中世についての一通りの仕事ができるようになった。これだけの量がまとまると、時代の全体像が見えてくる」と述べている（一九九一年六月四日『朝日新聞夕刊』）。

付記
小稿は、研究史の整理をおこなっているため、敬称は全て省略しています。
なお、小稿は、一九九九年七月一八日の研究会における報告要旨に補訂を加えたものであります。そのさいに、いただいた貴重な御意見に感謝します。

（一九九九・十・一七　成稿　二〇〇〇・一・十　改稿）

# 申状の系譜

木村茂光

## はじめに

中世の農民闘争史研究を振り返る時、「農民闘争の諸条件、農民諸階層の成長、農民結合のあり方、さらには、かれらの意識変革などを検討」するために、「在地の動向を最も鮮明に表現している百姓申状をとりあげ、申状成立の意義を追求」することの重要性を指摘した佐藤和彦氏の仕事は依然大きな位置を占めているといわざるを得ない。(1) そして氏は、大和国平野殿荘、播磨国矢野荘の百姓等申状を分析し、とくに後者の分析で「十三日講」を発見し、それと農民闘争との関係をビビットに解明した。氏のこの提起以後、農民闘争分析の素材ないし対象として「百姓等申状」が一躍脚光を浴びることになったことはいうまでもない。

氏の提起をうけて、中世成立期から中世にかけての農民闘争の特質を解明しようとしたのが、入間田宣夫氏・島田次郎氏らである。(2) 入間田氏は中世成立期の農民闘争をとりあげ、「国司苛政中央上訴」闘争段階から「住人・百姓等解」

段階とを区分して理解すべきことや、農民闘争における「起請文」の位置などについて検討を加えた。(3) また島田氏は、奈良時代から鎌倉時代中期にかけての「百姓愁訴」に関係する史料を網羅的に収集し、その展開過程を分析して、次のような評価を行った。(4)

結論的にいえば、十一〜十三世紀の在地農村の共同組織をとらえる場合、「住人等解」段階と「百姓等解」もしくは「百姓等申状」段階を区別し、前者から後者への移行を、住人集団から「百姓」集団＝庄家共同体、すなわち中世前期共同体の形成ととらえることができるのではないだろうか。

そしてさらに、一二世紀後半の約五〇カ年を過渡期として「住人等解」形式から「百姓等申状」形式へ明瞭に推移すること、一二世紀後期の過渡期以後の事例では百姓等解の形式の場合を含めて、荘官連署判が減少すること、そして同時に上申対象たる「本家政所裁」「寺家政所裁」「官裁」「国裁」「院庁裁」などの表現も消えること、などを明らかにした上で、「解・解状から、訴陳状への形式変化が行われ、その結果一般的に『百姓等申状』（略）が成立したといえるであろう」と結論している。

島田氏の全般的な研究によって、住人等解・百姓等申状の性格とその移行についてはほぼいい尽くされているといっても過言ではないであろう。

しかし、上記のように農民闘争史研究の素材・対象として百姓等申状を扱うことに対する批判も存在する。例えば山本隆志氏は、百姓等申状を「農民闘争に際して提出される文書として理解」するのは「一面的」で、「むしろ京都の荘園領主と荘園現地の百姓との政治的回路であり、百姓等はこの申状の提出によって、荘園領主はこの申状を受け取る事によって、荘園知行のあり方について合意を形成している、と理解される」とされ、それらの「多くは体制的なものである」とまでいい切っているし、(5) 蔵持重裕氏も、百姓等申状は「あくまで東寺統治システム内の文書

形式であ」り、「訴訟状としての百姓申状」は「本所法における司法文書である」と評価されている。(6)

両氏のこのような結論は、一三世紀後半以降の荘園体制確立後の時期を主な分析対象にしてることにも起因するであろうが、入間田・島田両氏の問題意識を確認するまでもなく、中世成立期の農民の大きな課題として、彼らが百姓身分を獲得し、さらに「解状」から「申状」という新しい文書様式を生み出すことがあったことを考えるならば、両氏の見解の方が「一面的」であるといわざるを得ないであろう。農民闘争と文書形式との関係については、田村憲美氏が、稲垣泰彦氏の「住人・百姓等」が「荘園領主の権威によって」国衙の非法を抑えようとした、という見解を批判して、次のような述べている文章が正鵠を射ているといえよう。(7)

かれらは荘園領主の権威によって自己主張したのではなく、それ以外に自己主張する経路がなかったというべきであろう。在地諸階層の意思は本所、・権門を介することなくしては、公的な場に表明されることはなく、本所・権門を介するときには否応なく、荘園制的な枠組みにあわせて「荘住人」「荘田堵」などのような自己規定を強いられざるをえない。

問題は荘園制的な経路を通じて、また荘園制的な枠組みを通じて、農民たちがいかなる要求を実現し、いかなる政治的地位を獲得したかであろう。荘園制という「政治的回路」をどちらの側から理解するかである。

これらの点を確認した上で、手続きのための上申文書に過ぎなかった「解」が「住人等」の要求を主張する「解状」にいかにして変化し、さらにそれが「申状」にいかにして展開したのか、というこれまでの拙稿の問題意識を受け継ぎ、(8)百姓等申状が誕生してくる過程を、「申文」「申状」「解状」という文書様式を示す用語に着目して追究してみたいと思う。

# 二　申状と申文

## 1　解と申状と申文

さて、律令公式令に規定された上申文書として「解」があることはいうまでもない。最初に、その特徴を佐藤進一氏の『〈新版〉古文書学入門』(9)に拠りながらまとめておこう。

もともと解は下級の役所が上級の役所に差し上げる文書と規定されたが、実際にはその範囲を拡大して、個人から役所に差し出す文書にも用いられて、牒や辞の機能をも果たすようになり、さらに個人対個人の場合でも下位の者から上位の者、貴人に対して用いられた。

氏はこのように機能を簡潔に規定した後、実例を用いながら

①解には充所を書かない

②差出人は本文中に自然にわかるように記されている

③冒頭に「某謹解……」とする場合が多い

などの様式上の特徴を指摘した上で、公式様文書以後に展開した文書様式を取り上げ、

このようにすべて役所に提出する願・届の類は解の様式をとった。したがって訴の如きも解をもってするわけで、この種の解が平安時代以降、解文・愁状・申状・訴状とよばれるようになる。

と述べている。そして「第四節　上申文書」においては、公式様文書以後に展開した上申文書を取り上げ、最初に「解状《ゲジョウ》・

訴陳状《ソチンジョウ》」の説明を行っている。

そこでは上記の特徴に加えて次のような諸点が特徴として指摘されている。

①十世紀末頃になると、解に、官奏の一種である請奏の様式を部分的に取り入れて、「何某解申請何々事」という本来の解の書き出しのつぎ（書出しと本文の間）に、本文の要旨を略記した「請……状」という短文を加えた様式が現れる。これが解文・解状とよばれるものである

②書出しに「何某（差出者）解　申何々事」と記し、書止めに「以（謹）解」と記す点において一致している

③解状は、事柄を申上る文書という意味で申状とも申文ともよばれた。鎌倉時代中期以降になると、解状・解文・愁状・愁文の称はあまり用いられなくなり、また申文という名称も次第に貴族の官位申請文書だけに用いられるようになって、一般には、申状という名称だけが残った。かかる文書の名称の変化は、解・解状の特徴である書出しの「何某解申何々事」が単に「何某　申何々事」または「何某言上何々事」と変わり、書止めの「以解（または謹解）」が「仍（依）言上如件」と変わったことと密接に関連する

長い引用になったが、解・解状・申文・申状ら上申文書間の系譜・関係はほぼいい尽くされているといえよう。しかし、上記の説明は、解状の様式上の分類と変化の説明に比重がおかれている感が強く、それらが社会のなかで具体的にどのように用いられ、どのように機能したのか、という視角は弱いといわざるを得ない。(10)といっても、佐藤氏の成果にどれだけのものを付け加えることができるか、心許ない点もあるが、申状・申文・解状などの用語に着目しつつ、当時の人々がそれぞれをどのように認識しており、どのように用いていたのかということに焦点をあわせて再検討してみることにしたい。

ところで、『平安遺文』所収の文書の中で、申状・申文という文書呼称は多様な使われ方がされている。

まず最初に整理しておかなければならないのは、文書名にしかそれらの呼称が使用されておらず、本文中には見えない例である。いうまでもなく、これは編者竹内理三氏が文書の様式と内容を勘案して判断して付したものであるが、内容を簡単に検討してみると、貴族や僧侶などの書状形式の文書や、解状としての形式が整っていない文書を「申状」「申文」と題して収録している場合が多いようである。このような例は申文より申状の方が多いので、申状の例を一・二紹介しておこう。

天喜二年（一〇五四）の「東大寺申状案」の形式は次のようである。(11)

東大寺言上

請被重蒙　天恩、下給官使於伊賀国司小野守経朝臣、糺改立以判官代桃原久与為使恣抜棄寺家名張庄牓示之状、

右、謹検案内、（中略）望請　天恩、早下給官使、且召遅(マヽ)〻間判官代桃原久与兼任宀(マヽ)迹、令改立件名張庄限四至牓示、請(マヽ)状言上如件、

天喜二年六月五日　（署判略）

書出し、書止めから判断して、「言上状」というべき内容であるが、平安時代においては言上状があまり多くないことや、(12)東大寺の三綱らの発した文書であるため、その身分的地位を考慮して、直接的な意味合いが強い「言上状」ではなく、上申文書の総括的な呼称である申状を用いたと推測される。

また、長治一年（一一〇四）の「東大寺八幡宮所司申状」は次のようである。(13)

上啓

寺家別院崇敬寺所領木本庄条〻沙汰事

一故頼尊得業為沙汰請預彼庄官符公験状

以前条〻言上如件、抑為彼有政朝臣依被取籠官符宣旨公験等、可糺返之由、衆議仕之間、被尋仰者、勒子細上啓如件、

（以下四箇条略）

長治元年七年廿日

（署判略）

これは、奈良時代以来個人間で使用されてきた書状である「啓」の形式を用いたものであるが、「啓」という文書様式があまり使用例が多くないこともあって、同様な意味合いをもつ「申状」としたものと推測される。

もちろんこれだけではないし、上記の説明も私の推測に過ぎない。そしてなによりも、本稿においては、この種の申状・申文の意味を説明することに目的があるわけはなく、当時の人々が申状・申文などと称していた文書の性格の検討が目的なので、上記のように文書名だけに申状・申文と付されている文書は当面除外していることを確認できれば十分である。

## 2　「申状」という文書

上記のような例を除いて、申状という用語を含む文書を集めてみると次のような特徴があることがわかる。

まず平安時代初期においては、土地・家地の売買立券文書（解）を指して「申状」と呼んでいることである。例えば、延暦七年（七八八）の「六条令解」の必要部分を摘記すると次のようである。(14)

六条令解　申売買家地立券文事

合家地壱処長十五丈広十丈在三坊、長岡京

右、得左京六条一坊戸主従八位下石川朝臣今成戸口正六位上石川朝臣吉備人解状偁、（中略）望請、依式欲立券

者、令依申状勘覆知実、仍勒両人署名、以解、

（以下略）

六条令が「石川朝臣吉備人の解状」を「申状」といい換えていることは、末尾に「令依申状勘覆知実」とあることから明らかである。このような例は、以後弘仁七年（八一六）の「雄豊王家地相博券文」[15]、弘仁一四年（八二三）の「近江国長岡郷長解」[16]など承和年間までに七通ほど確認できる。[17]

その後このような用例はほとんど確認できないが、一一世紀前半になると別の使われ方が現れてくる。その早い例は、治安二年（一〇二二）の「豊後国由原宮師皇慶解」[18]で、それは季供田の官物租米らの免除を国衙に訴えた解状であるが、端裏には「宮師皇慶申状」と記されており、いわゆる解状を申状といい換えていることがわかる。これは端裏なので、この解状を申状といい換えた時期を確定することは難しい。しかし、万寿二年（一〇二五）の「威儀師仁満解案」[19]では、

威儀師仁満謹解　申請大僧正御房恩裁事

請被賜仰事於東大寺司、任前例、如本令糺堺四至相伝所領伊賀湯船庄四至内、被分取御寺所領玉瀧御杣上毛

四村不安愁状

副進前勘文并御判

右、謹検於案内、（中略）望請、御室裁、賜仰事於寺司、任前例如本被令糺堺四至者、将知正理之貴、仍注申状、以解、

万寿二年五月十四日　　威儀師在判

（後略）

とあるように、書出し、書止めともに「解状」の様式を守っているのも拘わらず、仁満が本文末尾で自分の解状を「申状」といい換えていることは明白であろう。

このように、自分の解状を申状と自称することは一一世紀末にかけて四通ほど確認できる。例えば、藤原実遠の処分の公験に任せて所領の立券を求めた「散位藤原信良解案」[20]も、書出し、書止めともに解状の様式をとっているにも拘わらず、末尾で「任申状下給正直之御使、慥被立券給者」と自分の解状を申状と称しているし、承保二年（一〇七五）の「珍皇寺所司大衆解案」[21]も「珍皇寺所司大衆等謹解　申請長者　御室　政所　参箇条裁事」と書き出されており、明らかに解状であるが、その三箇条を長々と書き上げた後、所司大衆らはそれらを

以前、条〻申状如右、

といっている。平安時代中期ころ解状を申状と呼んでいたことは明らかである。

しかし、この後自分の解状を申状と称する例は急減する。それに代わって使用例が増えてくるのが、本文中ないし「外題」などで他人の解状を申状と呼んでいる例である。もちろんこのような使用例は以前においても存在するが、一一世紀末（応徳年間ころ）から多くなってくる。

例えば外題では、応徳二年（一〇八五）の「東寺領伊勢国川合大国荘長解」[22]はその早い例である。それは、

東寺領川合大国庄長任執行司解　申請　祭主裁事

と始まり、「仍言上如件、謹解」という書止め文言をもつ典型的な解状であるが、これを受けた祭主は検非違使らに下した外題で、

如申状者、頼季所為尤不当也、早停止件企、

と命じている。荘長らの解状を祭主が申状と称していることは間違いない。

また、本文中の使用例としては、寛治七年（一〇九三）の「官宣旨」(23)に見える「而今如次第文書者、三子伝領之旨、相違宣綱申状」という場合や、嘉保二年（一〇九五）の「東大寺政所下文」(24)に「右、如光国申状者……」などと見えるものがある。

前者は、伊賀国名張郡矢川・中村の領有をめぐって藤原保房と争っていた大中臣宣綱の解状を指すと思われるし、後者もまた、別の文書で「名張御領所定使」を名乗っている「懸光国」の解状を指すのであろう。(25)

煩雑になるのでこれ以上例示しないが、外題・本文中どちらにおいても、他人の解状を「申状」と呼ぶ例は、一一世紀末以降多く見られるようになり、枚挙に遑がない。というより、前述の事例との関連でいえば、自分の解状を申状という例はほとんどなくなり、一一世紀末以降の申状はもっぱら他人の解状を引用する際に使用される、ということができる。

このような変化が生じる要因については、もう一つの課題である「申文」を検討した後に考えることとし、ここでは、「申状」という文書様式を示す用語が、平安時代初期には売券のなかで使用され、一一世紀前半には自分の解状を申状と称することがあったが、一一世紀末以降になると、他人の解状を外題や本文中に引用する際に使用されるようになったということを確認しておきたい。以上のように、数の面からいえば、自分の解状などを申状と自称した例はあまり多くないといえよう。

### 3　「申文」という文書

さて、申状とならんで申文という言葉も頻繁に用いられている。両者には違いがあるのであろうか。申状と同様に検討してみることにしたい。

先に、申状は一一世紀末以降外題や本文中において他人の解状を指す場合が多くなることを指摘したが、申文は、引用の場合に用いられることもあるが、対比的にいうならば、自分の解状を指している場合が圧倒的に多い。例えば、天暦八年（九五四）の「秦阿禰子解」は、その初見史料と思われるが、次のように書き出されている。(26)

秦阿禰子解　申進申文事

可以後日進向地参佰歩本公験等之状

在添上郡楢中郷五条五里一坪

右地公験、置交於雑書之中、忽以不求得□、須以後日求取進向、不敢延怠、謹以解、

天暦八年五月八日　　秦阿禰子左人指末（画指）

（以下署判略）

書止めも「謹以解」とあって解状であることは明白であるが、「申進申文事」と記されているように、秦阿禰子が自分の解状を、「申文」と称していることも明らかである。また、正暦二年（九九一）の「大中臣良実解案」は、菟足社神主の大中臣良実が事情あって東大寺との争論に参向し弁定できない旨を申し出た解状であるが、(27)そこでも「謹解申進申文事」とあって自分の解状を「申文」といい換えている。さらにこの解状の書止めは、

仍注事状、進申文如件、以解

と記されており、丁寧にも解状の本来の書止め（「仍注事状、以解」）に「進申文如件」という一文が付け加えられている。自分の解状を「申文」として強く意識していたことの反映であろう。

しかし、上記の例は、「後日進向する」や「参向して弁定できない」という内容からもわかるとおり、解状＝申文といっても依然手続き文書としての性格が強い。

ところが、このような形式の解状＝申文が「愁状」にも用いられるようになる。他の史料に引用されたものを除くと、長久五年（一〇四四）の「山城国石原荘司解」がその早い例と思われる。(28) 書出しと書止めを示すと次のようである。

石原御庄司解　申進申文事
　請被聞　御消息於山城守殿、令停止背代々例、今時使入勘切負畠柒段右馬寮蒭不安愁状
右謹検事情、（中略）望請　恩裁、被聞　御消息於守殿、令停止件非道之責、将仰正理之貴、仍注事状、以解、
　　長久五年十一月五日　　　唐舞師秦兼重
　　（以下略）

書出し、書止めともに解状様式にかなっていることはいうまでもないし、またそこには「申進申文事」という一文があって、解状を申文といい換えていることも間違いない。そして解状の内容は、検田使が入勘し右馬寮蒭を切り負わすことの不安を愁い、その停止を求めたものであった。明らかに訴状としての解状である。これも申文と呼んだのである。

また、「猪名御庄司等解　申進申文之事、　請被任殊道理裁下、秦成重去々年并隠田御地子米未進九十余石子細愁状」と書き出されている天喜三年（一〇五五）の「摂津国猪名荘司解」もこの例に該当しよう。(29)

この以後は、このような形式の解状が増大する。その初期の例をあげておこう。

天喜四年（一〇五六）　伊賀国黒田荘工夫等解(30)
天喜四年　丹波国後河荘司等解(31)
（康平四）年（一〇六一）　平孝通解(32)

すべて解状であり、工夫等、荘司等・個人と、その差出し人らの階層も多様であるが、しかし共通して「〜解　申進申文事」という様式を用いている。解状を申文と称して訴え出る傾向が広がっていたことを示していよう。

　このような傾向が強くなるにしたがい、文書本体は明白に解状なのにもかかわらず、端裏でそれを「申文」と言い換えている例も多くなる。例えば、天喜三年（一〇五五）に「上野重安申文」と名された文書があるが、(33)その書出しと書止めは次のようである。

（端裏）「山城馬長申文名符」
上野重安解　申請東大寺別当法務大僧都御室政所恩裁事
　請被殊蒙　恩裁、任旧例補任馬長識《マヽ》状、
右重安、謹案　旧例、（中略）望請、早被任旧例、補任馬長識《マヽ》者、仰正道貴、仍注事大略、言上如件、以解、
　　天喜三年九月廿日　　　上野重安

明らかに解状様式の文書であるし、本文中にも「申文」という語は用いられていない。しかし、端裏ではこれを「申文」といい換えて記している。竹内理三氏もこの端裏を尊重して文書名を「上野重安申文」としたのであろう。

このような例も枚挙に遑がないが、前と同様、その初期の例をいくつか示しておこう。

天喜四年（一〇五六）　山城国玉井荘司僧源久解(34)　（端裏）玉井御庄執行申文僧源久
天喜四年　伊賀国玉瀧杣湯船等四村工等解(35)　（端裏）玉瀧杣申文
天喜四年　山城国玉井荘解案(36)　（端裏）玉井庄申文

これらのことからわかるように、申文という呼称は、在地社会にあっては一〇世紀ころより使われ始めること、最初は手続き文書としての性格が強いが、一一世紀中頃になると、訴状としての解状も申文と称するようになり、平安

時代をほぼ一貫して使用されたこと、このような使用法が定着するにしたがい、荘園領主なども「端裏」や本文の引用の際に解状を指して申文と呼ぶようになったこと、などを指摘することができよう。

前記の申状との関係でいえば、解状を申文と称することが一般化するにともない、その影響を受けて解状を申状とも称する例が多くなったと考えられよう。ただし、解状を引用する時、申文と称した場合と、申状と称した場合との違いについてはいまのところ明確にできない。

## 三　解と申文

### 1　申請型解と申文型解

いままで、申文という文書呼称に着目しつつ、解状を申文と自称する事例が増大していくことなどを指摘したが、もちろん、解状がすべてそのような形式をとるようになったわけではない。当然、解状様式の解状（おかしな言い方ではあるが）も多数使用されていた。

すでに前稿(37)でも検討したように、九世紀前半には自らの権益の保証のために「所由所司」の署判を求める申請型解が現れ始め、それは荘園領主＝本家の「政所裁」を申し請う「荘官等解」を産み出し、さらに一一世紀中葉には、「住人等解」として定式化されていく。この様式の解は、これまで例示した多くの解状からも明らかなように、差出人も実質上の充所も明示されているのが一般的な形式であった。

では、二種類の解状、申文と自称する解状（当面、これを「申文型解」という）と解状様式の解状（これは前稿の用語を用いて「申請型解」と呼ぶ）との違いはあるのであろうか。その違いの検討を通じて、申文型解の特徴を考えてみることにしたい。

論を進める上での参考のために、二類型の解状を同じ丹波国後河荘関係の文書から引用しておこう。

【A申請型解(38)】

後河御庄司等解　申重請本家　政所　裁事

請被令任先例道理、早停止去○（今脱カ）両年之国宣鴨頭草花紙毎年伍拾枚、可柒（染カ）弁進由、面責之不安愁状、

右、謹案物情、（中略）仍注事由、言上如件、以解、

天喜五年正月廿六日　（署判略）

【B申文型解(39)】

（端裏）「一結雑文書　十三通　後川庄」

後河御庄司等解　申進申文事

言上条々雑事

（以下二箇条略）

右、依（マヽ）御庄子等、去年依政所御下文之旨、東西為交易求、政所進上、則国前雖令進上、不下給放返抄、而今国使下向、去年花染紙結解責申無為方、仍言上如件、

天喜四年七月廿二日　（署判略）

まず、形式的な比較をおこなうと、A申請型解には「本家　政所　裁」などのように実質上の充所が記されている。そして、この種の解状は「愁状」ともいわれると佐藤氏も指摘するように、事書きの末尾は「不安愁状」で終わっている。

一方、B申文型解には充所が記されていない。「解　申請　寺家政所裁下事」とあるべきところが、「解　申進申文事」とだけあって、実質上の充所にあたる部分がないことは明白である。このような特徴は例外なく申文型解に該当する。例えば、これも先に申文型解として紹介した長久五年の「山城国石原荘司解[40]」も、その書出しは「石原御庄司解　申進申文事」であったし、天喜三年の「摂津国猪名荘司解[41]」も同様である。

その上、これはそれほど際だった違いではないが、後掲表1「申文型解一覧」の「事書きの末尾」の項を見ていただくとわかるように、「申文型解」の場合は、「愁状」という書止めよりも「子細状」という書止めの方が多い。「本家の裁を解し申し請う」という文言に対応して「愁うるの状」となるのに対して、「申し進らす申文」という文言に対応して「子細の状」となっているように理解できるように思う。

このように同じ解状であっても、片方は充所をもち充所である本家の裁を仰ぐ様式、もう片方は充所をもたないが「愁うるの状」という表現もとらない様式、という二つの様式に分化していたのである。そして、それは申請型解と申文型解の違いであった。

そして、この文書様式は意外と厳密に守られていたと考えられる。興味深い一例を示めそう。

（端裏）「玉井申文案　文殿問注以後」
東大寺玉井御庄司安曇成任等解申請大殿 申文事 政所裁事

請殊蒙鴻恩、且召誡頼友等身、且重被裁断当《石垣》庄御庄押妨三箇条愁《子細》状、

一（以下、三箇条略）

以前三ケ条、言上如件、

保延六―七月廿三日

これは、石垣荘との争論において提出された「山城国玉井荘司申文案」[42]であるが、書出しの書き換え部分の注目していただきたい。「大殿　政所裁事」を抹消して「申文事」を書き加えている。まだ「申請」という文字が残っており、「申進申文事」という定型の形式になってはいないが、申請型解を申文型解へ書き換えようとした過程であると理解できる。そして、それと同時に当然のごとく充所も抹消されている。また、事書きの部分をみると、「愁状」を「子細状」に書き換えていることもわかる。先に指摘したように、申文型解の場合は事書きの末尾に「愁状」を用いる例より、「子細状」を用いる場合が多かったことを考えると、申請型解から申文型解に変更するには、形式的にはやはりこの箇所も書き換えなければならなかったのであろう。

　では、このような書き換えが行われた要因はなんであろうか。それはやはり抹消された「大殿　政所」が問題となろう。この「大殿」とは時の関白藤原忠通の父忠実であると考えられるから、この解状は摂関家宛に出されようとしたと理解できる。そして実際、玉井荘の解状に基づいて関白藤原忠通家政所下文が石垣荘宛に出されているから[43]、この解状が摂関家宛であったことは間違いない。

　では、摂関家政所宛の解状の場合、なぜ申請型解から申文型解に変更されなければならなかったのだろうか。問題はこの争論における摂関家の位置であろう。略した本文には

然石垣御庄司頼友・住人友久・吉貞等、俄募西金堂之威、相語悪僧珍勝（略）押止分水、

という記載が見られるように、この争論に興福寺西金堂の悪僧が関係していることから、玉井荘の荘官は興福寺の本家である摂関家に訴えたと理解することも可能である。

しかし、この玉井荘と石垣荘との争論も含めて、中世の本所裁判権を「殿下沙汰」を中心に検討した井原今朝男氏によれば、一一世紀中葉以後確認される摂関家政所下文を用いた本所間争論の裁定は、「家領の荘民や在地の利害を代表するものではなく、相互に調整統一された本所間の利害をこそ代表するものであった」のであり、「本所は荘園領主としての利害を代表する側面をもつが、それ以上に国家的公法的利益を重視する立場にあった」という。[44]

これらのことを勘案するならば、この書き換えは、本所間争論において「国家的公法的」性格を有する摂関家に解状を提出する時は、申請型解を利用することはできないと意識されていたことを示していよう。

詳しい分析は後日を期さなければならないが、住人等解が出現する天喜年間以後保延年間（一一三五〜四一）までに、荘園の荘官や住人等などが進上した申請型解を整理してみると、[45]約一二〇例ほど確認できるが、その中で讃岐国善通曼荼羅寺領と伊勢国大国荘に関する二〇通ほどを除くと、[46]ほとんどが本家（政所）宛に出された解状であることが判明する。すなわち、申請型解は、実質上の充所が明記されていたように、原則として、荘園領主である本家に訴え出る時に用いるべき解状であって、それ以外の権力、他の権門に訴え出る時は使用できなかったのではないだろうか。

この推測の妥当性を確認するために、もう一方の申文型解の充所を検討してみると、すべてに該当するわけではないが、国司宛の解状が多いことがわかる（表1参照）。

代表的な例としては弓削島荘をあげることができる。残されている申文型解のすべてが国司宛の解状であった。一例引用しておこう。[47]

弓削御庄住人等解　申進　申文事

**表1 「申文型解」一覧**

| 平遺 | 年号 | 文書名 | 書出し | 事書きの末尾 | 書止め | 実質上の充所 |
|---|---|---|---|---|---|---|
| 267 | 天暦8/5/8 | 秦阿禰子解、 | 阿禰子解申進申文事、 | 等之状、 | 謹以解 | |
| 348 | 正暦2/3/12 | 大中臣良実解案、 | 謹解申進申文事、 | 社領田状、 | 進申文以解 | |
| 619 | 長久5/11/5 | 石原荘司解 | 御庄司解申進申文事、 | 不安愁状、 | 仍注事状以解 | |
| 728 | 天喜3/9/12 | 猪名荘司解、 | 庄司等解申進申文之事、 | 子細愁状、 | 欠 | |
| 781 | 天喜4/3/27 | 黒田荘工夫等解、 | 工夫等解申進申文事、 | 十五石余愁状、 | 仍注事状以解 | 国司 |
| 808 | 天喜4/7/22 | 後河荘司等解、 | 庄司等解申進申文事、 | 言上条々雑事、 | 仍言上如件 | 国司 |
| 969 | 康平4/3/25 | 平孝通解、 | 平孝通申進申文事、 | 進上状、 | 進申文以解 | |
| 4641 | 延久3/8/13 | 僧善範解案 | 僧善範解申進申文事 | 子細之状 | 仍注事状言上如件 | |
| 補17 | 承暦2/7/10 | 範俊解案 | 範俊解申重進申文事、 | 条々相違状、 | 仍録在状謹辞 | |
| 1239 | 応徳2/6/9 | 新家俊晴解、 | 検非違使俊晴解申進申文事 | 根本子細状、 | 進申文如件以解 | |
| 1240 | 応徳2/6/22 | 荒木田延能解、 | 延能解申進申文事、 | 沙汰子細状、 | 進申文如件以解 | |
| 1242 | 応徳2/6/25 | 新家俊晴解、 | 検非違使俊晴解申進申文事、 | 根本子細状、 | 所進申文如件以解 | |
| 1416 | 康和1/10/7 | 在郡司等解案、 | 在郷司等解申進申文事、 | 難弁定子細状 | 進申文如件以解 | |
| 1472 | 康和4/4/0 | 源師行解案、 | 源師行解申進申文事、 | 雑物不安愁状 | 仍注在状以解 | |
| 1818 | 永久3/3/20 | 大法師定俊解案、 | 定俊謹解申進申文事、 | 条々子細状、 | 仍勒状以解 | |
| 1958 | 保安3/2/0 | 在庁官人解、 | 官人等解申重進申文事、 | 言上～子細状、 | 注子細重言上如件謹解 | 国司 |
| 1992 | 保安4/5/28 | 曼荼羅寺所司等解、 | 所司等解申進申文事、 | 難堪愁状、 | 仍勒子細之状言上如件以解 | 国司 |
| 2107 | 大治2/8/28 | 額田荘寄人等解、 | 寄人等解申進申文事、 | 雑事子細□、 | 注子細言上如件以解 | |
| 2169 | 大治5/9/0 | 大山荘田堵等解、 | 田堵等解申進申文事、 | 子細之愁状、 | 仍言上以解 | 国司 |
| 2432 | 保延6/7/23 | 玉井荘司申文案 | 成任等解申請申文事、 | 子細状、 | 以前三ケ条言上如件 | 摂関家 |
| 2469 | 永治2/10/0 | 西部荘住人申文案 | 住人等解申進申文事、 | 子細愁状、 | 仍注子細以解 | |
| 5013 | 康治2/5/0 | 某申状写 | □□□解申進申文事 | 不当状 | 仍勒□□ | |
| 2610 | 久安3/4/0 | 官省符荘住人等解案、 | 住人等解進申文事、 | □状、 | 仍注子細以解 | |
| 2712 | 久安6/11/22 | 弓削荘住人等解、 | 住人等解申進申文事、 | 貳拾篭子細状 | 仍注子細以解 | 国司 |
| 2841 | 保元1/5/0 | 木守藤井延時解、 | 延時解申進申文事、 | 公事等子細□ | 仍勒在状以解 | |
| 2916 | 保元3/3/0 | 黒田杣司等解案、 | 御杣司等解申進申文事、 | 材木津料愁状 | 仍注在状謹解 | 国司 |
| 2917 | 保元3/4/5 | 感神院所司解、 | 所司等解申進申文事、 | 巨多夫役状、 | 仍所司等勒在状謹解 | 国司 |
| 2929 | 保元3/5/18 | 感神院所司解写、 | 所司等解申進申文事、 | 難堪愁状、 | 仍所司等注在状謹解 | 国司 |
| 2954 | 保元3/11/11 | 感神院所司解、 | 所司等解申進申文事、 | 及欠如愁状、 | 仍所司等注事状謹解 | 国司 |
| 2960 | 保元3/12/6 | 三条院田寄人等申文案 | 寄人等解申進申文□、 | 雑事等□、 | 勒在状以解 | 国司 |
| 3100 | 永暦1/7/0 | 広隆寺所司申文案、 | 所司等解申進申文事、 | 擬国領愁状、 | 仍為蒙裁免、勒状以解 | |
| 3117 | 永暦1/12/6 | 垂水牧寄人申文案、 | 寄人中時枝解申進申文事、 | 子細愁状、 | 仍勒状以解 | |
| 3167 | 永暦2/11/0 | 織手村岡兼清解、 | 兼清解申請申文事、 | 子細状、 | 仍注子細以解 | 国司 |
| 4787 | 応保2/ | 延暦寺西塔僧湛禅解 | 湛禅解申請申文事、 | 被収公□、 | 仍為蒙御裁下勒在状以解 | |
| 3267 | 長寛1/9/7 | 殿下政所使近清解、 | 近清解申進申文事、 | 子細状、 | 勒在状以解 | |
| 3296 | 長寛2/7/0 | 曽万布荘百姓等重解、 | 百姓等重解申進申文事、 | 言上三箇条状 | 重勒子細言上如件以解 | 国司 |
| 3298 | 長寛2/7/0 | 定使藤井貞宗重申状、 | 貞宗謹重進上申文事、 | 沙汰□、 | 仍勒子細在状言上以解 | |
| 3305 | 長寛2/8/0 | 弓削島荘下司平助道申状 | 助道解申進申文事、 | 子細状、 | 仍勒在状以解 | 国司 |

| | | | | | | |
|---|---|---|---|---|---|---|
| 補342 | 長寛2/8/0 | 佐伯景弘解 | 佐伯景弘解申進申文事 | 荒野子細状 | 仍注子細以解 | 国司 |
| 3313 | 長寛2/10/27 | 散位中原兼俊解、 | 兼俊解申進申文事、 | 子細状、 | 仍勒□□謹解 | |
| 3323 | 長寛2/12/0 | 弓削島住人等重解、 | 住人等重解申進申文事、 | 子細愁状、 | 仍勒子細以解 | 国司 |
| 3340 | 長寛3/3/0 | 法華堂領呉庭荘解、 | 呉庭御庄解申進申文事、 | 不随所勘愁状、 | 将仰正道之貴以解 | 摂関家 |
| 3361 | 永万1/7/19 | 弓削島荘住人解、 | 御庄住人等解申進申文事、 | 本家所役子細状 | 将仰正理之貴矣以解 | 国司 |
| 3399 | 永万2/7/0 | 弓削島荘住人解、 | 庄住人等解申進申文事、 | 本家所役子細状 | 仍勒在状以解 | 国司 |
| 3418 | 仁安2/2/25 | 弓削島荘住人解、 | 島住人等解申進申文事、 | 国衙所役状、 | 差脚力言上如件以解 | 国司 |
| 4818 | 仁安2/ | 建部社神官荘司解 | 神官庄司等解申進申文事、 | 在家等雑事愁状 | 欠 | |
| 3509 | 嘉応1/7/0 | 杣工安倍三子解、 | 安倍三子解申進申文事、 | 私領田一段愁状 | 仍子細言上如件以解 | |
| 3542 | 嘉応2/4/0/？ | 僧雲暁解、 | 雲暁重解申進申文事、 | 条々子細愁状、 | 欠 | |
| 3611 | 承安2/11/0 | 弓削島荘住人等解、 | 庄住人等解申進申文事、 | 安堵住民子細状 | 仍勒状以解 | 国司 |
| 3620 | 承安3/2/0 | 神主佐伯景弘解 | 佐伯景弘解申進申文事、 | 勤仕神役子細状 | 仍録子細言上如件以解 | |
| 補379 | 安元2/1/0 | 源兼光解 | 源兼光解申進申文事 | 結解子細状、 | 仍勒在状言上如件以解 | |
| 補403 | 養和1/10/0 | 長泉荘下司中原家憲解 | 中原家憲解申進申文事 | 年貢米子細状 | 勒子細言上如件以解 | |
| 4140 | 寿永3/2/0 | 源康忠解案 | 源康忠謹解申進申文事、 | 水走開発田事 | 勒在状言上如件以解 | 源義経 |
| 4145 | 寿永3/3/0 | 感神院所司等解 | 感神院所司等解申進申文事 | 条条子細状、 | 大略注進之如件以解 | 源義経 |
| 4146 | 寿永3/3/0 | 金剛峰寺衆徒解 | 金剛峰寺衆徒解申請申文事 | 子細愁状、 | 仍勒事状謹解 | 源義経 |
| 4240 | 元暦2/3/0 | 大神安子等解案 | 祝大神宮保等解申進申文事 | 田畠等子細愁状 | 仍言上如件 | 源範頼 |

請殊蒙　恩裁、重被申返、為国使被押取御年貢塩佰弐拾籠子細状、

右、謹検案内、（中略）望請　恩裁、被申返件御庁宣并年貢等者、且備将来之証文、且致□貢之究済、仍注□（子カ）細、□（以カ）解、

久安六年十一月廿二日弓削御庄住人等

（署判略）

（裏）「下　留守所

件弓削嶋庄所当役夫工米并貢蘇雑事、造延命堂材木等、早可令免除之由、度〻成庁宣了、而留守所取籠庁宣、押取年貢塩之由、庄民重□（所カ）訴申也、事実甚以非隠便、慥令返与庄沙汰人、可令取進塩請文之、兼又所留置免除之庁宣、為証文、早可令返与庄家也、重勿致訴也、自今以後、如此院事勅事、一切不可宛催之状、如件、

大介高階朝臣（花押）」（裏）「盛章」

国使が押し取った年貢塩一二〇籠と免除の庁宣を返却してほしいという内容の解状であるが、国司の外題をみると、「庄民重□（所カ）訴申也」と明記されており、それに基づいて、「慥令返与庄沙汰人、可令取進塩請文之」ことと、「所留置免除之庁宣、為証文、早可令返与庄家也」とが命じられている。年貢塩も「庄沙汰人」に返与され、免除の庁宣も「庄家」に返与されたのである。実際の文書の移動は不明が、この文面を見る限り、本家東寺がこの交渉に介在した気配を感じることができない。

中文型解の早い例であるとした「山城国石原荘司解」[48]は、「被聞　御消息於山城守殿」とあって直接国司宛に出された解状ではないようであるが、文書の奥に判をくわえているのは「造酒正兼大介源朝臣」とあるように山城国司であった。また、天喜四年の「伊賀国黒田荘工夫等解」[49]には、文書の袖に「税所丹勘」があり、奥には「大介小野朝臣（守経）（花押）」

の署判があるように、これは明らかに国司宛に出された解状であった。このように、申文型解の充所に国司が想定される例は多い。それは「申文型解一覧」の充所の項をみるとより明らかになる。そこに「国司」と記してあるのは充所が国司と想定されるものである。

もちろん申請型解にも荘官らが「国裁」などを要求したものはあるが、やはり圧倒的には「本家政所裁」ないし所管の上級機関に訴え出た例が多い。それとの対比で、申文型解の場合は「国司」や摂関家など「国家的公法的」な位置にある権力に「裁」を求めた例の割合が高いこと、そして当然のこととして本家を充所としてその「政所裁」を求めた例が少ない、という特徴を指摘しておきたいと思う。

## 2　申文型解と住人等解

上記のように、解状にも二類型があり、それぞれの機能に相違があるとするならば、今までこの点に十分留意せず分析してきた住人等解も再検討してみる必要があろう。

そこで島田次郎氏が作成した「住人等解・百姓等申状」の表2の中から申文型解を選ぶと（文書番号に○を付した。基本的には、島田氏が「書出または事書末尾」の項に「申文」と記した文書がそれに該当する）、次のようなことが指摘できる。

まず、一一世紀中頃から一二世紀中頃までは大部分が申請型解を用いているが、一二世紀四〇年代より申文型解が増加し始め、六〇年代以降はほとんどが申文型解に変化していることが判明する。この傾向は住人等解だけでなく、申文型解全体においても、久安・保元期以後が五六例中三四例を占めていることによっても裏付けられる（表1参照）。そしてこれは、同じく訴える充所が「本家政所」から「国」などへ変化したことも意味していた。しかし、この

**表2 「住人等解・百姓等申状」**(番号○印は申文型解)(島田氏作表を補訂・改変)

| | 西暦 | 年 | 国名 | 文書名称 | 書出または事書末尾 | 出典 |
|---|---|---|---|---|---|---|
| 1 | 1053 | 天喜元 | 美濃 | 茜部荘荘司住人等解案 | 寺家 政所 | 平遺 702 |
| 2 | 1055 | 天喜3 | 伊賀 | 玉滝杣工等解 | (前 欠) | 〃 736 |
| 3 | 〃 | 〃 | 美濃 | 大井荘住人等解案 | 本家 政所 | 〃 748 |
| 4 | 〃 | 〃 | 丹波 | 後河荘田堵等解 | 〃 | 〃 756 |
| 5 | 1056 | 天喜4 | 伊賀 | 玉滝杣湯船鞆田等四ケ村工等解 | 本寺 政所 | 〃 767 |
| ⑥ | 〃 | 〃 | 〃 | 黒田荘工夫等解 | 申 文 | 〃 781 |
| 7 | 〃 | 〃 | 山城 | 石垣荘住人等解 | 本家 政所 | 〃 805 |
| 8 | 〃 | 〃 | 〃 | 玉井荘解案 | 〃 | 〃 811 |
| 9 | ? | ? | 〃 | 玉井荘下司田堵等解(後欠) | 東大寺別当御房政所 | 〃 812 |
| 10 | 1056 | 天喜4 | 〃 | 玉井荘田堵等解 | 本寺 政所 | 〃 813 |
| 11 | 1057 | 天喜5 | 大和 | 清澄荘解案 | 本家 政所 | 〃 864 |
| 12 | 1058 | 天喜6 | 山城 | 玉井荘司等解案 | 本寺 政所 | 〃 890 |
| 13 | 1059 | 康平2 | 越後 | 石井荘寄人荘子等解 | 寺家 政所 | 北越中世文書 |
| 14 | 1097 | 承徳元 | 筑前 | 碓井封山口村住人等注進状 | 謹 言 | 平遺 1376 |
| 15 | 1101 | 康和3 | 大和 | 石名荘住人等解 | 本寺 政所 | 〃 1445 |
| 16 | 1103 | 康和5 | 伊勢 | 大国荘田堵等解 | 段数坪付事 | 〃 1502 |
| 17 | 1105 | 長治2 | 伊賀 | 湯船杣住人等解 | 御杣 預所 | 〃 1637 |
| 18 | 1106 | 嘉承元 | 〃 | 黒田杣工等解 | 本寺 政所 | 〃 1654 |
| 19 | 1111 | 天永2 | 〃 | 鞆田荘住人等解 | 本家 政所 | 〃 1757 |
| 20 | 1115 | 永久3 | 丹波 | 大山荘住人等請文 | 申請御文 | 〃 1825 |
| 21 | 〃 | 〃 | 山城 | 玉井荘住人田堵等解 | 本寺 政所 | 〃 1827 |
| 22 | 〃 | 〃 | 伊賀 | 黒田杣工等重解 | 行 事 所 | 〃 1838 |
| 23 | 1117 | 永久5 | 山城 | 玉井荘住人等解 | 政 所 | 〃 1873 |
| 24 | 1118 | 元永元 | 〃 | 〃 | 本寺 政所 | 〃 1888 |
| 25 | 1122 | 保安3 | 伊勢 | 大国荘田堵等解 | 本家 政所 | 〃 1950 |
| 26 | 1125 | 天治2 | 山城 | 賀茂荘住人等解 | 本寺 政所 | 〃 2033 |
| 27 | 〃 | 〃 | 紀伊 | 金剛峯寺官省符荘住人等解 | 本家 政所 | 〃 2043 |
| 28 | 1126 | 大治元 | ? | 東大寺領某荘住人等請文案 | (前 欠) | 〃 2079 |
| ㉙ | 1127 | 大治2 | 加賀 | 額田荘寄人等解 | 申 文 | 〃 2107 |
| 30 | 1129 | 大治4 | 紀伊 | 金剛峯寺荘住人等解 | 本家 政所 | 〃 2123 |
| ㉛ | 1130 | 大治5 | 丹波 | 大山荘田堵等解 | 申 文 | 〃 2169 |
| 32 | 1131 | 天承元 | 筑前 | 船越荘田堵等注進状 | — | 〃 2198 |
| 33 | 〃 | 〃 | 摂津 | 水成瀬荘田堵等請文案 | — | 〃 2201 |
| 34 | 〃 | 〃 | 丹波 | 大山荘下司住人等解 | 寺家 政所 | 〃 2212 |
| 35 | 1132 | 長承元 | 伊賀 | 鞆田荘住人等請文 | — | 〃 2225 |
| 36 | 〃 | 〃 | ? | 某荘公文寄人等解 | (前 欠) | 〃 2233 |
| 37 | 〃 | 〃 | 伊勢 | 大国荘田堵住人等解 | 本寺 政所 | 〃 2242 |
| 38 | 1133 | 長承2 | 〃 | 〃 | 本 家 | 〃 2272 |
| 39 | 1136 | 保延2 | 大和 | 八条北南荘田堵等解 | 御 堂 | 〃 2349 |
| 40 | 1138 | 保延4 | 伊賀 | 某荘百姓等(?)申状 | (前欠・後欠) | 〃 2389 |
| 41 | 1140 | 保延6 | 山城 | 玉井荘住人解 | 東 大 寺 | 〃 2428 |
| 42 | 1141 | 永治元 | 美濃 | 市橋荘住人等解案 | 陳 状 | 〃 2454 |
| 43 | 1142 | 康治元 | 越前 | 牛原荘住人等解案 | 本家 政所 | 〃 2461 |
| ㊹ | 〃 | 〃 | 美濃 | 茜部荘住人等解案 | 申 文 | 〃 2469 |
| 45 | 1146 | 久安2 | 大和 | 薬園荘縁松荘田堵等解 | 政 所 | 〃 2587 |
| ㊻ | 1147 | 久安3 | 紀伊 | 官省符荘住人等解案 | 申 文 | 〃 2610 |
| 47 | 〃 | 〃 | 〃 | 神野荘住人等解 | 裁 | 〃 2612 |
| 48 | 1148 | 久安4 | 大和 | 出雲荘住人等解 | 大乗院政所 | 平遺補 219 |
| 49 | 1150 | 久安6 | 伊予 | 弓削島荘百姓等解 | 国 裁 | 〃 2709 |

| | | | | | | | |
|---|---|---|---|---|---|---|---|
| ○50 | 1150 | 久安6 | 伊予 | 弓削島荘住人等解 | 申文 | 〃 | 2712 |
| ○51 | 1159 | 保元3 | 近江 | 三条院寄人等申文案 | 申文 | 〃 | 2960 |
| 52 | 1159 | 平治元 | ? | 星田荘解 | 本所　公文 | 〃 | 2967 |
| 53 | 1160 | 永暦元 | 近江 | 某厩住人等解 | (前欠カ) | 〃 | 3102 |
| 54 | 1161 | 応保元 | 伊賀 | 薦生荘杣工等解 | 本家　政所 | 〃 | 3183 |
| 55 | 1162 | 応保2 | 河内 | 星田南北荘住人等解 | 〃 | 〃 | 3231 |
| 56 | 1163 | 長寛元 | 大和 | 石名荘住人等解案 | 本寺　政所 | 〃 | 3269 |
| 57 | 1164 | 長寛2 | 紀伊 | 神野荘住人等請文 | — | 〃 | 3288 |
| ○58 | 〃 | 〃 | 越前 | 曾万布荘百姓等重解 | 申文 | 〃 | 3296 |
| ○59 | 〃 | 〃 | 伊予 | 弓削島荘住人等重解 | 〃 | 〃 | 3323 |
| △60 | 〃 | 〃 | ? | 野口牧下司住人等解 | 陳状 | 〃 | 3324 |
| ○61 | 1165 | 長寛3 | ? | 法華堂領呉庭荘解 | 申文 | 〃 | 3340 |
| ○62 | 〃 | 永万元 | 伊予 | 弓削島荘住人等解 | 〃 | 〃 | 3361 |
| ○63 | 1166 | 仁安元 | 〃 | 〃 | 〃 | 〃 | 3399 |
| ○64 | 1167 | 仁安2 | 〃 | 〃 | 〃 | 〃 | 3418 |
| 65 | 〃 | 〃 | 河内 | 興福寺領若江荘田堵等解 | 本家　政所 | 〃 | 3429 |
| 66 | 1169 | 嘉応元 | 大和 | 椙本荘住人等解 | 西金堂 | 〃 | 3492 |
| ○67 | 〃 | 〃 | 伊賀 | 黒田荘杣工安倍三子解 | 申文 | 〃 | 3509 |
| ○68 | 1172 | 承安2 | 伊予 | 弓削島荘住人等解 | 〃 | 〃 | 3611 |
| 69 | 1173 | 承応3 | 三河 | 志貴荘住人等解 | (前欠) | 〃 | 3636 |
| 70 | 1178 | 治承2 | ? | 東大寺領某荘住人等解 | 〃 | 〃 | 3861 |
| 71 | 1182 | 養和2 | 紀伊 | 荒河荘百姓等申状 | 言上 | 鎌遺 | 88 |
| 72 | 1183 | 寿永2 | 大和 | 和束杣工等重申状 | 〃 | 平遺 | 4080 |
| 73 | 1184 | 元暦元 | 摂津 | 垂水西牧萱野郷百姓等解 | 政所 | 〃 | 4207 |
| 74 | 1185 | 文治元 | 紀伊 | 金剛峯寺下政所三方百姓等起請文 | 百姓等起請 | 〃 | 4237 |
| 75 | 〃 | 〃 | ? | 某荘百姓等解 | (前欠)言上 | 〃 | 4261 |
| 76 | 1187 | 文治3 | 大和 | 櫟荘住人等解 | 本寺　政所 | 鎌遺 | 238 |
| 77 | 〃 | 〃 | 〃 | 清澄荘住人等解 | 〃 | 〃 | 241 |
| 78 | 1192 | 建久3 | ? | 絵町荘沙汰人等陳状 | 陳申 | 〃 | 591 |
| 79 | 1199 | 正治元 | 紀伊 | 神野真国荘百姓等申状 | 言上 | 〃 | 1060 |
| 80 | 〃 | 〃 | 大和 | 長瀬荘百姓等申状案 | 〃 | 〃 | 1072 |
| 81 | 〃 ? | 〃? | 〃 | 長瀬荘百姓等重申状等 | 〃 | 〃 | 1073 |
| 82 | 〃 | 〃 | 〃 | 長瀬荘百姓等重申状案 | 〃 | 〃 | 1074 |
| 83 | 〃 | 〃 | 伊賀 | 黒田荘民等陳状案 | 陳申 | 〃 | 1075 |
| ○84 | 1203 | 建仁3 | 伊予 | 弓削島荘沙汰人百姓等解 | 申文 | 〃 | 1353 |
| 85 | 〃 | 〃 | 播磨 | 吉河上荘百姓等契状 | — | 〃 | 1373 |
| 86 | 1204 | 元久元 | 伊賀 | 黒田荘百姓等申状案 | (前欠) | 〃 | 1477 |
| 87 | 1208 | 承元2 | 〃 | 薦生荘百姓等解案 | 本家　政所 | 〃 | 1764 |
| 88 | 1213 | 建暦3 | ? | 東大寺領某荘百姓等注進状 | — | 〃 | 2035 |
| 補1 | 1213 | 〃 | 和泉 | 池田郷住人等解 | 申文 | 〃 | 補608 |
| 89 | 1215 | 建保3 | 美濃 | 鵜飼荘沙汰人百姓等申状 | 申上候 | 〃 | 2186 |
| 90 | 1220 | 承久2 | 〃 | 某荘官百姓等解 | (前欠)以解 | 〃 | 2619 |
| 91 | 1223 | 貞応2 | 近江 | 葛川住人起請文 | — | 〃 | 3165 |
| 92 | 1227 | 安貞元 | 周防 | 多仁荘田布施領百姓等解 | (前欠)謹言 | 〃 | (3580 3581) |
| 93 | 1230? | 寛喜2 | 伊賀 | 大安寺領石打荘荘官百姓申状 | 言上 | 〃 | 3701 |
| 補2 | 1232～33 | 貞永年中 | 近江 | 日吉社…殿下御細工等解 | 申文 | 〃 | 補1061 |
| 94 | 1235 | 嘉禎元 | 大和 | 法花寺住人等申状 | 「法花寺申」 | 〃 | 4733 |
| 95 | 〃 ? | 〃? | ? | 吉富名沙汰人申状 | 言上(後欠) | 〃 | 4755 |
| 96 | 1237 | 嘉禎3 | 周防 | 石国荘沙汰人等重申状 | 言上 | 〃 | 5195 |
| 97 | 1238 | 嘉禎4 | 大和 | 上吐田荘沙汰人申状 | 〃 | 〃 | 5312 |
| 98 | 1239 | 延応元 | 〃 | 上吐田荘沙汰人陳状 | 陳申 | 〃 | 5423 |
| 99 | 1240 | 仁治元 | 〃 | 窪荘百姓等請所請文 | — | 東大寺文書 | 4-71 |
| ○100 | 1242 | 仁治3 | 安芸 | 安摩荘衣田島荘官百姓等解 | 申文 | 鎌遺 | 6001 |

ような変化は、住人等解に際だった特徴であると評価することができる。

このことは、住人等解が、それまでのように、申請型解を用いて本家へ訴えでたり、本家権力を介してのみ住人等の要求を訴え出ることができた、言葉を換えていえば荘園制的な「職の体系」を通じてのみ住人等の要求を訴え出ることができた段階から、国司や他の権門への要求提訴が直接的に行え得るような段階へ変化したことを示しているように思う。

私は前稿で、「百姓」身分の成立を論じた時、(50)勝山清次氏の荘園年貢制に関する研究(51)や上島享氏の一国平均役に関する研究を援用しつつ、(52)一二世紀中頃に、一国平均役が「院事勅事」という一種の租税として確立するに伴い、その国家的な賦課を負担する存在として「百姓」身分が成立した、ということを述べたことがあるが、この住人等解が申請型解から申文型解へ変化するということも、上記の結論と同様の意味合いをもっていると考えられる。

というのは、荘園年貢制の確立、一国平均役の租税化などによって、いわゆる荘園公領制が体制的に確立した結果、それまで主に荘園制の体系の中でしか活用できなかった、または荘園制的な枠組みを介してのみ効力を発揮しえた住人等解が、そのような規制を超えて国司や他の権門へも訴え出ることが可能になったと考えられるのであり、その段階に至った時、「住人」等解は「百姓」等解に変化し、さらに百姓等申状へと展開することになったのである。言葉を換えていえば、この時に至って「住人」等は「百姓」身分を獲得できたと考えられる。

このような状況を伝えていると思われる「百姓」等解を示しておこう。それは「越前国曽万布荘百姓等重解」(53)である。これも書出しに

東北院御領越前国曾万布庄百姓等重解　申進申文事

とあるように申文型の百姓等解であるが、荘田の収公や桑代綿・絹など賦課の免除を国衙に要求したものである。そ

こで興味深いのが、本文で国衙の収公や賦課のために「寺家御年貢米敢不能進済、誠為有名無実之御庄也」と指摘した上で、次のように述べていることである。

以前三箇条、被致御沙汰、為被裁断、度度雖言上、敢無其沙汰、偏可被棄置当御庄者、承左右一方、可随国衙也、仍□今度成敗、為令進上、重勒子細、言上如件、以解、

これまでもたびたび言上して裁断を請うてきたが、いまだその沙汰がない。これは当荘を棄て置くようなものである。国衙の賦課も荘園の年貢も両方負担することは無理なので、「左右一方を承り、国衙に従うべきか」という内容になろう。

荘園制という枠組みと国衙領という枠組みが対等に論じられていることは明らかである。国衙からの賦課の免除を求めて「本家の恩裁を申し請う」という姿勢は微塵も感じられない。前稿で、(54) ここにあるのは「荘の『住人』でも公領の『百姓』でもなく、まさに荘園公領制下の『百姓』という風貌である」と評したが、本稿の問題関心からいうならば、申文型解を前提とした百姓等解段階にふさわしい百姓の地位を示しているというべきであろう。

## 四　申文型解から百姓等申状へ——むすびにかえて——

住人等解が申請型解から申文型解へ変化した意味について言及したが、次の課題は、その住人等解から中世百姓の闘争の基本形態である百姓等申状への変化について検討することである。

そこでふたたび島田氏の作表（表2）をみると、文書番号68の承安二年（一一七二）の「弓削島荘住人等解」(55) を最後に申文型解はほとんどみられなくなる。すべてを精査したわけではないが、建仁三年（一二〇三）の「弓削島荘沙汰人

百姓等解」(56)（文書番号84）、仁治三年（一二四二）の「安摩荘衣田島荘官百姓等解」(57)（同100）と、追加の建暦三年（一二一三）「池田郷住人等解」(58)と貞永年中（一二三二〜一二三三）の「日吉社聖真子神人兼燈篭供御人并殿下御細工等解」(59)の四通ほどである。一二世紀後半の状態を考えると激減といってもよほどの状況である。しかし一方で、これも表2から判明するように、申請型解は一三世紀中頃までは減少しながらも存続している。その意味では中文型解の激減は平安時代末期から鎌倉時代初期にかけての特有の変化であると評価することができよう。

そして、その中文型解に代わって登場してくるのが、言上状形式の解状ないし申状である。その早い例は寿永二年（一一八三）の「大和国和束杣工等重申状」(60)である。その書出しと書止めを示すと次のようである。

御杣工等謹重言上

右所言上者、（中略）仍早以蒙裁報、被優免歟、恐恐謹言上如件、

寿永二年三月　日　　　　和束御杣工等

中文型解と様式が異なっていることは歴然であろう。これは、島田氏が「解・解状から、訴陳状への形式変化が行われ、その結果一般的に『百姓等申状』が成立した」と評価された時に例示された正治一年（一一九九）の「神野真国荘百姓等申状」(61)とほぼ同じ形式である。同じように書出しと書止めだけを引用しよう。

神野真国百姓等謹言上

右、謹検案内（中略）、仍百姓等加連署、令言上之状如件

正治元年六月廿一日　　　　百姓等

（以下署判略）

そして、島田氏が指摘するように、また「住人等解・百姓等申状」の表からもわかるとおり、この以後言上状形式

の申状が徐々に増加していき、百姓等申状として中世社会に広く定着していくことになるのである。中文型解の減少と対照的である。

このような変化から考えて、申文型解から申状（言上状）へ変化していくことは間違いないであろう。敢えていうならば、百姓等申状の前提は住人等解および百姓等解一般ではなく、そのなかでも中文型解にあったというべきである。

文書の残存状況からみても内容的には上記のような評価で間違いないと思うが、実は形式的には中文型解から百姓等申状へは連続しない、という難問題が残ることになった。当初の予想では、申文型解の「申文」が前提となって百姓等申状が成立してくると考えていたのだが、先の引用のとおり、百姓等申状の「百姓等謹言上」という書出しの文言は、申文型解の「解申進申文事」という文言から連続しない。もちろん申請型解からも当然のごとくこのような変化を想定することはできない。

その上、特徴的なことは、佐藤進一氏も指摘しているように、鎌倉期に入ると「申文」という用語すら減少していることである。これも十分精査したわけではないが、『鎌倉遺文』第一巻中で解状に該当する文書は二二通ほど確認できるが、文書中に「申文」という用語を使用しているのは、建久二年（一一九一）の「二所太神宮神主解」(62)のわずか一通だけである。この要因もいまのところ残念ながら明確にできない。中文の激減という事態を含め、中文型解から百姓等申状への文書様式上の展開という問題は、当面課題として残さざるを得ない。

相変わらず紙幅を費やした割には粗雑な分析に終始してしまった。その責任は当然筆者が負わなければならないが、その一方で、中世古文書研究における上申文書研究の遅れについても触れて置かざるを得ない。

本稿では若干手がけたに過ぎないが、上申文書の様式変化一つとっても、様式が変化することの指摘はあっても、変化の要因などについて、これまではまったく議論されたことがないといっても過言ではないであろう。まして、住人・百姓らの要求を訴え出ることを主な用途とした解状・申状がなぜ本所＝荘園領主の側に残されてきたのか、また、解状・申状のうちなにが残され、なにが廃棄されたのか、などという問題は検討の素材となったこともない。上申文書の研究は、百姓等申状に限らず、中世社会の特質の究明にとって重要な位置を占めているはずなのにもかかわらず、このように研究が遅れているのはなぜなのであろうか。今後の研究の進展を期待したい。

## 注

（1）「惣結合と百姓申状」（初出一九七一・二年、『南北朝内乱史論』東京大学出版会、一九七九年）。
（2）解や申状など上申文書を古文書論として分析した先駆的な業績として、林屋辰三郎大学院ゼミナール「下意上達文書の変遷—『解』より『申状』—」がある（初出一九六八年、『日本古文書学論集』4、古代II、吉川弘文館、一九八八年）。この研究についてては拙稿「平安前・中期における『解』の性格」（永原慶二編『中世の発見』吉川弘文館、一九九三年）で検討したことがあるので、ここでは繰り返さない。また、両氏以外の関連研究については、川島茂裕「中世成立期伊予国弓削島荘における住人等解闘争」（『史海』二五号、一九七八年）、同「庄園領主支配と『住人等解』の成立」（『一橋論叢』八七巻六号、一九八二年）、斉藤利男「『住人・百姓等』と荘園制の形成」（『高野山史研究』第二号、一九八七年）などを参照されたい。
（3）『百姓申状と起請文の世界』東京大学出版会、一九八六年。
（4）「百姓愁訴闘争の歴史的性格」（初出一九八〇年）、「日本中世共同体試論」（初出一九七九年）、（ともに『日本中世の領主制と村落』下巻、吉川弘文館、一九八六年）。
（5）「荘園制と百姓等申状」（『荘園制と展開と地域社会』刀水書房、一九九四年）。
（6）「『百姓申状』の性格について」（初出一九八〇年、『日本中世村落社会史の研究』校倉書房、一九九六年）。
（7）「中世村落の形成と『在地随近』『在地』」（『日本中世村落形成史の研究』校倉書房、一九九四年）。

(8) 「成立期『住人等解』の性格について」(『日本古代・中世史　研究と資料』九号、一九九一年)、「平安前・中期における『解』の性格」(前掲注2)、「成立期『住人等解』再論―『住人』の検討を中心に―」(『東京学芸大学紀要』第三部門　社会科学、第四五集、一九九四年)、「中世百姓の成立」(阿部猛編『日本社会における王権と封建』東京堂出版、一九九七年)、「『住人等解』の基礎的考察」(『東京学芸大学紀要』第三部門　社会科学、第五〇集、一九九九年)、「『住人』身分の成立と『公』性」―初期中世村落の法人格を考えるために―」(『歴史評論』五九六号、一九九九年)。

(9) 法政大学出版局、一九九七年。

(10) この間の古文書学の新しい動向については、河音能平『世界史のなかの日本中世文書』(文理閣、一九九六年)と、河音能平編『中世文書論の視座』(東京堂出版、一九九六年)を参照されたい。

(11) 天喜二年六月五日東大寺申状案(『平安遺文』七一七号)。

(12) 佐藤前掲注9書一九二頁。

(13) 長治元年七月廿日東大寺八幡宮所司申状(『平安遺文』一六二〇号)。

(14) 延暦七年十一月十四日長岡京六条令解(『平安遺文』四号)。

(15) 弘仁七年十一月廿一日雄豊王家地相博券文(『平安遺文』四二号)。

(16) 弘仁十四年十二月九日近江国長岡郷長解(『平安遺文』四八号)。

(17) 以下『平安遺文』番号のみ記すと、五〇・五四・五七・四四二号などがその例である。

(18) 治安二年六月八日豊後国由原宮師皇慶解(『平安遺文』四八八号)。

(19) 万寿二年五月十四日威儀師仁満解案(『平安遺文』四九九号)。

(20) 康平七年二月十六日散位藤原信良解案(『平安遺文』九九一号)。

(21) 承保二年四月三日山城国珍皇寺所司大衆等解案(『平安遺文』一一一〇号)。

(22) 応徳二年五月十四日東寺領伊勢国川合大国荘長解(『平安遺文』一二三六号)。

(23) 寛治七年十二月廿五日官宣旨(『平安遺文』一三二七号)。
(24) 嘉保二年正月五日東大寺政所下文(『平安遺文』一三三七号)。
(25) 寛治二年六月十九日東大寺領伊賀国定使懸光国解案(『平安遺文』一二六一号)。
(26) 天暦八年五月八日秦阿禰子解(『平安遺文』二六七号)。
(27) 正暦二年三月十二日大中臣良実解案(『平安遺文』三四八号)。
(28) 長久五年十一月五日山城国石原荘司解(『平安遺文』六一九号)。
(29) 天喜三年九月十二日摂津国猪名荘司解(『平安遺文』七二八号)。
(30) 天喜四年三月廿七日伊賀国黒田荘工夫等解(『平安遺文』七八一号)。
(31) 天喜四年七月廿二日丹波国後河荘司等解(『平安遺文』八〇八号)。
(32) (康平四年カ)平孝通解(『平安遺文』九六九号)。
(33) 天喜三年九月廿日上野重安申文(『平安遺文』七二九号)。
(34) 天喜四年二月十二日山城国玉井荘司僧源久解(『平安遺文』七六〇号)。
(35) 天喜四年三月十日伊賀国玉瀧杣湯船等四村工等解(『平安遺文』七六七号)。
(36) 天喜四年八月十五日山城国玉井荘解案(『平安遺文』八一一号)。
(37) 前掲注2論文。
(38) 天喜五年正月廿六日丹波国後河荘司解(『平安遺文』八四九号)。
(39) 前掲注31文書(『平安遺文』八〇八号)。
(40) 前掲注28文書(『平安遺文』六一九号)。
(41) 前掲注29文書(『平安遺文』七二八号)。
(42) 保延六年七月廿三日山城国玉井荘司申文案(『平安遺文』二四三二号)。

(43) 保延六年七月廿三日関白藤原忠通家政所下文案(『平安遺文』補三一二号)。なお、これに先立つ同年五月十二日の「関白藤原忠通家政所下文案」も残されているが(『平安遺文』補三一二号)、そこには「右、玉井御庄解状云」と玉井荘の解状が引用されている。
(44) 「本所裁判権の一考察―殿下沙汰について―」(一九九三年初出、『日本中世の国政と家政』校倉書房、一九九五年)。
(45) 「郡司・雑掌や本家に相当する寺社が上申した解状を除いて」の意である。
(46) 康平五年(一〇六二)から治暦五年(一〇六九)にかけて、曼荼羅寺僧善芳の解状が一二通ほどあるが、それらはほとんどが讃岐国衙や留守所および郡司宛に出された解状である。しかし、これは善芳によって曼荼羅寺領が再興される過程の、国衙との折衝過程でだされた解状と考えられるので、一応特殊なものとして除外して理解したい(西岡虎之助「土地荘園化の過程における国免地の性能」(『荘園史の研究』下巻一、岩波書店、一九五六年)。ちなみに、寺領が確立した後の延久四年の二通の善芳解は「本寺政所」「東寺長者御室政所」宛に出されている(『平安遺文』一〇七七・一〇八八号)。また、東寺領大国荘の荘長解も「祭主裁」を請うものが多い。これも伊勢神郡における特殊なあり方として除外し、後日検討することにしたい。
(47) 久安六年十一月廿二日伊予国弓削荘住人等解(『平安遺文』二七一二号)。
(48) 前掲注28文書(『平安遺文』六一九号)。
(49) 前掲注30文書(『平安遺文』七八一号)。
(50) 前掲注8「中世百姓の成立」。
(51) 「中世的荘園年貢の成立」(初出一九九四年、『中世年貢制成立史の研究』塙書房、一九九五年)。
(52) 「一国平均役の確立過程―中世国家論の一視角―」(『史林』七三巻一号、一九九〇年)。
(53) 長寛二年七月日越前国曽万布荘百姓等重解(『平安遺文』三二九六号)。
(54) 前掲注8「中世百姓の成立」。この論文では「曽万布荘百姓等重解」の充所を本家と理解しているが、本稿のように国衙宛の解状であると判断し、前稿の理解を訂正しておきたい。

(55) 承安二年十一月日伊予国弓削島荘住人等解（『平安遺文』三六一一号）。
(56) 建仁三年四月七日伊予弓削島荘沙汰人百姓等解（『鎌倉遺文』一三五三号）。
(57) 仁治三年三月十二日安芸安摩荘衣田島荘官百姓等解（『鎌倉遺文』六〇〇一号）。
(58) 建暦三年六月日和泉池田郷住人等解（『鎌倉遺文』補六〇八号）。
(59) 貞永年中　日吉社聖真子神人兼燈爐供御人并殿下御細工等解（『鎌倉遺文』補一〇六一号）。
(60) 寿永二年三月日大和国和束杣工等重申状（『平安遺文』四〇八〇号）。
(61) 正治元年六月廿一日紀伊神野真国百姓等言上状（『鎌倉遺文』一〇六〇号）。
(62) 建久二年閏十二月廿七日二所太神宮神主解（『鎌倉遺文』五七四号）。

# 永仁の「紀州御合戦」考
## ――悪党の時代と評価をめぐって――

海津一朗

### はじめに

荒川荘悪党源為時、名手悪党源義治、天野長者坂上一族、鞆淵荘八人御百姓をはじめとして、紀ノ川上中流域の高野山領は、個性豊かな悪党・惣百姓たちの活躍の舞台として知られている。佐藤和彦氏の主著『南北朝内乱史論』（東京大学出版会、一九七九年）に収録された「悪党　その時代と評価」（初出一九六四年）は、源為時を中心とする紀ノ川流域悪党集団を、高野山権力に抵抗しつつ地域的な封建権力に成長していく過度期の武士団の姿として描いているが、今日においてもスタンダード（規範的）な論文として参照され、すでに地域史叙述において定着している。(1)

ごく最近、山陰加春夫氏は関連史料の網羅的な検討によって、紀ノ川流域（とりわけ那賀郡一帯）の反高野山金剛峯寺勢力の悪党連合と六波羅探題軍＝幕府権力の全面的な戦争が存在し、悪党連合側が敗北したことを明らかにした。これまで正応・永仁の「高野合戦」と呼ばれていた謎の事件の再評価である。(2) 山陰氏の検討によって、これまで個別荘園の枠組みで断片的分散的に理解されてきた紀州悪党蜂起が、幕府権力との全面対立に帰結する金剛峯寺領下の広域政治闘争であることが明らかになった。(3)当然、悪党問題それ自体についても改めて検討する必要が生じたことになる。

私は、山陰氏の検討とは別に、高野山宝寿院文書の一点を紹介しつつ、紀伊国の弘安徳政について概観した。(4)紀伊国においては、神領興行の民衆運動が、異国征伐の女神・丹生明神の一宮化として高揚・実現し、幕府巨魁安達泰盛の介入もあって、いわゆる「高野山御手印縁起の地」(「旧領」)は丹生明神を管理する金剛峯寺検校の進止とされたことを指摘した。(5)この時不知行地として回復(実は奪取)の対象となっていた「他人押領分」所領とその当知行者は、次掲の八箇所である。

東界内
- 中津川郷　吉野執行
- 野川郷　吉野執行
- 隅田南荘　石清水八幡宮
- 「このほか縁起内大和国分その数あり、暫く略す」

西界内
- 小川村・柴目村　玄親律師
- 貴志東荘
- 調月荘　唐橋法印
- 鞆淵荘　石清水八幡宮
- 荒見荘　聖護院

ここに、「当山知行分」三十箇所のうちの大伝法院(根来寺)知行の渋田荘、山東郷を加えた一帯が、「高野合戦」における主戦場であり、かつ後々まで典型的悪党蜂起・惣百姓蜂起がくりかえされた著名な高野山領荘園（含隣接地）であったことは揚言するまでもない。

本稿では、弘安の金剛峯寺領興行（「旧領」回復）から紀ノ川流域悪党蜂起にいたる脈絡の中で、山陰氏の明らかにした「高野合戦」を検証し直してみたい。行論の都合上、山陰氏の使用した基本史料および論証事実を紹介することに多くの紙幅を費やすが、要所で論点を（おそらく認識の枠組みも）共有する論文であることから、ご寛恕を願いたい。

## 一　永仁の「紀州御合戦」

紀州悪党蜂起と、それに対する鎌倉幕府の軍事行動による鎮圧戦争があったことを示すのは、「丹生文書」中の次の文書（史料1）である。

**【史料1】**　関東御教書案写　○丹生文書

（十九丁）
異国降伏御祈事、参
詣丹生社、可令致祈精
候、依仰執達如件
　永仁二年四月廿日　陸奥守（北条宣時）判
　　　　　　　　　　相模守（北条貞時）判

中納言法印御房（能海）
鎌倉殿奉行衆下文
（二〇丁）
追仰
今度紀州御
合戦御祈禱事
別而可抽精誠
旨同仰所也

「丹生文書」は天野丹生神社社家の一祝家（惣神主家）に伝来した文書群であるが、原文書の大半は同社家の二次の火災（一九二六、一九三八～四〇年）によって焼失し、東京大学史料編纂所の影写本（乾坤二冊）が残るのみである。(6) 影写本に収められたため、平安～室町の分は大略『平安遺文』『鎌倉遺文』『大日本史料』に紹介されている（天野丹生社家関係文書の目録は註6別稿に所収）。

問題の史料1の文書は、影写本（乾の巻）の一九～二〇丁に採録されているが、既刊の刊本類は二〇丁の「追仰」以下を別文書と解したためか翻刻していない。史料1の正文と思われる文書が、『宝簡集』十八「丹生高野御位記」に収録されているが（『大日本古文書』家わけ第1高野山文書の一—二一八号）、二〇丁以下（追而書）は見られない。『宝簡集』文書により「鎌倉殿奉行衆下文」の部分は端裏書であることがわかる。

影写本の枠囲み線により判断される料紙の大きさは、一九丁が縦三一・二×横三五・六センチ、二〇丁が三〇・五×

三五・〇センチで、「追仰」以下はやや天地が短いながらもほぼ同じ大きさの竪紙といえよう。また、二〇丁は合戦の調伏祈禱に関する指令であり、異国（蒙古・高麗）降伏祈禱を命じた一九丁文書の追而書として違和感がないであろう。文書の内容と料紙の大きさより推して、案写ながらも史料1が、この関東御教書の本来の形であったと考えて良かろう。(7)

以上、簡単ながら史料1について最少限の書誌的な言及をしたが、使用が可能とすればこの文書の意味するところは、紀伊中世史にとって極めて重要である。まず、一二九四年（永仁二）、前年来の対外的軍事危機に際して、再び丹生明神が武家政権から異国征伐の神戦を期待されたこと（いうまでもないことだが、神戦は戦争行為そのもので、祈禱は戦闘開始を意味する）、しかも「中納言法印」を丹生社に参詣させて祈禱させるという異例のものであることが注目される。(8)「中納言法印」は、将軍久明の護持僧集団の枢要の能海という人であり、『親玄僧正日記』によれば、前年まで鎌倉にて北条貞時の身辺にいて組織的な調伏祈禱を繰り返していた。(9)天野丹生社に調伏祈禱（神戦）を依頼するのでなく（当然それも並行して行われるであろうが）、武家政権の戦争担当最高スタッフが、直接出向いて天上の神々の戦争指導を実施しようとしたわけである。丹生社は、高野山と特別の関係があった安達泰盛の滅亡以後においても、幕府の神戦におけるいわば「大本営」として期待され、頼りにされていたのである。(10)史料1の祈禱命令が、幕府の指令としては異例のものであることを確認した上で、追而書の「今度紀州御合戦」が、蒙古襲来に並ぶ比重をもつ懸案事項である点を指摘したい。一般に、神戦に限らず、文永蒙古襲来以前よりの幕府の軍勢催促において、異国の蒙古・高麗征伐と国内の悪党征伐とがあわせて指令されるのが基本であった（「且つは異国の防御を致し、且つは領内の悪党を鎮むべし」）。幕府にとって、悪党問題は異国征伐の妨げであるのみならず、内なる異人＝異類異形という点で異国征伐と等質の問題と認識されている。(11)しかしながら、「追仰」として、具体的な指示を出している点をみても、「今度紀州御合戦」

が単なる修辞・架空の戦とは考えがたい。この場合は、特別の調伏祈禱を必要とする現実の危機（悪党蜂起）が、紀伊国内に展開していると考えて誤りはないであろう。一二九四年初の時点で、幕府が「別而」神戦を仕掛けねばならない紀伊国内の合戦とはいかなるものであるのか、節を改めて検討してみたい。

## 二　山陰加春夫氏による高野合戦の再検討——幕府の悪党鎮圧派兵——

幕府が、軍勢を派遣して介入した合戦としては、次表のような例が知られる。地域紛争や本所敵対～討幕挙兵など性格を異にするが、いずれも広域悪党問題として扱われている事件である。とくに紀伊国に限定した場合、一四世紀以後の熊野海賊蜂起に対する軍勢派兵が知られており、「紀州御合戦」もまた、熊野にかかわる事件である可能性も皆無とはいえないだろう。しかし、延慶の海賊鎮圧（一五箇国派兵）や、文保の中国悪党討伐（一二箇国派兵）のように、大軍の組織的な派兵には時期がややはやく、また前後に海賊蜂起の徴証も確認されていない。神戦の大本営が天野丹生社（金剛峯寺検校管轄）にあったこと、同年に隣国大和で発生した「南都合戦」（大乗院・一乗院の相論に発する私戦）に東使・六波羅軍の指揮下で在京人・探題被官の軍勢が派兵されていること、(12)などより推して、紀ノ川筋など紀北における私戦（地域紛争）がまずは想定されるのではなかろうか。

このように考えた場合、まずもって想定されるのは近年山陰氏が明らかにした「高野合戦」である。高野合戦を語る直接の史料は、史料1を除くなら、わずかに一点（史料2）、戦後処理にまつわると推定される関連文書を交えてもあと二点（史料3・4）を加えるにすぎないという。山陰氏は、先行研究の問題点を具体的に示した上で、史料2を徹底して分析し、かつ事件に関係するとみられる地域の事件前後の状況を詳細に分析した。関連史料が少ないので、す

**表　幕府の主要な悪党禁圧派兵事例**

| | | | |
|---|---|---|---|
| 1294 | 永仁2 | 4 | 護持僧に天野丹生社（金剛峯寺）での「紀州御合戦」神戦を指令（史料1） |
| 1308 | 延慶1 | 3 | 伊予河野氏に西国・熊野浦々海賊蜂起の追捕を指令 |
| 1309 | 延慶2 | 7 | 西国・熊野浦々海賊蜂起につき東使南条氏下向。15箇国の軍兵を熊野山に差し向ける。関連して鎮西河野氏に伊予帰国を指令 |
| 1315 | 正和4 | (11) | 守護使ら摂津諸関の狼藉調査中に兵庫で襲撃される |
| 1318 | 文保2 | 12 | 西国悪党鎮圧のため、山陽・南海道12箇国に2－3人ずつ使者派遣（文保の悪党海賊鎮圧令） |
| 1319 | 元応1 | 春 | 国ごとに両使・役所定め海上警護させる |
| 1326 | 嘉暦1 | 3 | 工藤氏、奥州安藤・蝦夷合戦の鎮圧に出兵（7季長を捕縛し帰洛） |
| 1327 | 嘉暦2 | 6 | 蝦夷与党蜂起につき、宇都宮・小田を奥州派遣(翌年10和談) |
| 1331 | 元徳3 | 6 | 幕府、護良・楠木攻めに大軍を上洛させる |

べて提示して、山陰氏の議論の組立を紹介しておきたい。

【史料2】　阿弖河荘地頭某陳状并頼聖具書案　○高野山文書「又続宝簡集」(13)

（前欠）

庄者、三代将軍御下文明鏡之間、貞応・嘉禄之比、不及其御沙汰者也、
当庄地頭職無動転事、弥令露顕了、次於荒川庄者、雖為高野山○当知行、
重代御家人三毛六郎入道心浄、為公文職知行之処、為高野合戦没収之
地、拝領富樫《トカウシ》介入道定照之後、当時者返給心浄、至真国庄志賀野村下
司・公文職者、御家人貴志次郎入道重代知行之処、同為合戦没収之地、
拝領関蔵人之後、返給于信正子息畢、然者寺家当知行内仁毛、御家人重
代所職、于今無相違之条、眼前也、
　同状云、文学（覚）聖人譲状并下司職事云々、地頭之由掠給之条勿論、不依
安堵先傍例云々、
此条、遺跡相論之時、就後判状、不可依安堵之由、間々有○其御沙汰歟、
如此御下文相続重代知行地頭職者、被定置事記、争可申子細哉、就中
当庄地頭職者、如載先段、為平家没収之地、従被拝領文学上人以来、
承元四年忝被補任地頭職、承久三年重預地頭職還補御下文了、至于当
御代、百余年知行無相違之上者、雖為下司職、不可有本所望、何況於

地頭職哉、加之、寺領庄官可追放之由、就関東御事書、為丹後前司御使、追放之刻、阿弖河庄地頭職、称寺領一円〇(庄官)掠入御使之間、捧代々御下文等、令言上子細之時、就被経注進、為五大院六郎左衛門尉奉行、如永仁六年八月七日関東御下知者、湯浅金迦羅丸申紀伊国河(阿)弖川庄事、如注進状者、帯関東代々御下文所見也、早止追放之儀、可安堵本職云々、然者寺僧所進於領家職証文者、不足言之間、不及地頭詞費、凡宗重法師忠節抜群事、右大将家不便仁被思食之由、忝被下御自筆慇懃御書、不懸当国家人奉行催促、依別仰、可致忠節之旨、被成御下文了、此上者早任重代相続御下文之旨、為蒙御成敗、粗披陳如件、

徳治二年八月　日

〇聖頼ノ具書

御手印内

一(朱合点)誉田天皇(応神)定堺四至　東限丹生河上　南限当川(阿弖河)南横峯

西限神勾・星川　北限吉野河

具註丹生氏天平十二年藉(籍)文并祝相伝祭文云々、

一縁起中心不知行所々事

小河・柴目　八幡宮領、捧高野〇(山)御手印縁起、於関東雖申給御教書、依八幡雑掌申子細、不及訴陳、被棄置了、

西志(貴)庄東西　西園寺領、地頭小鹿入道阿念云々、

一方地頭伊東ト号、不知名、

調月庄東西　唐橋法印領、下司・公文孫三郎、不知実名、為高野合戦没収之地、拝領俣野八郎入道之後、返給孫三郎畢、

○小倉庄東西　金峯山領、下司・公文職等御家人大輔房幸尊、於貴志孫三郎分者、高野合戦御沙汰之刻、金峯雖申子細、任関東不易御下文等、為斎藤九郎兵衛奉行、預于御下知了、

岩野河村　毘沙門堂領、地頭得田兵衛入道跡、

荒見庄　山門領、

水原(杉原)庄

（朱字）「載弘法押領之詞、悪口罪科難遁歟、」

滝門山高野寺本三千余坊云々、当時者、中院一院相残、

已上九ヶ所、雖為段歩、知行例無之、就中、於滝門山高野《タカノ》寺者、大同年中伝教大師建立云々、金剛峯寺者、弘仁七年建立云々、然者、伝教大師令押領弘法相伝之霊地給歟、将又伝教相伝之地於弘法令押領○給歟、

一三谷村　下司・公文両職、重代御家人三谷太郎跡、

　但、本家職者、丹生社云々、

一高野山当知行内仁重代御家人所職無相違所々、

荒川庄公文職　為御家人三毛七郎(ママ)入道分、高野合戦之時、拝領富樫介入道、

真国庄内　志賀野下司・公文両職、為貴志次郎入道分、拝領関蔵人、

　此外、他人知行所々数ヶ所雖相交、暫略之、

（中略）

○三毛庄　山門領、地頭六郎心浄、月(同カ)七郎衛門尉、不知実名、為高野合戦没収之地、拝領富樫介入道之後、返給心浄了、

**【史料3】** 関東下知状写 ○「如意宝珠御修法日記」紙背文書(14)

可令早富樫介(家春)法師法名(定照)
領知紀伊国三毛入道心浄・同七郎左衛門尉盛氏跡事
右、依度々召取悪党張本之賞、所被充行也者、早守先例可致沙汰之状、依仰下知如件、
永仁四年十月廿六日
陸奥守平朝臣(北条宣時)御判
相模守平朝臣(北条貞時)御判

**【史料4】** 阿弖河荘文書取出目録(抜粋)(15)

一通 (合点)就合戦事、関東御教書 宗家事 法名浄智

山陰氏は、史料2が、金剛峯寺に敵対する阿弖河地頭湯浅氏サイドが、御手印縁起「旧領」内にも御家人所職補任の前例があることを立証するために作成した証拠文書である、という基本性格を明らかにした上で次のように結論した。

①高野合戦とは、鎌倉幕府が「寺領(金剛峯寺領)荘官追放すべし」という事書を発し、それを承けた六波羅探題が紀州悪党(寺領荘官)の追捕に出兵したことに端を発する。

②関係地域は以下の5荘園であり合戦後に没収・処分(給付)がなされた

| 在所 | 没収時旧主 | 処分 |
|---|---|---|
| 金峯山領小倉荘東西 | 貴志孫三郎（?・兼宗） | →安堵 |
| 山門領三毛荘 | 地頭三毛心浄・三毛盛氏 | →富樫定照 |
| 唐橋法印領調月荘東西 | 下司公文調月孫三郎良信 | →俣野寂一 |
| 金剛峯寺領荒川荘 | 公文三毛心浄 | →富樫定照 |
| 金剛峯寺領真国荘志賀野村 | 下司公文貴志志賀野真正 | →関　頼成 |

③一三〇七年（徳治二）八月までに5荘園の知行は、没収以前の本主（子孫）に返付され高野合戦による「寺領荘官追放すべし」の措置は撤回された。
④高野合戦の勃発は、貴志信正が志賀野公文を改易された一二九四年（永仁二）七月以降、富樫定照に行賞のあった一二九六年（永仁四）一〇月二六日（史料3）の間に限定できる。

これに私見を付け加えるなら、⑤御手印縁起「旧領」を現実の知行地に適用した史料2は、配列や文言などの点で、序に引いた弘安の注進状を先蹤としている、⑥「寺領荘官追放すべし」という関東事書の措置は、神領興行法によってなされる普遍的な措置であり、[16]天野丹生社（金剛峯寺）に対する幕府の弘安八年御手印縁起「旧領」興行令の実施（再施行）といえる。⑤⑥両方とも、高野合戦が、天野丹生社＝金剛峯寺による弘安の神領興行（旧領回復）を始点とする事件であることを示している。

山陰氏は、合戦の舞台となった5荘（とくに荒川悪党と真国悪党）について詳細に検討し、従来〝鎌倉時代末期に紀伊国西北部地域でおこった合戦〟という茫漠としたイメージで語られた高野合戦を、〝永仁年間に、紀伊国小倉・三毛・調月・荒川・真国・阿弖河等の各荘に、「寺領荘官追放すべし」の幕命をうけた六波羅探題から評定衆・奉行人・得宗被官・在京人（篝屋守護人）らから成る使節が派遣され、同使節等によって当該地域に巣くう「悪党」（ないしは「悪行人」）たちが次々「追放」された〟合戦として明確に位置付けなおし、紀伊中世史のスタンダードな理解に修正を求めたのである。事件の内容といい、保野・富樫・関ら在京御家人の出兵といい、想定していた「紀州御合戦」と一致しており、史料1の「紀州御合戦」の内実が、後年阿弖河地頭等により「高野合戦」と呼ばれた事件であることは大方の賛同を得られるものと考える。さすれば、この合戦の発生は史料1より一二九四年（永仁二）四月前後、鎮圧（終結）は行賞に関する史料3より一二九六年（永仁四）十月以前ということになろう。(17)

## 三　荒川悪党蜂起と弘安の神領興行法

高野合戦は、金剛峯寺検校による神領興行（「旧領」回復）と密接な関わりをもつという私見を交えつつ、山陰氏の成果を紹介してきた。一二八五年（弘安八）安達泰盛主導の幕府が、天野丹生社を紀伊一宮として高野山御手印縁起内「旧領」回復を認めたため、「旧領」内に所領をもつ他権門の地頭・荘官らは当知行を停止され追放された。その影響は他権門領の多い那賀郡一帯、とりわけ紀ノ川（紀伊川・吉野川）流域で深刻であった。紀ノ川を境界に河南を「旧領」にするという地域区分は、紀ノ川中上流の荘園のあり方（＝大半が紀ノ川両岸にまたがって立荘）に反しており、既往の荘園制の枠組み（地域秩序）を根底から揺るがしたのである。高野合戦の主戦場が那賀郡一帯の紀ノ川筋に集中するのは、この地の領主が、幕府＝金剛峯寺勢力の神領興行によって一律に当知行を制限されたために他ならない。(18)

永仁年間に近い時期で、那賀郡における反高野山の悪党事件といえば、高野合戦に言及する諸氏が示唆するように、荒川悪党源為時一党の蜂起が想起されよう。高野合戦に先立つこと二・三年の一二九一〜九二年（正応四〜五）、荒川荘高野を本拠とする源為時（弥四郎・法心）を張本とし、その婿源義賢・平良継、吉仲荘（調月荘）の平良光一族、名手荘の義方・家基らをはじめとする那賀郡の紀ノ川中流域領主等が、地縁・血縁で重層的に連合して、三毛心浄ら高野山金剛峯寺勢力に敵対した事件である。

荒川悪党と源為時については、服部謙太郎氏・今井林太郎氏の検討を嚆矢とし、序でふれた佐藤和彦氏による歴史的位置付けや、それを批判しつつ詳細に分析した本多隆成氏、山陰加春夫氏（旧稿）、高野合戦との関係を洗った高橋修氏、そして山陰氏（新稿＝前掲註2論文）により、事実関係はほぼ明らかになっている。(19)この成果に学びつつ、高野合戦前夜に起こっている荒川悪党蜂起事件を確認しておきたい（図も参照）。

一二九〇年（正応三）八月より翌年六月にかけて、源為時（吉野で出家し法心）らは、荒川荘内の金剛峯寺方人の在家を断続的に襲撃し、四〇余宇を焼き討ちにした。これに並行して、吉仲悪党による阿弥陀峯（荒川荘内か）山賊、荒川・吉仲の為時一党による那賀郡の市・津・路次での押売・押買、名手荘悪党家基らによる名手・伊都郡界一帯の路辺での旅客・商人に対する路次狼藉が頻発し、那賀郡一帯は悪党蜂起の状況となった。高野山金剛峯寺は、これに対して武家に対する悪党訴訟を行うが、同時に寺僧と三毛心浄・盛氏ら近隣御家人を組織して実力行使に及んだ。すなわち一二九一年（正応四）七月に数百人の軍勢で、悪党為時の本拠である高野を襲撃して為時方人の在家四〇宇（為時の堂と住宅二一、方人の二二、母の所従五）を焼き討ちし、さらに九月八日には高野寺の麓で為時の暗殺を企て失敗している。一一月一二日には為時の母住宅を襲撃して凌辱している。為時は、吉仲荘に逃れて、叡山末の高野寺僧として訴訟闘争を開始した。(20)こうして一二九二年（正応五）時点には、在地での荒川悪党と高野山勢力との近郷合力による私

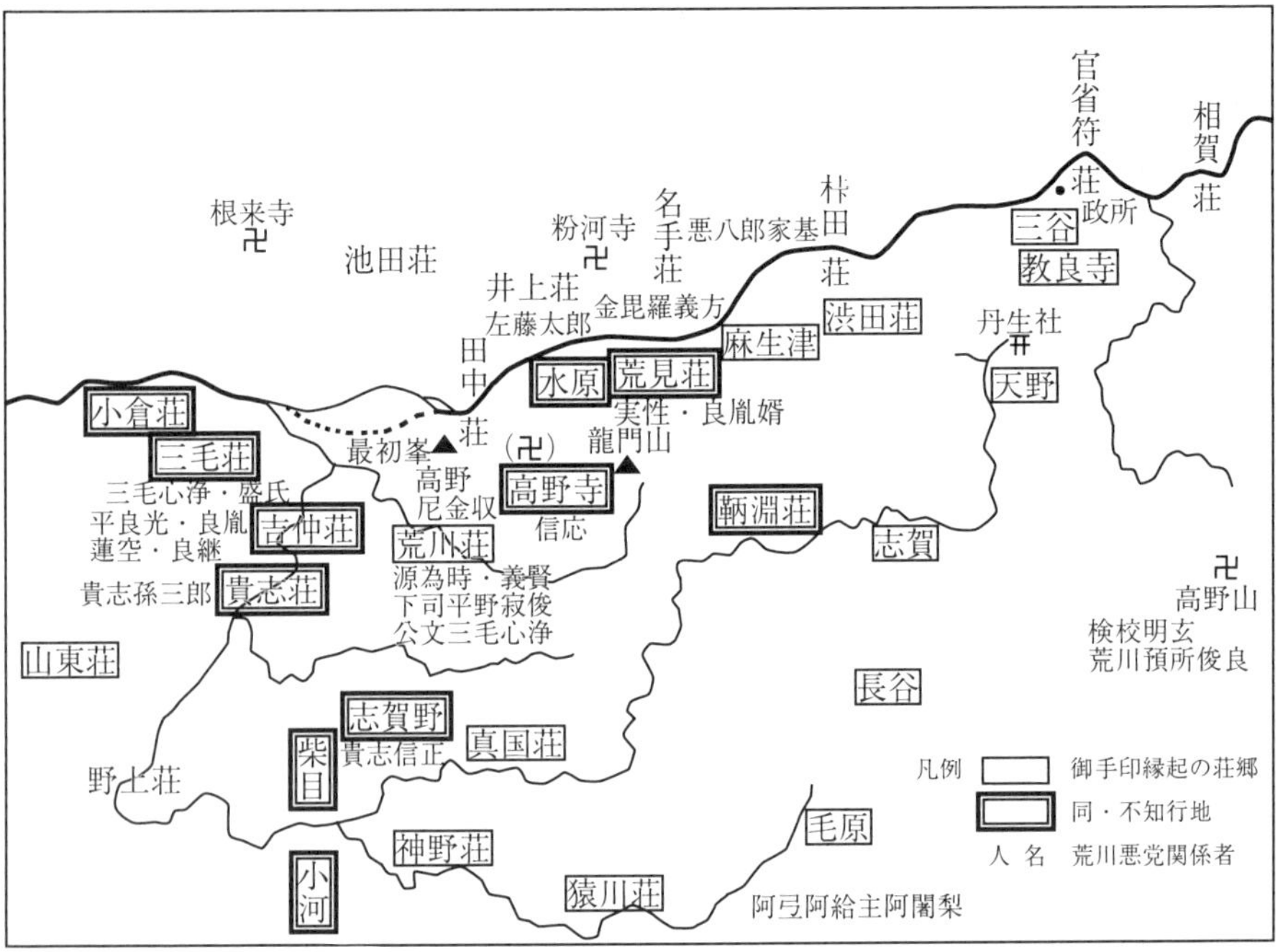

紀州御合戦関係図

闘、中央での東寺（金剛峯寺方）と延暦寺（高野寺僧源為時方）との訴訟闘争が並行している状況が出現した。以上が、先行研究にみる事件の事実関係概要である（ただし狼藉の内容は訴状によるため全てが事実とは確認できない）。

荒川悪党蜂起事件は、山陰氏（新稿）以前の研究においては、その結末が明らかでないとされてきた。これを、はじめて永仁の高野合戦と結びつけて考察し、「最終的な帰趨を、かなりの程度知りうる、数少ない事件」としたのは、前述の山陰氏の新稿である。山陰氏は、高野合戦の分析を踏まえて、荒川悪党蜂起事件を徹底的に洗い直していく。論証の詳細は、直接山陰論文（前掲註2下）によられたいのだが、結論のみを記すと次の表のようにまとめられる。

【荒川悪党勢力】

荒川荘　源為時・同妻女・源八義賢・正信・大弐房、城八郎、唯仙、黒河六郎

高野寺　年預信応

吉仲荘　吉仲良光・良胤・良信、良仏・蓮空（雲）、

行良法師・良継（為時養子）
名手荘　金比羅義方（荒見荘地頭代実性の扶持）　悪八郎家基（梼田在荘）
【金剛峯寺勢力】
三毛荘　三毛心浄　三毛盛氏
貴志荘　貴志孫三郎
荒川荘　下司平野寂俊　加賀七郎
寺　僧　前検校見蓮房明玄、荒川荘預所俊良房覚尊　願俊房良算・賢澄ら18名

実線は、史料上で高野合戦で処罰されたことが確実な者。破線は、おなじく史料上処罰された徴証のある者（為時のみならず、荒川荘・名手荘に名のあがった非御家人・凡下たちの多くが追放されたと推定されるという）。すなわち、高野合戦においては、荒川悪党蜂起事件の荒川悪党勢力、金剛峯寺衆徒勢力の双方の御家人・非御家人・凡下の大半が追放された（ただし後者側の高野山住侶と、関東の重代下文を帯する御家人は処分を免れる）という結論である。

## 四　「紀州御合戦」（高野合戦）の評価をめぐって

反高野山の挙兵をした源為時ら荒川・吉仲悪党らが処罰されるのはともかく、高野山側としてそれを攻めていた三毛・貴志一族ら在地領主までが処罰されていることは、高野合戦の複雑な性格を示すものであろう。この点について、山陰氏は「同時期、同地域の全階層は、それぞれの思惑もあらわに、おのおののめざすところを実現すべく、いっそう激しく動き始めていた」とし、在地社会が「内乱前夜ともいうべき状況下にあった」ことから説明している。

高野合戦をめぐる事実関係の理解については異論がないが、山陰氏のこの評価は、やや一般的にすぎており、理詰めの実証に比して抽象的な感が否めない。私は、荒川悪党蜂起事件から高野合戦にいたる一連の事態の起点に、金剛峯寺側の政治改革、すなわち弘安徳政（神領興行法）の受容を位置付けることで、別の説明が可能になるのではと考える。

そもそも従来の荒川悪党研究においては、「寺領荘官、追放すべし」という関東事書が発せられるような状況、すなわち高野山金剛峯寺による「高野山御手印縁起」（旧領）興行法が一二八五年（弘安八）段階で発動している事実がまったく認識されていない。

源為時が、荒川・吉仲荘関係文書中に姿を現すのは、史料5にみられる事件、すなわち弘安徳政を承けた金剛峯寺の私戦禁令によって、私領を闕所にされたのがはじめてである（それ以前の、田中荘や麻生荘での私戦等は、のちになって具書案で明るみにでる事件）。

【史料5】　高野山御影堂陀羅尼田置文　○高野山文書続宝簡集六[21]

（端裏書）
「五十八臈加　六十五臈加　九十六臈加
荒河庄殺害人為時・光綱之私領令寄進陀羅尼田状」

弘安八年十二月八日、於荒河庄（紀伊郡賀郡）上田村、弥四郎為時等令殺害弥九郎光綱之処、光綱幷聟孫太郎光真又令殺害実房・為房兄弟二人畢、互為殺害之間、両方太犯之上者、倶所当罪科難遁者歟、仍令没収点定彼等之私領之内、前田壹段・上野百八十歩、（裏書）「五十八臈加」延寿門百六十歩、（裏書）「六十五臈加」東山垣内二十歩、（裏書）「九十六臈加」所令寄進御影堂陀羅尼田也、是即且為犯人罪障消滅、且為寺僧巡年依怙也、然者、尽未来際、更不可有改転之状如件、

弘安八年乙酉十二月八日　預所阿闍梨覚尊（花押）

検校執行権律師法橋上人位祐信（花押）

弘安徳政の発動中である一二八六年（弘安八）一一月八日、源為時は荘鎮守三船社の鎮座地である上田村（現桃山町神田《こうだ》）において弥九郎光綱・光真と合戦し、与党の実房・為房兄弟を討たれながらも光綱を殺害した。この事件は（あるいは紀伊国霜月騒動というべき政治背景があるやもしれぬが）金剛峯寺によって「両方大犯」と認定され、為時・光綱ら私戦関係者はともども罪科となり、翌月の一二月八日には私領を点定され御影堂陀羅尼田等に施入（没収）されている。(22)高野山金剛峯寺権力により領内私戦停止が実現していたわけであるが、この措置が幕府＝安達泰盛の弘安徳政（当知行制限＝平和令）の全面的な後押しによって実現したのは明らかである。(23)「悪党」源為時の登場は、すなわち弘安徳政の受容を意味するものであった。為時や光綱のような私戦の請負者の側面（当知行の世界の英雄としての風貌）は、地域に根ざした領主層にとっては多かれ少なかれ普遍的なものであり、荒川荘で源為時がとりわけ排除されたのは別の理由によると考えられる。(24)

調月荘（比叡山荘）と人脈的なつながりが深い上に、荒川荘内の境域に住んで叡山末の霊場に帰依する源為時は、「高野山御手印縁起」興行をかかげる高野山金剛峯寺勢力にとっては許すべからざる荘内の異端・異分子に他ならなかった。こうして、源為時一党は神領興行法の適用によって神領非器の輩として既得権を否定され、なお当知行を維持したため「悪党」と認定された。為時の「悪行」が開始されたのではなく、弘安徳政に抵触して、当時の中世領主の普遍的な実態（私戦請負人）が露呈したにすぎない。正応の荒川悪党蜂起も同様である。郡界や紀ノ川筋における広域的組織的な路次狼藉や山賊行為は、悪党の武装蜂起を意味するものでも、新たな地域権力を志向するものでもなく、弘安の「御手印縁起」神領興行以前に実在していた在地秩序の片鱗を示すものにすぎない。弘安徳政によって示された、河川をもって所領を分割するという御手印縁起「旧領」は、先にも述べたように、既往の荘園制の枠組み（地域秩序）を根本的に改編するものであった。この所領分割によって、貴志川の東西両岸、紀ノ川流域の南北両岸で地域秩序を構成していた自立的な集団は金剛峯寺によって再編され（三毛心浄や貴志孫三郎ら金剛峯寺方領主）、それに服さぬ（当知行を維持する）一部の集団が広域悪党蜂起（吉仲～荒川～荒見～名手～栫田）として顕在化したのである。荒川悪党側の（訴えられている）焼討・押売・押買・路次狼藉・山賊などの行為が、頽廃や逸脱を意味するものではなく、当知行を制限する平和令＝神領興行法への違反を意味する法律用語であることは揚言するまでもない。

以上、正応の荒川悪党蜂起事件について、安達泰盛の弘安徳政を背景とした天野丹生社＝金剛峯寺領の興行、那賀郡域の領主勢力の当知行制限から再考してきた。このような理解は、悪党問題を「実力によるナワバリの確定（当知行）が、（蒙古襲来後の思潮＝地域民衆の世論に根ざした）徳政令の適用によって制限され、その違反者は権力者・民衆共通の敵として悪党のレッテルを貼られ検断される」と捉える私見に適合するものである。[25] このように考えることによって、山陰氏の論証した事実、すなわち高野合戦によって荒川悪党・金剛峯寺方の双方が没収対象者にされた事態も次のような筋道で説明できるように思う。

つまり、荒川悪党蜂起事件の末期において、天台霊場の高野寺を中心とする反金剛峯寺勢力と、三毛心浄ら高野山勢力の在地領主の間で、那賀郡全域（とくに山陰氏のいう5荘）を舞台とする大規模な私戦が展開した。収拾のつかなくなった金剛峯寺勢力は、旧泰盛派の復活した一二九三年（永仁一）に幕府を頼って、弘安「旧領」興行を再度の獲得目標にして武力による停戦の実現をめざした。史料1で見たとおり、この時幕府は異国襲来を前面に掲げて、平和令（神領興行法にもとづく私戦禁止令）の正当性を強調した。こうして、六波羅の軍勢により、源為時・三毛心浄ら私戦を行った両勢力がともども当知行を停止され、没収地は六波羅探題（探題被官・在京人ら）占領軍の諸兵に給付された、というのが私の想定である。三毛心浄は私戦の当事者として当然処罰された。一方の大将源為時も同じく追捕されたが、御家人（武家被官）ではなく、また「旧領」内の住民だったため、史料2のような没官注文からは漏れたと考えておきたい。その一族が、二度と再び史料上にあらわれないのは、先学の指摘するところである。御家人である三毛心浄や調月良光が後年復権するのに対して、荒川悪党・名手悪党の大半は高野合戦で「族滅」したのであろう。

## まとめ

本稿で明らかにした点は、次のようなことである。

（1）弘安の神領興行法は、紀伊において天野丹生社＝高野山金剛峯寺による御手印縁起内「旧領」回復として適用され、とくに那賀郡域の諸荘では他権門所領の領主たちが当知行を制限された。のちに悪党張本とされる源為時は、私戦禁令により一二八五年（弘安八）に私領を没収されている。

（2）（1）を直接のきっかけとして、高野寺（天台霊場）に拠る荒川悪党為時を中心とする反高野山金剛峯寺の在地勢力と、三毛・貴志ら高野山側にたつ在地領主の間で数次の武力衝突が繰り返されたが（いわゆる正応の荒川悪党蜂起）、永仁初年に至り地域紛争に発展したと推測される。

（3）一二九四年（永仁二）金剛峯寺は、旧安達泰盛派の復権した幕府をたよって那賀郡で拡大する地域紛争の鎮圧を依頼した。幕府は、異国襲来を前面に押し出すことにより、平和令実現のための合戦を六波羅と当事者高野山に指令した。在京御家人を主力とする六波羅使節の軍勢により、三毛心浄・荒川為時をはじめとする地域紛争の当事者の所領は占領され、あいついで没収された。これを幕府は「紀州御合戦」と呼び、地元の領主は「高野合戦」と呼んでいる。

（4）当知行を制限する徳政の思潮は、紀伊国においては一権力者の宗教嗜好によって恣意的に適用されたため、地域武士らの反発（悪党蜂起）が広がり、幕府による「紀州御合戦」という形の結末をみた。その意味で、「紀州御合戦」とは、鎌倉後期の徳政（公武権力の「平和」）の極北であり、本質を示すものであった。

現在、高野山領の研究においては、「御手印縁起の地」（旧領）を回復した後醍醐天皇の「元弘勅裁」を過度に評価する傾向があるのだが、それは弘安徳政から悪党蜂起をへて永仁の紀州御合戦（高野合戦）にいたる激動のなかで準備されていたのであり、「明王聖主」の一片の綸旨で実現したわけではなかったのである。また、幕府徳政にせよ建武徳政にせよ、当知行の世界（悪党蜂起）を否定した「御手印縁起」の平和により、紀ノ川流域の人々が何を獲得し、同時に喪失したのかがもっとも重要であるが、もはや論じる紙数がない。別稿を期したい。(26)

最後に、高野合戦の呼称であるが、最新の山陰氏説は、「主要な対象地域が荒川、名手、真国各荘等の金剛峯寺領膝下諸荘園群であったが故」としており、小山靖憲氏も同様でコウヤ合戦説。対して、高橋修氏は張本悪党為時の住宅があったと思われる荒川荘高野（現在打田町高野）から、タカノ合戦説を主張する。永享期の「高野動乱」など、高野山領問題を高野と称する命名法があり、また御手印縁起の神領興行を起点とする金剛峯寺が事件の発端であるのは、前者が優位のようにも見える。しかし、私はあえて後者の説の可能性に執着したい。近年、和歌山中世荘園調査会の神村和輝氏らがフィールドワークにより紹介しているが、高野の地は近世・近現代通じて山論の頻発する境界の隠れ里であり、荒川・田中両荘の両属的な空間なのである。また、為時ら悪党が抵抗の拠点とした叡山末寺・滝門山高野寺とは（史料2の記載を参照すれば）、高野の村内でも通称テラヤマという紀州富士（竜門山）につらなる約五〇〇メートル級の丘陵にのる山岳寺院・霊場であった（いまはヒルトップがゴルフ場となり旧状を失う。写真参照）(27)。特別な伝承があるわけではないが、この高野テラヤマを最後の砦に、源為時らの紀州悪党勢力が、六波羅の包囲軍に対して最後の戦闘を挑んだゆえのネーミングとは考えられないか。

荒川荘高野の悪党源為時という人は、四〇年早すぎた「千早の楠木正成」ではなかったか。同じ紀州の在地武士たち（彼らの党は正成の最大のライバルと目された）が「高野合戦」の語に託した想いを、今少し追究し続けたいと思う。

紀ノ川北岸よりのぞむ高野寺故地

## 注

（1）このような佐藤和彦氏の理解は、高橋修氏により豊かに継承・展開され、荒川悪党らは「在地法と検断権に立脚して広域な交通・流通機能の掌握を志向する新興領主層＝地域権力」として活写された（「鎌倉後期における地域権力と幕府体制」『日本史研究』三六一、一九九二年、『和歌山県史』通史編中世〈一九九四年〉二節の同氏執筆部分）

（2）山陰加春夫氏「『高野合戦』攷――鎌倉末期政治史の一齣」（上下）（『高野山大学密教文化研究所紀要』一〇・一一、一九九七・九八年）。山陰氏の要約によれば、高野合戦については、「永仁四年に起った荒川・調月・三毛各荘の荘官や貴志氏らによる高野山への広域的な敵対行動」と解する小山靖憲氏説（『和歌山市史』第一巻〈一九九一年〉七六六～七七一頁の同氏執筆部分）、「正応四年七月二十六日に起った高野山・三毛氏・貴志氏連合による『荒川悪党』張本・源為時住宅襲撃事件」と解する高橋修氏説（注1前掲論）の相対立する先行研究があるという。山陰氏は、両説の論点を逐一批判的に検討し、この戦争が幕府（六波羅）の公的軍事行動であることを見落としている点を両説に共通の欠点と指摘する。なお、山陰氏はキーワードとして幕府の軍事行動＝「公戦」概念を使用するが、私戦停止令の有無（幕府が主体たりうるか等）自体が問題とされる当該期においては誤解を招くおそれがあるので、私の説明中では慎重を期してあえて（山陰説の紹介時にも）使用しないこととする。

（3）本稿のいう「蜂起」は、武装反乱のみでなく、大量発生や検断範囲拡大をも意味する当時の用法にしたがっている。楠木武氏「『悪党蜂起』再考」（悪党研究会編『悪党の中世』岩田書院、一九九九年）など参照されたい。

（4）海津一朗「紀伊一宮の興行と高野山旧領回復」（和歌山大学紀州経済史文化史研究所編『巨大開発進展地の地域社会の形成と変貌に関する歴史的総合的研究（科研報告書）』一九九九年）で、「弘安八年九月高野山検校注進状案」を全文翻刻し若干解説した（入手は同研究所〇七三―四五七―七八九一まで電話連絡のこと）。また、一部修正して和歌山中世荘園調査会編『紀伊国天野郷現地調査報告』一九九九年にも再録している。

（5）海津一朗著『蒙古襲来　対外戦争の社会史』（吉川弘文館、一九九八年）の一四二頁以降で詳しく論じた。なお、御手印縁起については、小山靖憲氏の「高野山御手印縁起の成立」一九八七年、「高野山御手印縁起と荘園制」一九八八年（御手印縁起の翻刻ともども、同氏著『中世寺社と荘園制』〈塙書房、一九九八年〉に再録）の成果に学んだ。

（6）東京大学史料編纂所影写本「丹生文書」乾（架蔵番号三〇七一・六六―九―一）。なお、天野丹生社の各社家文書の伝来と中世分の文書目録については、とりあえず岡公任・海津一朗「天野丹生社（丹生都比売神社）の古文書について」（和歌山中世荘園調査会編『紀伊国天野郷現地調査報告』一九九九年）を参照されたい。

（7）『宝簡集』十八の正文（未見のため推定）が追而書を欠くことについては、後考をまちたいが、一応文書の原状が二紙の重紙であったために分離して伝来したと仮定しておきたい。また、加地宏江氏「丹生古文書集について」（『ヒストリア』一〇二、一九八四年）が早くから紹介しているように、一祝家には所蔵文書を近世に写した冊子「丹生古文書集」が伝来しているが、ここには「追仰」以下の二〇丁分のみが写されている（加地氏の4号文書）。これも同様の理由から説明しておきたい。

（8）武家の祈禱一般を論じた田中浩司氏「寺社と初期室町幕府政権の関係について」（今谷明・高埜利彦編『中近世の宗教と国家』

岩田書院、一九九八年）によれば、このような護持僧派遣祈禱の例は、室町時代以後においても極めて稀にしか確認できない。蒙古襲来時における鎌倉幕府（とくに安達泰盛）と天野丹生明神の密接な関係については、註5前掲書で論じた。神戦（天上の神々の戦争指導）については海津一朗『神風と悪党の世紀　南北朝時代を読み直す』（講談社現代新書、一九九六年）を参照されたい。

（9）「親玄僧正日記（永仁一年）」（『中世内乱史研究』一五、一九九四年）の一月一〇日条など。また、この年一二月二六日までに能海は鎌倉に戻っていたことが確認できる（「親玄僧正日記（永仁二年）」（『中世内乱史研究』一六、一九九五年）。なお、幕府では、三月二二日より鶴岡八幡宮にて異国降伏の祈禱として五壇護摩を実施している（同上）。

（10）前前年の一二九三年に平禅門が滅亡し、九四年以来旧安達泰盛派の人脈が復権していることも考慮すべきであろう（この年六月には霜月騒動の恩賞打ち切り）。なお一二九三～九四年の幕府政治の詳細については、海津一朗「親玄僧正日記　解題」（『中世内乱史研究』一五・一六号、一九九四・九五年）を参照されたい。安達泰盛の執政期については前掲註5書「弘安の新政」を参照されたいが、その後、空海秘宝の発掘に狂奔した事実を指摘した西岡芳文氏「日本中世の〈情報〉と〈知識〉」（『歴史学研究』七一六、一九九八年）、「陸奥州主の禅定比丘」として奥州世界より思慕されていた事実を指摘した七海雅人氏「『蒙古の碑』ノート」（『東国文化』八）により、「異形の王権」を志向する安達泰盛政権の特異性がさらに浮き彫りになってきた。

（11）海津一朗「得宗専制と悪党はいかに関係するか」（峰岸純夫編『争点日本の歴史』4中世編、新人物往来社、一九九一年）で、異国と悪党の関係を整理しておいた。

（12）この年二月、東使として長井宗秀・二階堂行藤が上洛し、六波羅とはかって「南都合戦」に介入し、翌年五月六日まで在京していた。「南都合戦」については、安田次郎氏「永仁の南都闘乱」（『お茶の水史学』三〇、一九八四年）に詳しい。

（13）「又続宝簡集」七十八（『大日本古文書』家わけ第1高野山文書、六―一三九四号、『鎌倉遺文』三〇―二三〇三七）

（14）四天王寺所蔵（『鎌倉遺文』二五―一九一六五号）

（15）「又続宝簡集」五十七（『大日本古文書』家わけ第1高野山文書、五―一一四三号、『鎌倉遺文』二九―二一九四九号）

(16) 鎌倉後期の公武権力は、御家人・本所一円地の輩ともども神領知行不適格(非器)とする神領興行法(武家の弘安七年令、正安令や公家の永仁綸旨〈個別立法〉など)を発布している(海津一朗『中世の変革と徳政』〈吉川弘文館、一九九四年〉の史料1・15・16・33など参照)。ここでは、安達泰盛滅亡により修正されていた天野丹生社=金剛峯寺「旧領」興行が、一二九四年(永仁二)の安達派復権(前年に平禅門の乱)によって(金剛峯寺側の働きかけにより)再び強行されたのであろう。

(17) なお、山陰氏も後編の補注のうちで、史料1について触れ、「御教書と追而書とが接続し、かつ追而書の『紀州御合戦』が当該『高野合戦』を指すとすれば」と慎重な留保を付した上で、〈永仁二年四月二十日以後決行された鎌倉幕府方による公戦〉とさらに限定した定義を加えている(註2論文の下)。

(18) 紀ノ川荘園(特に中上流域)の特徴は、大河である紀ノ川の南北両岸に荘園が展開するところであろう。これは、たとえば隅田荘の藤原一族(隅田党)のように、在地領主の所領形成が河川一帯を開発拠点とするためと思われる。紀北の荘園制は、本来的に、河川を内部に含み込む形で機能していた。これに対して、紀ノ川を隔てて、北側を放棄し、南側を御手印縁起(旧領)として確保する天野丹生社=金剛峯寺の神領興行は、在地社会の既存の秩序を大きく改編するものであったと考えられよう

(19) 服部謙太郎氏「荒河の悪党」(『封建社会成立史論』日本評論社、一九五八年)、今井林太郎氏「高野山領紀伊国荒川荘」(『魚澄先生古稀記念国史学論叢』、一九五九年)、佐藤和彦氏「悪党 その時代と評価」(『南北朝内乱史論』東京大学出版会、一九七九年)、本多隆成氏「紀伊国荒川荘の領主と農民」(『史林』五六—二、一九七三年)、山陰加春夫氏「『悪党』に関する基礎的考察」(『日本史研究』一七八、一九七七年)、高橋修註1論文。

(20) 山陰前掲註2論文の下は、源為時の訴訟経路を詳細に分析・図化している。

(21) 「続宝簡集」六(『大日本古文書』家わけ第1高野山文書、二—一一二号、『鎌倉遺文』二二—一五七五五)

(22) 「続宝簡集」七(『同上』二—一五三・一九二号、『鎌倉遺文』二二—一五七五三)。翌年一〇月為時は起請文を責め取られている(『鎌倉遺文』二二—一五九九八)

(23) もっとも、この時期の荘家は、為時・義賢らの差し出しを拒否して、守護所から「所詮はことゆかざれば御領御大事となるべ

く候」と警告されていた(『鎌倉遺文』二一―一五八一一)。また、同荘では、一一九三年(建久四)に公文盛景が私戦の咎で所領没収・荘外追放されている。

(24) 在地領主制成立の地域史的意義について、暴力による問題解決の請負から論じた仕事に、入間田宣夫氏著「撫民・公平と在地社会」(同『中世武士団の自己認識』三弥井書店、一九九八年〈初出一九八七年〉)、海津「中世在地社会における秩序と暴力」(『歴史学研究』五九九、一九八九年)がある。紀ノ川流域における苛烈な境論や山野用水相論(私合戦)は、中世における地域社会の普遍的な一側面であり、「悪党」行為として断罪するのは近世・近代的偏見である。源為時のみを、突出した「異類異形」として描くのも誤りであり(たとえば三毛心浄も同時期小倉荘で私合戦をしている〈『鎌倉遺文』二三―一七七八九〉)、弘安徳政以前の地域秩序の担い手として「復権」させる必要がある。

(25) このような私の悪党理解については、『中世の変革と徳政』(吉川弘文館、一九九四年)「第九章　悪党」、および「鎌倉後期の国家権力と悪党」(悪党研究会編『悪党の中世』岩田書院、一九九九年)を参照していただきたい。

(26) 荒川悪党の群像を、地域秩序の担い手として描いた「荒川荘――名誉の悪党源為時」(山陰加春夫編『きのくに荘園の世界』清文堂出版、二〇〇〇年刊行予定)はその作業の一環である。

(27) 神村和輝氏「荒川荘高野寺現地調査報告――高野合戦再考」(『和歌山地方史研究』三八、二〇〇〇年)。

# 近江国葛川と琵琶湖西岸村落
## ——御殿尾・瀧山をめぐって——

小林一岳

## はじめに

近江国葛川については、中世文書だけでも一四〇〇通にのぼる膨大な文書群である明王院文書が存在することから[1]、従来より数多くの研究が積み重ねられてきた。それらは多くの論点を含むが、簡潔に整理・分類するならば、①住人―浪人論、②村落開発論、③山野相論論、④絵図論、⑤霊場論といった視角であろう[2]。そして、それぞれに多くの成果を持ち、またそれぞれの研究成果が相互に密接に関係しながら、中世村落の豊かなイメージを形成しているといえよう。

葛川は、琵琶湖西岸に聳える比良山の西にあたる山間村落であり、集落は狭合な谷に沿って存在し、一見閉鎖的なイメージを抱きがちである。しかし、その谷に沿って南北に、若狭街道（鯖街道）と安曇川という二つの交通の動脈が貫通し、意外に外に対して開かれた特徴を持っていて、単純に閉鎖的な山村としてはとらえきれない。従来の研究でも注目されているように、街道を通して京都や若狭とつながり、また安曇川を通して琵琶湖とつながるということで、大消費地への山林資源の供給地としての側面を持っている。

そして、それが、逆に豊かな資源をめぐる周辺村落との激しい紛争を生んでいるといえよう。葛川を閉鎖的な地域ととらえるのではなく、周辺村落や地域との関係を考えに入れながら、豊かな資源とそれにともなう交流を背景に持つ、山間村落葛川の特質を明らかにしていく必要があると思われる。

そこで、ここでは山をめぐる紛争に注目し、その背景に存在する山の利用・用益の実態を、できる限り具体的に検討していくことを通して、葛川と周辺地域との交流を考えていくための基礎作業を行いたい。葛川は伊香立庄・久多庄などの周辺村落と、長年にわたる紛争を繰り広げてきた。それぞれに興味深い論点を含み、研究は積み重ねられてきているが、ここではその中でも比較的研究が少ない、葛川の東に位置する木戸庄・比良庄との場合を扱いたい。この紛争は、葛川の中心である明王院に近接した山の紛争であり、葛川にとっては特に重要な紛争となる。

## 一　葛川と木戸・比良庄相論

まず、葛川と木戸・比良庄等の琵琶湖西岸村落との相論を検討する事により、両者の山利用の実態について考える材料を得たい。(3)

木戸庄は現在の志賀町木戸を中心とする庄園で、比叡山根本中堂領であり、比良本庄とされる。また、比良庄は現在の志賀町北比良・南比良を中心とし、同じく根本中堂領であり、比良新庄とも称する。

この相論は、大きく三つの時期に分けられる。第一期は鎌倉期の正嘉年間から弘長～文永年間、第二期は正応～永仁年間、第三期は南北朝期の文和～延文年間である。

以下、時代を追いつつそれぞれの相論について述べることにする（相論年表参照）。

## 1　正嘉～文永の相論

第一期の相論は、葛川と木戸庄の間の山をめぐる相論となる。この相論は、すでに山に設定されていた境界の侵犯が主要な論点となる。その境界は慈鎮和尚御代の傍示と称されるもので、葛川と木戸庄の境界となっていた（傍示については後述）。

正嘉年中から、葛川・木戸庄の間に山利用をめぐる紛争が生じる。葛川が度々境界ラインである「境河」を越えて木戸庄領内に入り、「木戸百姓」が「造置」いていた「年貢榑」を「散々濫妨」したのである。(4)

紛争は、弘長二（一二六二）年に入って激化する。木戸庄の主張によれば、一〇月二一日に、葛川は木戸庄領内で材木を採っていた木戸百姓一人を「打擲」して「殺害」に至らしめ、「寄人」を「搦取」った上で、「斧」や「上文・手文（文書）及び「粮米・日中飯」等を盗み取り、木屋・材木・榑等を「切焼失」わせた。(5) そこで木戸庄は、葛川住人が「造置」いていた材木と木屋等を刈払った上で葛川に罷り越し、子細を相尋ねようとしたが、無人のため返答がなかったので、問答のため女性一人を「身代」として取った。しかし、女性は京から来たものであると主張したため、「許遣」した。女性が居住していた家には、盗み取られた斧や文書があったので取り返し、盗人の住居として焼払おうとしたが、それは取り止めにしたというのである。(6)

それに対する葛川の主張としては、木戸庄百姓の殺害については、「打擲」すら行っていないのだから無実である。子細を尋ねるために木戸庄の「杣人」を二人留め置いたのは事実だが、すでに「昼飯」と「粮米」を与えて「放免」

## 葛川と木戸・比良庄相論関係年表

| 年・月 | 西　暦 | 事　　　　項 |
|---|---|---|
| 建久年間 | | 慈鎮和尚御代に葛川と木戸庄相論。大杉に石を打籠め、境の傍示とする。 |
| 正嘉年中 | 1257～59 | 葛川と木戸庄相論。 |
| 弘長1.10 | 1261 | 葛川住人が木戸庄杣人を打擲・殺害、木戸庄方は報復として葛川住民の材木と木屋を焼払い、女性を人質にとる。根本中堂長講承仕と無動寺公人が傍示を確認して解決。 |
| 文永2.12 | 1265 | 葛川、御殿尾・瀧山を木戸庄土民に押領されると主張。 |
| 文永6.10 | 1269 | 葛川は、木戸庄が御殿尾・瀧山を押領し、数宇の木屋敷を立て、数十人の杣人が居住していると主張。 |
| 永仁1.3 | 1293 | 木戸庄百姓等、この両三年葛川方が堺を超えて材木を盗み切り、さらに去年秋に取り置いてあった板千枚と年貢用材五百枝が切り失われたことを訴える。 |
| | | 葛川、無動寺を通して朝廷に訴訟。 |
| 11 | | 木戸庄民陳状提出、傍示の正当性を主張。 |
| 永仁2.4 | 1294 | 木戸庄民陳状提出、傍示の正当性を再度主張。 |
| 9 | | 葛川・木戸庄相論について、記録所で対決すべきという伏見天皇綸旨が発給される。 |
| 永仁3.閏2 | 1295 | 木戸庄方が記録所における対決を避けたため、出廷命令の伏見天皇綸旨が発給される。 |
| 永仁3.7 | | 葛川常住・住人等、木戸庄方の問答不出廷により葛川勝訴を要求。 |
| 11 | | 葛川常住・住人等、同年5月上旬から木戸庄杣人が論所に乱入している事を訴える。 |
| 文保1.11 | 1317 | 葛川常住と住人、木戸庄が葛川を濫妨するとの主張。 |
| 正平7.1 | 1352 | 葛川と比良庄百姓等、瀧山をめぐって相論。葛川住民が比良庄百姓の斧を取り、一時解決するものの、なお比良庄方が足駄を引き、材木を作るため、屋形を構えて瀧山に出入りしていることを訴える。 |
| 2 | | 比良庄方の反論。比良山は広大で、瀧山で活動する必要はないと主張。 |
| 延文1.7 | 1356 | 行者衆議において、葛川住民が堺相論の沙汰要脚のために、御殿尾瀧山の木を伐採する事を禁止する。 |
| 延文4.8 | 1359 | 葛川住人、木戸・比良庄民が瀧山の木を盗み取り、さらに葛川内高野村に打ち入り、放火・殺害を行った事を訴える。 |
| | | 比良新庄寄人百姓等、葛川の瀧山乱入の訴訟に対して反駁。 |
| | | 葛川と木戸・比良庄相論について、青蓮院から根本中堂執行へ尋沙汰の要請。 |

した。しかし、木戸庄は葛川に侵入し、「胡録（矢の収納具）・米穀・雑物」を盗み取り、その上女性一人を「身代」として「追取」り、さらに明王院本堂まで焼こうとした、というものであった。[7]

両者の主張は対立するが、最初に葛川が木戸庄民の斧や文書を奪取し、木屋・材木を焼払うとともに、当事者の身柄を拘束したことは事実であろう。斧などの山道具を奪う事は、相手方の山野用益を否定する行為として、山相論で一般的にみられるものであるが、文書を奪ったり身柄を拘束することは珍しい。材木・木屋に放火していることからみて、かなり大規模で計画的な実力行使であることが窺われ、文書奪取は今後の訴訟を想定し、それを有利に運ぶことを目的としたものと考えられる。

木戸庄は、それへの同量報復として葛川住民の材木・木屋を刈払った上で、葛川に実力行使を行い、動産の掠奪及び女性の質取りを行った。このように山野の用益をめぐる相論が、村レベルの武力行使を伴う紛争へと拡大していったのである。

この相論は、葛川から領家無動寺を通して本家青蓮院に訴訟される。そして、葛川と木戸庄の間で訴陳が番えられることになる。比叡山公文源慶等が現地に下向し、焼払われた両方の木屋を実地検分した上で、[8]最終的には、公文源慶等と根本中堂長講承仕及び無動寺公人が、慈鎮和尚御代の傍示を実地検分して、従来通りの境界で解決することになる。これは、木戸庄の主張が完全に認められたということを意味しよう。[9]それは、この後葛川が、御殿尾・瀧山が木戸庄民に押領され、彼らは数字の木屋敷を立て、数十人の杣人が居住していると主張している点からも窺われ、[10]葛川はこの結果を不満としていたものとみられる。しかし、その後「三十余年」の間、「狼藉」という目立った形での衝突はなく過ぎていくことになる。[11]

## 2　正応～永仁の相論

両者の紛争が再度勃発するのが、正応～永仁年間である。この相論も、基本的には第一期と同様に、葛川方による越境（境界違乱）をそのきっかけとする。

木戸庄の主張によれば、葛川は正応年間から境を超えて材木を盗み切っていたが、正応五（一二九二）年の秋に、葛川が木戸領内に乱入し、「取置」いてあった「板一千枚」と「御年貢已下之材五百枝」を盗み取り、また「切失」ってしまった(12)。その板は、木戸庄内歓喜寺に根本中堂から移された薬師霊像の、御堂の上葺き板であった。この葛川の木戸庄への攻撃は、葛川常住等が「数多人勢」を率いて行われたものとされ、かなり大規模な武力行使であったとみられる(13)。その後木戸庄は、子細を尋ねるために公人を葛川に派遣したが、葛川は「蹂躙」を加えた上、縄を付けて「誡置」いた(14)。そして、木戸庄は以上の内容を翌永仁一（一二九三）年三月に、根本中堂に訴訟する。

それに対して葛川は、無動寺を通じて、青蓮院門跡慈助の挙状を請けて、治天の君である伏見天皇に訴訟する。以後、相論は記録所の法廷に持ち込まれることになる。記録所から木戸庄に対して、陳状提出が要請され、同年一一月に陳状が提出される。そこでは、慈鎮和尚御代の傍示の正当性が主張される(15)。しかし、翌永仁二（一二九四）年四月、記録所における裁判が不利とみた木戸庄は、陳状提出を拒否し、その代わりに根本中堂に対して再び訴訟するという行動にでる(16)。

その後、同年九月に葛川・木戸庄相論について、記録所で対決すべきという伏見天皇綸旨が発給される(17)。この命令に対し、木戸庄は記録所における対決を避けたため、さらに翌年に出廷を促す綸旨が発給される(18)。それにもかかわらず、木戸庄は出廷せず、永仁三（一二九五）七月に、葛川常住・住人等は、木戸庄の問答不出廷を名目として、葛川の勝訴を要求する。[19]そして、同年一一月には、葛川常住・住人等は、同年五月上旬から木戸庄杣人が論所に乱入している事を訴え、なお訴訟を継続しようとするのである。[20]

葛川が一貫して記録所における裁決を主張し、木戸庄がこれを拒否している所からみて、葛川は伏見天皇と青蓮院門跡慈助の密接な関係を考慮に入れた上で、朝廷への訴訟を行ったものとみられる。[21]治天伏見が親政を執っている時期に武力行使を行ったのは、現地で紛争を惹起させ、訴訟を治天伏見に持ち込み、その結果葛川有利の裁許を得て、長年の問題を一挙に解決しようとしたものと考えられる。木戸庄は、その葛川の意図が判ったために、記録所への出廷を拒否したものであろう。つまり、この相論は訴訟を前提として、それを意図して開始されたものと考える事ができよう。しかし、現実には木戸庄が路次を点定して係争地への葛川方の出入りを禁止し、「牛馬色々物等」を奪取しているところからみて、[22]木戸庄による現実の用益が優先しているものと考えられる。

残念ながらこの相論の結果については定かではないが、後の文保年間に至っても、葛川は木戸庄による濫妨が行われていると主張していて、[23]葛川が期待した裁許は得られなかったものと想定される。

### 3　文和～延文の相論

前の二回の相論は主に木戸庄を相手にしていたが、第三期の相論は、比良庄が全面に出てくる。それは、正平七(一三五二)年一月に、葛川が瀧山の用益をめぐって比良庄を訴えたことから激化する。[24]

それによれば、年来比良庄住人が瀧山に盗入って「朴木并料木」を「伐取」っていたので、葛川住人等は「評議」を加えて、先例に任せて「直に」制止を加えた。この制止は、住人等の総意による集団的な実力行使だったものとみられ、その際に葛川は比良庄百姓の「斧・鉞」を奪取している。この紛争については、去々年に比良庄給主の田中律師房が、青蓮院門跡に「申請」したため、門跡の「所見」として「取置」いてあった「斧・鉞」は悉く返された。その際、比良庄は瀧山に「不可入向後」と誓約した。このように、一時的に門跡の調停で解決が図られたのである。しかし、去年から比良庄は何度も瀧山等の「秘所」に乱入し、朴木を伐って足駄を引き、大木を伐って材木を作っている。しかも、瀧山は葛川住人ですら濫りに立ち入らない所なのに、比良庄民はそこに「屋形」を構えて、何度も出入りしている。もし、比良庄の活動が制禁されなければ、住人等が実力で制止するというのである。

それに対して比良庄方は、比良山では木戸庄と比良庄が同じく「杣・樵・薪」等の活動を昔から今に至るまで問題なく行っている。特に比良山は広大であって「要木」に不足はなく、葛川の「小山」などに入る必要がないと反論した。(25)

この後、延文年間になって紛争は拡大していく。葛川の主張によると、延文四(一三五九)年八月三日に、木戸・比良両庄土民が瀧山に乱入する。それに対して、葛川は訴訟を行ったが、根本中堂と両庄の給主を交えての「沙汰」が行われている最中の、同月十四日、比良・木戸庄は葛川に対する攻撃を計画し、人を「龍華・途中・阿鳥以下」に遣わして合力要請をした上で、「数百人多勢」をもって押し寄せ、葛川内高野村に打入り、在家数宇を焼払い、資財・雑具・牛馬等を奪取した。その際、清大夫が殺害され、その他何人かが傷を受けた。葛川住人等は、取りあえず明王院に避難したが、比良庄方は「分散」せず、内々の「風聞」によれば、夜中に明王院へ攻めこむ構えをみせているというのである。(26)相論は、近隣村落を巻きこんでの合戦相論へと展開していく。

比良庄は葛川の訴えは「謀訴」であると反駁し、両者の主張は平行線をたどる。(27)その後、青蓮院から根本中堂執行へ尋沙汰の要請がされるが、(28)この相論の結末については残念ながらわからない。

## 二　紛争の正当性論理と山利用

両者の相論は、山の用益をめぐって争われた。そして、そこでは用益の正当性主張の根拠として、二つの論理が鋭くぶつかり合っていた。その正当性とは、葛川側は縁起四至であり、木戸庄側は慈鎮和尚御代の傍示であった。そこで、まずこの山の用益の正当性をめぐる二つの論理について検討したい。

葛川が主張するのが葛川縁起の四至である。これは具体的には、北の朽木庄との境を右淵《にぎり》、西の久多庄が狩籠岳勘定尾、南の伊香立庄を花折谷、東の木戸・比良庄との境を比良横峯とするものである。(29) 相応和尚が不動明王を感得したとされる三の瀧を中心とする、霊場葛川としてとらえた場合の四至となる。この内、当面問題となる比良横峯は、現在の蓬來山・打見山・比良岳・烏谷山・堂満岳と連なる比良山系の最高部の稜線と考えられる。

この稜線は、三の瀧に流れ込む川の分水嶺となる。三の瀧を聖地とみなし、その川の周囲の山林を葛川領として主張するものであり、この境界は葛川方からみれば、大きな正当性を有していた。これに対し、木戸庄方が主張する境界が慈鎮和尚御代の傍示である。慈鎮和尚は、鎌倉初期の青蓮院門跡として著名な慈円であり、この傍示は慈円の時期に設定されたものとなる。傍示設定の状況については、次のように述べられる。(30)

木戸・比良両庄が根本中堂に備進する「年貢榑」を採るために、比良山に「立来」たっていたところ、葛川常住から「非論」がなされた。しかし、「彼是申状」とも裁決が決し難かったので、双方による傍示打ちが行われることになった。葛川方からは無動寺公人等が、木戸庄方は根本中堂の承仕・長講等が立合った。両者が双方から比良山に入り、木戸庄方は、山中にある川までやって来た。この川の東岸までは「往古」から木戸庄百姓が「立来」たってきた領域であった。木戸庄方は、この川を境界とすべく葛川方を待っていたところ、明王院常住・公人や葛川住民は、川から遙か西の山の峯に登って、川までは降りてこなかった。そこで、今後はこの川を境界として、その傍示として大杉に石を「打籠」めたというのである。

山野の傍示を定める作法について、詳しく知られる事例としてたいへん興味深い。葛川方は比良横峯まで行かず、それより西の山に留まってしまったために、横峯から西に葛川よりに入った川が、境界とされてしまったのである。この境界の川というには、どれであろうか。この点については、従来の研究では明らかにされていない。

現在でも木戸庄と葛川を結ぶ木戸峠から下り、夫婦滝を経由して三の瀧から明王院へ降りる旧道が通っているが、この道は谷沿いに通じている。この谷が、いわゆる白滝谷である。三の瀧の上流で川は三つの支流に分れているが、その最も木戸庄よりの谷となる。この谷以外に、葛川・木戸庄の境界となるべき川はない。

地図をみると、比良山系の蓬來山から北に向かう稜線が枝分れしていて、それは白滝山まで続いている。横峯との稜線に挟まれた谷が、白滝谷となる。葛川方は、白滝谷まで下りずに、白滝山で木戸庄方を待ったのであろう。木戸庄有利の境界確定がなされたのも、当然である。この境界確定の結果、東は比良横峯、西は白滝谷、北は奥ノ深谷に囲まれた領域が、木戸庄の山として確定し、木戸庄の領域は比良横峯から葛川側に大きく食い込むことになってしまった（図―1参照）。

この傍示が決定した直後、延暦寺において学衆と堂衆が紛争をおこした際、また境相論が勃発したが、その際には根本中堂の執行が境を検見し、傍示に重ねて「一基卒塔婆」を立てて、境界を強化している。(31) これらの行為を通じて、根本中堂―木戸庄側の主張としての慈鎮和尚御代の傍示が、地域の中に強固に根付いていったものであろう。そしてこれ以後の葛川にとっての最大の課題が、比良横峯から食い込んだ領域の取り戻しとなる。

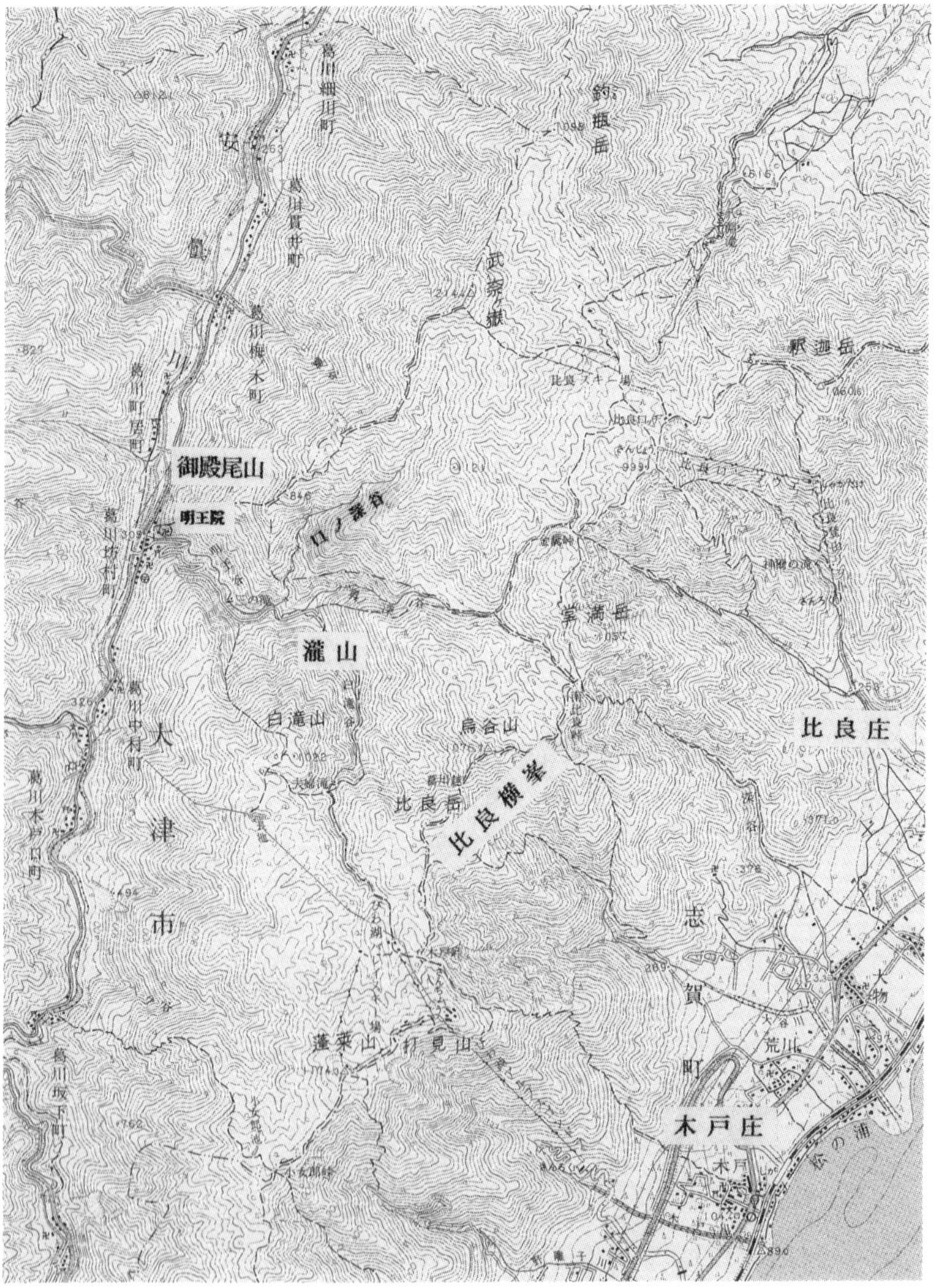


図-1　葛川と木戸・比良庄相論関係図（国土地理院 1:50000北小松に加筆）

慈鎮和尚御代の傍示という論理は、葛川の本家が慈鎮＝慈円が門跡であった青蓮院であるということもあり、明王院・葛川住民をも束縛する強固な正当性であった。葛川はこれに対抗する論理として、相応和尚というより強力な象徴を持ち出し、縁起四至の強化を図ったものと考えられる。葛川縁起の成立は慈円の時期とされているが(32)、この縁起が整備・強化されるのは、鎌倉期の木戸庄との相論を通じてであるとみられる。縁起の強化には、行者及び明王院常住が大きな力になったことは想定されるが、その背後には、住民側からの要請があったものであろう。葛川方は縁起の強化により、相応和尚を一種の象徴とした、葛川全体の聖地化により、紛争地の奪回を目指したものと考えられ、これは比叡山を中心とする世界では、慈鎮和尚御代の傍示という正当性を越えうる、新しい山野領有の正当性となる可能性を持っていたのである。

葛川は、そのような正当性のもと、鎌倉後期から木戸庄に対する失地回復運動を開始する。それは、葛川が縁起による正当性を獲得した事で、実力行使を伴う紛争に転化していった。第一期の相論で、葛川は「境河」、つまり慈鎮和尚御代の傍示を越えて木戸庄に先制攻撃をしかけているように、一連の相論で最初にしかけたのは葛川である。葛川は実力行使により、境界変更を目指したのである。そして、葛川による攻撃は、その先に延暦寺及び治天への訴訟を見通して行われた。葛川としては、訴訟になった際に縁起四至を持ち出すことにより、「比良横峯」までの領地回復を目指したのである。

次に、紛争の基礎にある両者の山利用の実態について考えてみることにする。

第一期及び第二期の相論で、葛川方は木戸庄民の板・榑・材木を焼き、または奪取している。山という場は、建築用材・燃料用材・食料など、さまざまレベルでの用益がなされる場であるが、この相論の主要な焦点は、建築用材をめぐるものであることが知られる。

比良山系は、古代から杣山として京都に送られる建築用材の生産・搬出地であったが、この相論は板・榑等、比較的経済効率が高い用材がその対象となっていた。そのため、両者にとって譲れないものとなっていったものとみられる。

この相論関係史料の場合、用材は「榑」・「板」・「材」と現れ、「料木」という形では出てこない。つまり、相論は丸太そのものの用益ではなく、加工材をめぐって争われたものと考えられる。そのため、相論では「木屋」の存在が問題になっている。

第一期の相論では、葛川は木戸庄民の「木屋」を焼き払い、斧や文書などを奪い取っている。また、それへの報復として木戸庄は葛川住民の「木屋」を刈り払っている。両者とも山内に「木屋」を造営し用益活動を行っている。さらに、第三期の相論の場合は、比良庄民が山内に「屋形」を構えて活動していることを、葛川が非難している。このように、葛川・木戸庄・比良庄、それぞれに山内に「木屋」を設けているのである。

この「木屋」は、いわゆる材木加工のための施設であろう。各住民は、比良山内に居住して山の利用・用益を行っていたのである。第二期の相論で、木戸庄は板一千枚、材五百枝を備蓄し、それを葛川が襲っている事からみて、この木屋には加工だけではなく一種の倉庫としての側面もあったものと考えられる。いわば、葛川と木戸・比良庄境界の山には、多くの材木・板等の生産加工場及び備蓄倉庫が存在し、それぞれの住民はそこを拠点にして山利用を行っていたものであろう。これは、この地域が谷の奥であり、用材を丸太で搬出するのは困難であるということが背景にあると考えられる。

現在でも安曇川に面した斜面では、斜面に溝を掘り、そこに丸太をすべらせることにより搬出が可能であるが、三の瀧より奥の木については丸太による搬出は困難であるという。(33) 中世においても事態は同様であると考えられ、そのため山内で板・榑等に加工して搬出していたものと考えられる。そのための拠点が「木屋」であり、そこでは日常的に木を伐採し、加工し、一定度備蓄した上で、搬出するというシステムが作られていたものであろう。

この「木屋」は、山利用の象徴とでもいえる存在である。当知行の象徴としての城郭と同様に、山におけるナワバリ主張の象徴としての意味を、「木屋」が持っていたものとも考えられる。相論の実力行使において、お互いに相手方の「木屋」を標的にし、焼き払ったのもそのためであろう。葛川は、なんとしても木戸・比良庄の「木屋」の存在を否定したかったものとみられ、両庄の住民が、「木屋」や「屋形」を設けて山内に居住し、清浄であるべき三の瀧を汚していると非難している。[34]しかし、逆に木戸庄から三の瀧の上に「木屋」を作って不浄な水を流しているのは葛川であると反論されている。[35]結局両者の山利用のあり方は同一であり、板生産という、同レベルの用益がぶつかっていたために、この相論は激化し長期にわたって戦われたものであろう。そのため、両者が完全に納得する境界ラインが設定されるまで、相論は続いていく事になる。

## 三　御殿尾・瀧山と葛川住民

木戸・比良庄との相論を通じて、両庄民の山での活動を葛川は御殿尾・瀧山への侵害としてとらえ、相手方を非難している。葛川の正当性の主張として、縁起四至の論理とともに、それをより補強するものとして、御殿尾・瀧山の論理というべきものが形成されているのである。

そこでこの御殿尾・瀧山に注目し、そこにおける葛川住民の用益の実態と、相論を通じて形成されてきた論理が住民にどのような影響を与えているのかについて、考えてみることにする。まず御殿尾・瀧山の性格について考えたい。

御殿尾・瀧山は、御殿尾山と瀧山が一体化したものである。御殿尾山は、明王院（御殿）の裏山である御殿山を中心とする場所であると考えられる。また瀧山は、葛川最高の聖地である三の瀧の周囲の山ということであろう。三の瀧を清らかな聖地として考え、そこに流れ込む水の源流地帯を瀧山と考えたものであろう。現実には、三の瀧に流れ込む三つの谷（口の深谷・奥の深谷・白滝谷）の周辺を示すものとみられる。上流の三つの谷は三の瀧の上流で三方向に広がっているため、瀧山はかなり広い範囲となる。御殿尾山と瀧山を合せると、明王院から東側の比良横峯までを含む地域となり、前述の木戸庄との係争地である白滝谷周辺も、葛川方の主張によれば御殿尾・瀧山に含まれることになる。

葛川絵図においては、この場所は常緑針葉樹林帯として描かれ、杉・檜中心の植生と考えられる。(36)絵図の記載に従うならば、鎌倉期のこの場所は建築用資源の宝庫ということになる。葛川と木戸・比良庄が争ったのは、この豊かな森林資源だったものとみられる。

この御殿尾・瀧山は、常住及び行者側の主張としては、原則的には明王院の本堂等諸堂の修理及び、行者参籠の際に奉納する参籠札としての大卒塔婆のための用材を採取する場所であり、その限りにおいて、御殿尾・瀧山の木は利用できるものであった。(37)そしてそのことを示すために、行者・常住は葛川住人に起請文を提出させている。例えば貞応二（一二二三）年一〇月二〇日付の起請文では、住人は御殿・瀧山の木を切らないこと及び浪人を招き居えないことを誓約している。(38)さらに、延応二（一二四〇）年三月二六日付の起請文では、「瀧山」の樹林については「一枝」たりといえども盗切らないことと、「御殿尾」の樹林について「一本」たりといえども「自由」にまかせて盗切らないことを誓約している。(39)瀧山と御殿尾山については微妙な差がついていて、瀧山の方がより厳しいものになっている。

これらの起請文によれば、御殿尾・瀧山については、明王院及び行者により完全に規制がなされていて、葛川住民の用益はまったく行われていなかったかのような印象をうける。しかし、本堂修理・大卒塔婆の用材というのは、明王院を維持・管理する必要がある常住・行者の公式的な原則であり、前章まででみてきたように、葛川住民がこの地域の用益をめぐって、木戸庄との激しい相論を行っていたことを考え合わせるならば、現実に完全な用益規制がなされていたとは考えにくい。住人からの起請文提出も、彼らの実際の用益を前提とした上で、無制限な用益に対処するためのものと考えた方がより現実に近いと思われる。例えば延応の起請文については、御殿尾山では「自由」な伐採は許されないが、常住の許可を受ければ用益が可能だったのではないであろうか。

この点に関して注目されることとして、葛川と伊香立庄との相論において、伊香立庄は、葛川住民が御殿尾・瀧山を私的に用益していると、いくつかの論点を挙げて非難している。伊香立庄によれば、葛川方は瀧山の内三瀧の大檜を切って、それを筏に組んで高島まで安曇川を下り、そこで家を造っているというのである。(40) さらに驚くべきことには、葛川住民は御殿尾・瀧山に入り、「往古大木」を切って「数百艘」の「漁舟」を造っていると訴えているのである。(41) 伊香立庄の主張によれば、御殿尾・瀧山の地域は、板や材木の生産工場であるばかりでなく、舟の生産・加工場としての性格を持っていたことになる。いわば、山中に造船所があったことになる。

にわかには信じがたいことではあるが、伊香立庄はその様子を実見したというのである。伊香立庄の主張によれば、葛川方が御殿尾・瀧山で「数百艘漁舟」を作っているという「風聞」があったので、伊香立庄の「十余輩」が山に入って「巡検」したところ、「漁舟二艘」がみつかった。その場にいた浪人に子細を尋ねた所、行者に頼まれて漁舟を作っている、頼まれた五艘の内、三艘はすでに「山内」を出して、残った二艘がこれであると答えた。しかし、現場をよく見ると数千本の木が倒された跡がある。これはみな漁舟を作った跡である、というのである。(42)

もちろんこの主張は、相論におけるものであり、常住は全面否定していて、事実であったかどうかは確定できない。

しかし、相論において荒唐無稽なことを主張するならば、逆に伊香立庄が不利になることから考えて、御殿尾・瀧山かどうかはともかく、葛川周辺の山中で舟が造られていた可能性は高い。

琵琶湖の舟については、丸子船に代表される、板を組み合わせた船が全面的に使用されるのは近世になってからで、中世、特に鎌倉期には丸太をくりぬいて加工した刳舟が使われていたことが指摘されている。(43) とするならば、当然ここで問題になっているのは、刳舟であろう。刳舟ならば、木を伐採した現地で加工し、そこから搬出することは充分可能である。葛川で加工されたものは、安曇川を下って琵琶湖に運ばれたものと考えられる。このように、葛川周辺の山において、舟の生産が実際に行われていた可能性は非常に高いのである。刳舟は当然一定の太さの木を必要とするわけで、比較的大きな木があるとみられる御殿尾・瀧山の中で、舟が生産・加工されていたことは完全に否定することはできないと思われる。このように、御殿尾・瀧山はその原則とは異なり、実際に葛川住民により多様な用益がなされていたことは充分考えられよう。

葛川の住民が、住人身分と浪人身分に分れていたことは従来から指摘されているところである。(44) 住人身分は、明王院の諸堂の檜皮葺の役負担をするものとして形成されたとされる。役と権利及び身分が密接に関係していることを考えるならば、住人身分が檜皮葺役の負担を行ったということは、その反対給付として山の用益が認められていたものであろう。住人とは、山野の自由用益身分なのである。それに比較して浪人は、自由な用益は認められず、一定度の規制がなされているが、それでも完全な拒否ではなく、課役（山手銭）の支払等による用益の事実はあったものとみられる。(45) このように、御殿尾・瀧山については、本来的には明王院側の原則と住民側の用益実態は異なっていたと考えられる。

ところが鎌倉後期になると、形式的な起請文だけではなく、御殿尾・瀧山における現実的な規制を示す事例がみられるようになる。例えば、正和二（一三一三）年八月に、忠太郎が「広板」を上村中沢家の前に置いておいたところ、行者から瀧山の木を切ったと非難を受けた。それに対して忠太郎は、瀧山の木ではないことを証明するために、中沢入道以下の住人が連署した請文を明王院に提出している。(46)実際に行者による規制がなされ、住民はそれに対応せざるを得なくなっているのである。また、同年一〇月には、源藤五が瀧山の大木を度々盗切取った罪で実際に行者から領内追放がなされ、それについて縁者から請文が提出されている。(47)瀧山の木の伐採についての処罰は、追放刑というかなり重いものであったことが知られる。これらのことは、実態が常住・行者側の原則に近づいていったことを示す。なぜこのような動向が生まれてきたのであろうか。

この点については、その背景に鎌倉期を通じて争われた周辺村落との相論があると考えられる。前章に述べたように、木戸・比良庄との相論を通じて、比良横峯以西の葛川による領有を正当化するために、縁起四至内の御殿尾・瀧山を聖地化する論理が強化されてきた。しかし、その正当性を主張するためには、実際に御殿尾・瀧山を聖地化、つまり用益規制することが必要になってくる。そうしなければ、周辺村落から非難されることになり、実際に伊香立庄や木戸庄との相論の際には、御殿尾・瀧山における私的用益が問題化している。

このように、相論を通じて強化された御殿尾・瀧山を聖地化する論理は、周辺村落から葛川の山を守るためのものであるとともに、住民の利用を制限するものにもなっていった。住民にとっては、いわば二律背反的な側面を持っていたのである。行者・常住方はこの状況にのる形で、葛川住民の自由用益を規制しようとしたのであろう。そして住民側も、周辺村落から山を守るためには、御殿尾・瀧山における恣意的な利用はできないという認識を持つようになり、しだいに規制を受け入れていったものと考えられる。

しかしそれでも、やはり完全に用益が否定されたわけではない。例えば、延文の比良庄との相論の際に、住民は「沙汰用脚」、つまり裁判費用として御殿尾・瀧山の木を売却しようとしている。(48)これは結局行者衆議によって否定されたが、別の久多庄との相論で上村の御坊が焼失した時には、住民の要請に答えて、木一本の伐採が許可されている。(49)

このように、相論に関する公的な費用の捻出場所として、御殿尾・瀧山の木が期待されているのである。また行者方としても、行者及び常住の許可があった場合には、検見の上で伐採を認めているのである。(50)この許可には、公的な理由だけではなく、行者・常住に対する山手銭の支払いがあったのではないかとも考えられる。さらに住民は、杉・檜等の資産価値の高い建築用材は禁止されるにしても、それ以外の「薪料木」、つまり燃料用材ならば自由に伐採できるという意識を持っていたのである。(51)

このように、次第に規制が強化されながらも、御殿尾・瀧山はなお葛川住民にとって重要な山の用益の場であった。そしてそのような動向の中から、御殿尾・瀧山は行者・常住と住民、つまり葛川全体により保護され用益される、共同利用林としての性格を持つようになっていったものとみられる。これは、惣有林化の前段階ともとらえることができよう。そしてそれとともに、住人・浪人身分という山に対する住民の用益の差は次第に曖昧になっていったものと考えられる。

明徳四(一三九三)年九月一二日に、葛川が主張してきた縁起四至の境界が、将軍足利義満によりそのまま認められる。(52)そしてこれ以後、葛川と周辺村落の山に関する紛争は史料上ではほとんど見られなくなる。そしてその後、御殿尾・瀧山は葛川＝明王院領として確定し、葛川の村落による共同保全及び共同利用が進展していくことになる。

# おわりに

比良山は、豊富な森林資源を持つ山であった。それは葛川にとってもまた木戸・比良庄にとっても、たいへん魅力あるものであった。その豊かな資源をめぐって、鎌倉期から南北朝期にかけて両地域の住民は激しい衝突を繰り返したのである。その相論の中から、葛川を霊場とし、山々を聖地とする論理が強化され、それが逆に住民による恣意的な用益を抑えていったものであろう。その結果、山全体を地域の共同林として保全し、地域により管理していくという動向が生みだされたものと考えられる。

もちろん、山の用益は重層的なものであった。杉・檜等の建築用材については地域による保全がはかられたが、薪・柴等の燃料用材については、実際のところは住民による比較的自由な用益が行われていたものであろう。

木戸では昭和初期まで、燃料用材を木戸峠を越えた葛川方の山に入って取っていたとのことである。そこは木戸山と呼ばれ、明王院に山手米を支払うことで柴等を取る権利を持っていた。しかも興味深いことに、その柴は山の少ない近江八幡・野洲・中主・能登川等の琵琶湖東岸村落へ売るためのものであったというのである。(53) 葛川の柴木が、琵琶湖を通じて東岸の各地に広がっていたのである。

比良山をめぐる中世の相論では、杉・檜などの建築用材が主要な論点となっていた。しかし、山の利用を考える場合は燃料用材についても考慮に入れていく必要があろう。そしてそれは、比較的排他的な用益形態をとる建築用材とは異なり、周辺地域を含めての共同利用がなされ、そのためのさまざまな慣行が存在していたものとみられる。

今後は、このような山の重層的な用益を考慮にいれながら、中～近世移行期から近世までも含めて、この地域の森林資源がどのように利用され、またその中から葛川と周辺地域がどのような関係を取りむすんでいたのかを考えていく必要があると思われる。大きな課題としておきたい。

## 注

（1）村山修一編『葛川明王院史料』（吉川弘文館、一九六四）。『京都大学文学部博物館の古文書　第一〇号　葛川明王院文書』（思文閣出版、一九九三）。

（2）それぞれの視角で代表的な研究を掲げる。

①丸山幸彦「荘園領主的支配の構造と変質」（『日本史研究』七四号、一九六四）。坂田聡『日本中世の氏・家・村』（校倉書房、一九九七）。

②戸田芳実「山野の貴族的領有と中世初期の村落」（『日本領主制成立史の研究』岩波書店、一九六七）。佐藤和彦「鎌倉末期の村落生活」（『南北朝内乱史論』一九七九）。

③下坂守「葛川・伊香立相論考」（『史林』六七巻二号、一九八四）。水野章二「結界と領域支配」（『日本政治社会史研究』下、塙書房、一九八五）。

④佐藤和彦「近江国葛川庄の絵図について」（『荘園絵図の基礎的研究』三一書房、一九七三）。葛川絵図研究会「『葛川絵図』に見る空間認識とその表現」（『日本史研究』二四四号、一九八二）。

⑤嶋田鋭二「封建制形成期のイデオロギー」（『講座日本史』二　東京大学出版会、一九七〇）。戸田芳実「中世山村における神と仏」（『月刊歴史』三〇号、一九七一）。

（3）この相論については、すでに下坂守氏により基礎的な検討がされている。そこでは、特に相論経過についてまとめられていて、たいへん参考になる。しかし、若干理解の異なる点もある。そこで以下、氏の研究に多くを学びながら、私なりに関係史料を読解・分析しておきたい。下坂守「境をめぐる相論」(『志賀町史』第二巻、第一章第四節、一九九九)。
(4) 註(1)『葛川明王院史料』所収、国立国会図書館所蔵史料二一〇号文書(以下国—二一〇号とする)
(5) 註(1)『葛川明王院史料』所収、葛川明王院所蔵史料六七号文書(以下明—六七号とする)、国—一八一号、及び弘長元年十一月付葛川常住住人等申状案(『京都大学文学部 博物館の古文書 第一〇号 葛川明王院文書』に所収)。
(6) 国—一八一号。
(7) 註(5)弘長元年十一月付葛川常住住人等申状案。
(8) 明—六七号。
(9) 明—四六二号、国—一八号、国—二一〇号。
(10) 明—六八号、明—七〇号、明—一〇五号。
(11) 国—一八号。
(12) 国—二〇号、国—二一〇号。
(13) 国—二一〇号。
(14) 国—一八号、国—二〇号。
(15) 国—一九号。
(16) 国—二〇号。
(17) 国—二一号、国—二二号、国—二三号。
(18) 国—二五号、国—二六号、国—二七号、国—二八号、国—三〇号、国—三一号。
(19) 国—三二号。
(20) 明—六六号。
(21) この時期の青蓮院門跡とみられる慈助は、後嵯峨天皇の息であり、伏見天皇の護持僧を勤めている。澤博勝「両統迭立期の王権と仏教」（『歴史学研究』六四八号、一九九三）、及び福真睦城「近江国葛川にみる青蓮院・無動寺の支配機構」（鎌倉遺文研究会編『鎌倉時代の政治と経済』東京堂出版、一九九九）参照。
(22) 明―四四五号。
(23) 明―三二号。
(24) 明―四五五号。
(25) 国―八一号。
(26) 明―五五号、明―五七号。
(27) 明―五六号。
(28) 明―五八号、明―五九号、明―六〇号、明―六一号。
(29) 明―一八号。
(30) 国―二一〇号。
(31) 同前。なおこの卒塔婆の所在については、今後の調査を待ちたい。
(32) 桜井好朗『神々の変貌』（東京大学出版会、一九七六）。
(33) 葛川坊村の伊藤萬治郎氏、及び中西篤次氏の御教示による。記して感謝したい。
(34) 明―四五五号。
(35) 国―一八一号。
(36) 前掲註(2)葛川絵図研究会論文参照。
(37) 明―六八号。
(38) 国―二号
(39) 延応二年三月二六日付葛川住人等起請文（『京都大学文学部博物館の古文書　第一〇号　葛川明王院文書』に所収）。

(40) 明―六五号。
(41) 明―六八号。
(42) 国―八号。
(43) 大津市歴史博物館図録『琵琶湖の船―丸木船から蒸気船へ―』一九九二。
(44) 註(2)丸山論文等。
(45) 註(2)丸山論文参照。
(46) 明―七一号。
(47) 明―七二号。
(48) 明―四三四号。
(49) 明―四四〇号。
(50) 同前。
(51) 明―二〇七号。
(52) 明―一八号、及び明―一七一号。
(53) 志賀町木戸の中村七郎氏の御教示による。記して感謝したい。

※本稿は、平成一〇～一二年度文部省科学研究費補助金による共同研究「山間村落における交流の総合的研究」の成果の一部である。

# 播磨国在田荘の支配をめぐって

青木啓明

## はじめに

鎌倉末期の諸矛盾が諸方面においていよいよ顕わになりつつあった元亨年間、高野山金剛三昧院領播磨国在田荘上方においても、前代官澄海による下地押領・年貢抑留といった行動が問題になっていた。

高野山金剛三昧院領播磨国有田庄上方地頭代頼融申、前代官澄海向背寺家、押領下地、抑留年貢由事、訴状具書
此如、早莅彼所、沙汰付地頭代於上方、至澄海者、為被尋問所存、不日可召進其身、且載起請之詞、可被注申也、
仍執達如件、

元亨二年三月十八日

(北条範貞)
左近将監在判
(大仏維貞)
陸奥守在判

小串三郎左衛門尉殿
江田六郎入道殿(1)

もし、当事件を伝える史料がこの六波羅御教書一通だけであったなら、我々は当時比較的多くみられた荘園代官による非法事件のひとつとして、特に注目することはなかったかもしれない。しかしこの件に関しては、幸い次の興味深い史料が残されている。

時秀下向之時、御言付委細承候訖、抑在田上庄間事、一円寄進之上者、一事已上院家御進止之条、勿論之次第候、仍此子細度々載愚状令申候歟、而猶就庄務仁事、被胎御不審候様承候、返々驚存候、奉為院家聊も不忠にも不儀にも候ハむ仁事、依何事可令扶持候乎、雖為向後、不可被胎御疑候也、凡毎事無御停止承存候者、可為本意候、恐々謹言、

元亨元

六月廿九日　　　時顕在判

金剛三昧院方丈御報(2)

この書状の差出人である「時顕」とは安達時顕、得宗高時の外舅で、当時の鎌倉幕府における最高実力者の一人である。(3)彼は去る文保二年(一三一八)、当荘を金剛三昧院に寄進していた。(4)しかし、その後の荘支配の過程において、金剛三昧院の領主権を侵害するような何らかのトラブル、しかも寄進主である時顕の関与をも疑われうる形でのそれ

が生じていたのである。

金剛三昧院方からの度々の抗議に対し、時顕自身は一貫して金剛三昧院による在田上荘の一円支配を認めるとの意志を表明していた。しかし、それにもかかわらず彼はこの書状でひとつの弁明をしなければならなかった。このトラブルを引き起こした「庄務仁」を「扶持」するようなことはしていない、と。

なお、この「庄務仁」とは、先の史料でその非法を訴えられていた「前代官澄海」のことだろう。そして、図らずも時顕のこの弁明から、我々は澄海という人物と時顕との間に、在田荘をめぐって何らかの関係が存在したこと、そしてその関係は、金剛三昧院側が問題として追求しなければならないほどの影響を、現実の在田荘支配に与えているものであったことを知ることができるのである。

しかし、この澄海というのはいかなる人物なのだろうか。また、この在田荘をめぐって、彼らの間にはいったい何があったのだろうか。

## 一　在田荘の伝領と安達氏・金剛三昧院

在田荘は播磨国加古郡、現在の兵庫県加西市に所在した荘園である。治承・寿永内乱期に一時源頼朝に没収されたものの寿永三年に頼盛に返付された、池大納言家領のなかのひとつとしてその名が見えるのが、当荘の史料上の初見である。(5) その後、頼盛の孫保教が承久の乱で京方に与同したことによって再び幕府に没収され、保教の伯父保業に与えられたことが知られるが、(6) その後の伝領については、史料的に追うことはできない。その後再び在田荘の名を史料上に見いだすことができるのは、先にふれた文保二年、時顕が金剛三昧院へ「在田上庄」を寄進した時点なのである。

つまり、それ以前のいつの時か、この在田上荘は安達時顕の領有に帰していたことになる。しかし、時顕がいかにして当荘と関係をもつに至ったのか、その具体的な経過は不明である。

そもそも当荘に限らず、時顕の所領に関しては、その全体像や性格をものがたる史料はほとんど残されていない。また、さらに言えば、時顕をはじめとした当時幕政の中心に位置した人々の所領のあり方自体、一部を除いてほとんど明らかにされてきてはいないのではないだろうか。しかし、彼らの幕政内での位置の高さを考えると、その活動のひとつの基盤としての所領のあり方を検討しておくことも必要なことだと思われる。そこで、はじめに時顕の所領の性格について簡単に整理しておきたい。

安達時顕がかなりの経済力の持ち主だったことは、すでに田中稔氏によって指摘されている。(7) もちろん、それらの富のすべてが、いわゆる所領支配から生み出されたものだったのかどうかは、別に慎重な検討が必要だろう。しかし、彼がある程度の規模の所領を集積していたと見ること自体は誤りではあるまい。また、それらの所領群のなかには、当然泰盛以来の安達氏旧領の一部も含まれていたとは考えられる。しかし、個別に追うことは難しいが、恐らくはそのすべてを回復していたわけではなかっただろう。(8) むしろ、この時期の時顕領の性格について考えるにあたっては、彼が幕府より度々所領の「拝領」をうけている事実が注目される。(9) そして、当時の幕政の状況から考えると、それらの「拝領」とは実質的には北条氏からのそれであったと考えられる。つまり、時顕の所領は、前代以来の安達氏旧領の継承という側面とともに、当時の幕府権力(＝北条氏)との密接な関係のもとで形成されたものではなかったかと考えられるのである。

そして、このような性格は、在田荘の寄進に際しても鮮明に現れている。この寄進に際して出された時顕の寄進状には、寄進理由の筆頭として潮音院(安達義景女・北条貞時母)と貞時の「洪恩」があげられているのである。先代得宗と彼を産んだ一族の女性の菩提のための寄進。時顕がこの寄進に際して、北条氏との関係を痛烈に意識していたことは、この部分だけからも明らかであるといえよう。

また、この寄進に関しては、時顕の寄進状の他に次のような文書も発給されている。

奉寄

高野山金剛三昧院

播磨国有田庄上方事

右、任秋田城介藤原朝臣時顕申請、所被寄附也者、依鎌倉殿仰、奉寄状如件、

文保二年十月九日

相模守平朝臣（北条高時）在判

武蔵守平朝臣（金澤貞顕）在判

時顕の寄進を安堵するこのような文書が発給された理由については、いろいろと検討する必要はあろう。(10) しかし、少なくともこのような文書が発給されているということは、やはりこの寄進行為が北条氏権力との密接な関わりのもとになされたものであることを示しているのではないだろうか。以上のことから、時顕の所領は北条氏の権力との密接な関係のもとに存在していたという特徴を、まず指摘できるのである。

なお、それとともに時顕によるこの寄進は、安達氏代々の高野山・金剛三昧院との密接な関係のもとになされたものであることも、また間違いなかろう。安達氏と高野山といえば、時顕の四代前の祖景盛が入山して高野入道とも称されて以来、(11) 密接な関係があったことはよく知られている。そしてそもそも金剛三昧院自体、景盛が建立したものだっ

たのである。また、その後も代々の安達氏一族と高野山との密接な関係は、様々な場面からうかがうことができるのであるが、[12]そのような関係が、霜月騒動を経た時顕の代においても継続されていたことは興味深い。

ところで時顕による寄進の内実を、もう少し詳しく検討してみよう。時顕による在田荘寄進とは、文字通りその支配関係一切の譲渡を意味したのだろうか。実際のところ、恐らくそうではなかったと考えられる。なぜなら、寄進後あまり時を経ていない文保三年三月十日以前の段階で、すでに時顕と特別の関係を持つとされる澄海が「庄務」として活動を開始していることが知られるからである。[13]なお、澄海のその活動は、時期的にみても当荘寄進の時点以来のものであったと思われる。[14]そして、この澄海の「庄務」就任に時顕の関与があったことも、両者の関係を念頭に置けばほぼ間違いなかろう。つまり時顕は、自らと特別の関係がある澄海に庄務を執行させるという形で、寄進後も在田荘に何らかの関わりを保持していたのである。[15]

しかし、時顕が澄海を当荘の「庄務」にあたらせたのには、いったいどのような意味があったのだろうか。また、そもそも澄海とはいったい何者であり、時顕とはいかなる関係を持っていたのだろうか。もちろん、これらの点を直接物語る史料は残念ながら存在しない。しかし、澄海自身の具体的な行動を検討していくことが、それらの問題を解くひとつのカギになることはいうまでもないだろう。そこで次節では、在田荘支配に関する彼の行動を、可能な限り跡づけてみることにしよう。

## 二　澄海の在田荘支配と安達氏・金剛三昧院

前節でもふれたが、澄海の在田荘「庄務」就任後まもなく、当荘の支配に関して二通の関東下知状（および、それを施行した二通の六波羅下知状）[16]が発給されている。

高野山金剛三昧院領播磨国在田上庄年貢運送事

右、任庄務僧澄海申請之旨、年貢并上下諸人、関々津々不致其煩、可令勘過也者、依鎌倉殿仰、下知如件、

文保三年三月十日

相模守平朝臣（北条高時）在判

前（ママ）武蔵守平朝臣（金澤貞顕）在判[17]

高野山金剛三昧院領播磨国在田上庄殺生禁断事

右、任僧澄海申請之旨、停止甲乙人乱入狼藉、可令禁断殺生也者、依鎌倉殿仰、下知如件、

文保三年三月十六日

相模守平朝臣（北条高時）在判

武蔵守平朝臣（金澤貞顕）在判[18]

これらの文書が、澄海の申請によって発給されたものであることは、その本文から明らかである。つまり澄海は、自身による在田荘支配の端緒として、鎌倉幕府権力による交通路・領域支配権の安堵を申請したのである。彼がその支配の当初から交通路などに注目していることは、彼自身の社会的な位置を考える上では非常に興味深い。

しかし、これらの文書にはひとつ大きな疑問がある。それは、澄海がなぜ幕府からこのような文書の発給を受ける

ことができたのかということである。当時、鎌倉幕府がこのような内容の文書を西国の寺社領荘園に発給することは、決して一般的なことではなかったはずである。では、このような文書が発給された背景には何があったのだろうか。

その理由のひとつとしては、幕府と金剛三昧院との密接な関係が考えられる。金剛三昧院が安達氏の祖景盛によって創建されたことは先に述べたが、その創建の理由は「奉訪三代将軍之菩提」とされ、当初から北条政子などの関与も深かった。[19] また、そもそも金剛三昧院の寺務自体、その最終的な補任権は関東にあったのである。[20] そして実際金剛三昧院領には、在田荘の他にも筑前国粥田荘など、[21] 度々このような幕府による殺生禁断・交通路安堵の文書が発給されている所領も確認できる。

しかし、この在田荘の文書の場合、粥田荘など他の金剛三昧院領の例とは決定的に違う点が一点ある。それは、これらの文書の申請の主体である。他の荘の事例では、それらの文書は「高野山金剛三昧院雑掌玄朝申」[22] というように、金剛三昧院を全面に出した形で申請されるのが通例である。しかし澄海の場合はちがう。彼は「任庄務僧澄海申請之旨」「任僧澄海申請之旨」というように、あくまでも澄海自身による申請の形を取っているのである。

では、なぜ澄海はこのような形を取ったのだろうか。まず考えられることは、彼自身が幕府に対して、このような文書の発給を期待できるほどのパイプを保持していたからということである。そしてこの点は、前節で指摘した安達時顕との関係を考えると、十分その可能性をみとめることができよう。つまり澄海による在田荘支配とは、同荘の元領主で寄進主でもあった時顕を通して行使しうる幕府に対する政治力を、そのひとつの背景としたものだったといえるのである。

しかし、澄海の支配は、単にそのような幕府に対する政治力だけで成り立っていたものでもなかった。次の史料を見てみよう。

高野山金剛三昧院領播磨国在田上庄雑掌慶意申所務事、訴状副具書案、如此、円道房澄海致濫妨云々、早退彼澄海、可沙汰付雑掌於下地之状、依仰執達如件、

建武四年二月十三日　中務少輔（花押）

赤松入道殿(23)

つまり澄海は、鎌倉幕府が滅亡した後、建武の乱のさなかである建武四年（一三三七）の時点でも、在田荘の在地支配を維持しているのである。このことは、澄海の支配権力の背景が、単に幕府権力を背景にしていただけではなく、深く在地に根ざしたものだったことを意味しよう。そして、その背景のひとつに、流通との関与があったのではないかということは先に述べたが、ほかにも金融活動との関与などが考えられよう。また、次の史料を見てみよう。

金剛三昧院領当国在田上庄事、将軍家御教書先日被成下之間、致其沙汰候了、理非之様一切不存知候、只被仰下之趣、令遵行計候也、毎事期後信候、恐々謹言、

（異筆）「建武三」十一月四日　沙弥円心（花押）(24)

この文書にある「将軍家御教書」の内容がはっきりしないので断言はできないが、先の史料と同様に、在田荘において澄海の排除と金剛三昧院雑掌への所領沙汰付けを命じられた赤松円心が、その結果を金剛三昧院に報告した文書と考えてほぼ間違いなかろう。(25)ここでの円心の言葉は非常に歯切れが悪い。「どちらの主張に理があるのか知りませんが、わたしはただ命じられたことを、その通り遵行しただけです。」もちろん、これだけの記述からははっきりしたこと

は言えないが、円心自身がこの遵行、つまり澄海排除に対して決して積極的ではなかったこと、また遵行はしつつも、円心自身は澄海の側の立場にさえ立っているようなニュアンスがあることを読みとることはできるだろう。では、円心はなぜそのような立場をとっていたのだろうか。澄海は幕府滅亡後、円心の勢力と深い関係を結んでいたのだろうか、それとも円心以上の大物がそのバックにいたのだろうか。残念ながらこの史料からそこまで想像することはできない。しかし、少なくとも澄海が、南北朝内乱初期においても、在田荘の在地にかなりの影響力を保持していたことだけは確かであるといえよう。

話しを鎌倉期にもどそう。澄海自身は在田荘支配に関連して「前代官」「庄務」と呼ばれている。なお、「代官」とはこの場合、地頭代を意味しよう。しかし、これらの呼称は二つながら、荘園知行の代官としての関係は想定できるものの、それ以上のものを彼らの間に想定させるような呼称ではありえない。(26)また、在田荘に関するもの以外、澄海の名は管見の限り金剛三昧院関係の史料の中に登場せず、さらに南北朝期においては、先の史料にも見えるように、金剛三昧院による当荘の支配は、同院の他の多くの所領と同様に「雑掌」によって担われるようになるのである。それらのことを考えると、澄海自身は金剛三昧院内部に、その政治的・社会的基盤をおくような人間ではなかったと考えざるを得ないだろう。

では、当荘を寄進した時顕は、なぜ寄進後の当荘支配を澄海に担わせたのだろうか。この点についてはあくまでも推測に留まるが、澄海は寄進以前の安達氏領の時代から当荘の支配を行ってきており、その関係が寄進に際してもそのまま維持されたと考えるのが一番自然ではないだろうか。つまり、安達氏の所領支配の一部は、現実には澄海のような人物によって担われていた可能性が想定できるのである。

しかしこの澄海は、安達氏の意向の下で、在田荘の支配を担うだけの存在ではなかった。次節では彼の在田荘支配以外の活動について検討することによって、澄海の人物像の全貌に迫ってみよう。

## 三　円道房澄海の社会的位置

安達時顕によって在田荘が寄進され、澄海による金剛三昧院領在田荘の支配が展開しつつあった頃、高野山はひとつの大きな政治的課題に直面していた。それは淀津関米をめぐる問題である。大塔修理料所として従来期限付きで寄進されていた淀津関米半分を永代獲得しようとの政治運動が、この時期大詰めを迎えていたのである。すでに文保二年（一三一八）十一月十九日、後宇多上皇によって升米を大塔修理料所として永代寄進する旨の院宣はすでに出されていた。[27] しかし、それで終わりではなかった。当時、新関の停止を政策としていた幕府が、その運動の前に立ちふさがっていたのである。元亨元年の付け年号を持つ東寺長者道煩の御教書によると、すでに関東の意向が、この問題に残された唯一にして最大の懸案事項になっていたことがわかる。[28] そして元亨元年八月、この問題を打開するために一通の事書が作成された。

（別紙）
「諸衆事書円道房東下向事」

契約

大塔永代料所淀津関米寺家可開眉沙汰間條々

一、関東使者円道房出立、在国用途并内秘計用途、一向可為勧進方沙汰事、

一、件用途、若不致其沙汰者、勧進聖可追放寺門事、

一、就此沙汰、得勧進方并彼縁者語、雖為一塵、不可取賄賂、偏存興隆、不可致私曲評議事、
一、勧進方相語山上山下人、擬乱評議時、一味同心可致其沙汰、但振猛威難対治者、若為山上衆者、付公私不可交座、為為《若》山下仁者、於　公家武家、可致一同訴訟事、
一、若構骨張結宿意、被当阿党之時、面々存身上、不可致取沙汰事、
元亨元年八月廿三日(29)

「契約」と題された五条から成るこの事書は、まさにこの問題を打開するための、高野全山をあげての一大プロジェクトというべきものであった。その内容は、交渉の用途負担の問題から諸衆の団結など多岐にわたるが、その最大の眼目が、関米問題を打開するために関東に使者を下すことだったことは、別紙に書かれたメモが端的に物語っている。そして、全山の期待を集めてすでに下向しているという「関東使者」に、我々は「円道房」、すなわち彼の澄海の名を見いだすのである。

高野山衆徒によるこの人選は、確かに肯ける面もある。時の権力者安達時顕と親しく、所領支配のために幕府御教書まで引き出すことのできる澄海である。必ずや関米問題にもよい結果をもたらしてくれるに違いない。衆徒らの意図がこの辺にあったことは恐らく間違いなかろう。

しかし一方で、山内には澄海の「関東使者」就任に対する不協和音も聞こえてくる。その急先鋒として意識されているのは「勧進方」である。事書の三、四条からは、「勧進方」の「語」によって「諸衆」の評定による合意に亀裂が生じることを極度に警戒していることを読みとることができるのである。しかし、なぜ「勧進方」なのだろうか。彼らは一箇条目にあるように、澄海の活動費用の一切をまかなうことになっていた。恐らく、それらはかなりの額に上っ

ただろう。そして、これらの用途の進納は厳しく義務づけられていたのである。そのことに対する不満が一方にあったことは間違いあるまい。また、それとともにこの升米問題に関する従来の政治的いきさつも、彼らの不満に関係すると思われる。なぜなら澄海が登場する直前まで、この問題の交渉は一貫して勧進方に担われていたのである。[30]それがこの段階では、彼らは単に用途を沙汰するだけの存在にその位置を限定されてしまっている。やはり不満は残ろう。

ただし、これらの不満は、決して勧進方だけにとどまるものではなかったことにも注意を払う必要があろう。事書の五条目は、勧進方以外の諸衆の中にも、この「契約」に対する不満が少なくなかったことをうかがわせる。また、そもそもこのような厳重な事書で「契約」せざるを得なかったこと自体、この計画が孕んでいる矛盾の大きさを雄弁に物語っているといえよう。では、この計画のどこに、そのような不満を招く要素が存在したのだろうか。わたしは、その理由のひとつに、「関東使者」となった澄海の地位に関する問題があったと考える。

これだけ重要な問題に対して、高野全山を代表した使者を務める人間である。山内での地位もさぞや高かっただろうと思われるのだが、彼の名は高野山関係の文書の中では、前節で見た在田荘関係のもの以外には、管見の限り見いだすことはできない。また、そもそも「円道房」という房自体、その存在を高野山の中に確認することはできないのである。これらのことを考えると、この澄海自身は高野山内の人間であると考えることに躊躇せざるを得ないだろう。恐らく彼は、幕府に対する政治的な力を見込まれて高野山のための政治工作を依頼された、高野山外部の人間だったのではないだろうか。[31]

では、彼はいったいどのような立場の人物だったのだろうか。これ以降はあくまでも可能性にとどまることではあるが、彼は西大寺の周辺で活動していた真言律宗の僧だったのではなかろうか。[32]もし、そのような推測が許されるとすれば、澄海の活動は、当時北条氏の権力とも深い関係を持ちながら、各地で経済的な活動を展開していた真言律宗僧侶のそれと重ね合わせて理解することができるだろうし、また、彼らと勧進などの活動で性格的に近しい位置にある高野山の勧進聖たちから最も激しい反発を受けたことも、また肯けるのである。

## おわりに

鎌倉御家人の所領支配については、従来から多くの研究がなされてきている。それらは、それぞれに多様な視点からなされた研究であるが、敢えて分類すれば、いわゆる「在地領主制」のあり方を追求した諸研究と、遠隔地所領支配をも視野に入れた各御家人領の所領支配機構に注目した研究として、大きく二分することができよう。

このうち、前者の視角の研究は、七十年代までの時期を中心にすでにかなりの量の蓄積がなされてきている。それに較べると、後者の研究は史料の残存状況にも規定されて、量的には決して多くはない。しかし、その議論の内容としては、北条得宗家(33)や足利氏(34)の「公文所」など家政管理機構の存在や、金澤北条氏領における僧侶・借上の関与(35)、得宗領の代官としての有徳人の存在など(36)、多くの興味深い論点が指摘されてきており、決してこれらの問題が従来等閑に付されてきたわけではないことがわかる。(37)

とはいえ、このような視角での検討は、一部の御家人に対してしかなされてきてはおらず、その点はやはり問題として指摘されよう。もちろん、先にも述べたように、遠隔地所領については、中世後期にはそれぞれの支配が退転してしまうことも多く、在地領主文書の中でも、その関係史料の残存は断片的であり、またわずかである。しかし、それらを保持する御家人が決して一部にとどまるものではなかったと考えられる以上、やはり断片的な史料であっても、注意深く位置づけていく努力が必要ではなかろうか。

また、遠隔地所領に限らず、御家人所領自身の支配のあり方を構造的に把握していくことは、従来の在地領主制論の成果を発展的に継承していくため、今後更に検討を深めなければならない最重要の分野のひとつであると思われる。そして、そのような支配構造の中に、従来領主権力としてはあまり意識されてきてはいなかった律僧・有徳人などの活動を位置づけていくことは、在地領主権力のより豊かな把握のためにも、非常に重要な課題であると思われるのである。本稿は、ここまで円道房澄海という人物の行動を追ってきたが、その目的も、安達時顕と澄海の特殊な関係という突出した特殊な事例の追求にあったのではなく、鎌倉御家人の遠隔地所領支配のひとつの類型として、澄海のような人物による所領支配のあり方を復元することにあった。ここで、その課題に対してどこまで迫り得たかは心許ないが、少なくとも彼らのような人物が、特に鎌倉後期の御家人所領支配に構造的に関わっていたことだけは、もはや疑いないことなのである。

近年、地域社会や国家権力などを中心とした中世史研究の活発な進展に較べ、領主支配に関する研究は決して盛んではない。しかし、それらの諸研究から中世社会全体を展望するためには、かつて「在地領主」と呼ばれた階層の支配の特質を、改めて全体的・構造的にとらえなおす必要性にせまられているのではないだろうか。そして、そのためには領主権力の裾野の広がりを柔軟にとらえうる視点が求められるだろう。本稿は、そのための試掘のひとつにすぎないが、今後もそのような視点で領主権力の特質をとらえなおしていく作業が必要だろう。

## 注

（1） 元亨二年三月十八日　六波羅御教書案（「金剛三昧院文書」『鎌倉遺文』二七九八八）。
（2） 元亨元年六月廿九日　安達時顕書状写（「金剛三昧院文書」『鎌倉遺文』二七八一一）。

（3）安達時顕は、泰盛の弟顕盛の男宗顕の子である。父宗顕も霜月騒動で討たれているが、時顕自身の政治的活動は徳治年間頃から知られ、その頃にはすでに復権を果たしていたらしい。また、正和二年（一三一三）には引付頭人になっている。彼の幕府内での政治的位置の高さは「金澤文庫文書」などによって具体的にうかがうことができ、また『太平記』には、北条高時側近としての彼の姿が度々描かれている。彼のこのような位置は、やはり娘を高時に嫁していたといわれる点に、その理由の一端が求められよう。なお、『保暦間記』には、北条貞時の死去に際して、長崎円喜とともに高時の後見を託されたとの記事がある。これは、後述の田中氏も指摘している通り、そのまま信用することもできないが、彼のおかれていた地位の高さを示す傍証にはなろう。また、北条貞時十三回忌に際しては京下の公家衆とともに願文を清書しているが、彼が当時の鎌倉で能書として有名な文化人としての側面をももっていたことが知られ、興味深い。

時顕についての研究は決して盛んであるとは言えないが、田中稔氏は時顕が施入した般若寺の一切経の分析から、彼がかなりの経済力を持っていたことを指摘した。また、筧雅博氏は嘉暦・元徳年間の朝幕関係の分析から、彼の幕府内での政治的位置の高さを明らかにしている。田中稔「秋田城介時顕施入の法華寺一切経について」（『鎌倉幕府御家人制度の研究』吉川弘文館、一九九一年）、筧雅博「道蘊・浄仙・城入道」（『三浦古文化』三八、一九八五年）。

（4）文保二年八月廿八日　安達時顕寄進状案（「金剛三昧院文書」『鎌倉遺文』二六七六七）。

（5）『久我家文書』（國學院大学）一一八。

（6）『鎌倉遺文』二八一三、二八一四。

（7）田中稔「秋田城介時顕施入の法華寺一切経について」（前掲）。

（8）所領については具体的なことはよくわからないが、少なくとも守護職に関しては、時顕が泰盛以来のものを回復することはなかったと思われる。佐藤進一『鎌倉幕府守護制度の研究』（東京大学出版会、一九七一年）。

（9）（元徳元年）後七月廿三日・（年未詳）十一月二日　金澤貞顕書状（『鎌倉遺文』二七一七四・二九四一四）など。

（10）なお、この事例のように実際の寄進者の寄進状以外に関東御教書による寄進状が発給されているケースは、他に管見の限り数例を数えることができる。しかし、それらの事例はすべて円覚寺・称名寺など北条氏と関わりの深い寺院に対するものか、寄進者が北条氏権力と密接な関わりをもつと考えられる事例である。

(11)　『吾妻鏡』宝治二年五月十八日条など。

(12)　なお、景盛の子息義景も最後は高野山で没しているし、その子泰盛が参道の町石を寄進したことは有名である。

(13)　文保三年三月十日　関東御教書案（「金剛三昧院文書」『鎌倉遺文』二六九六二）。

(14)　先の文保三年三月十日の関東御教書は、「庄務僧澄海」の申請に任せて、在田荘の年貢輸送に対する狼藉の停止を命じたものである。このような文書の発給がどの程度の期日を要するのかについては、はっきりとしたことは言えないが、少なくとも申請から発給までに多少の期日を要したと考えるほうが自然だろう。また、三月十日という時期であるが、同じ金剛三昧院領の筑前国粥田荘の場合、その年貢輸送が二月末から四月初頭にかけて行われていたことが知られる（『鎌倉遺文』一六九三八、一七二七四）。六波羅による施行が六月十六日なので、はっきりと結論づけることはできないが、澄海自身は当荘が寄進された文保二年分の年貢輸送をも念頭においてこのような文書を申請した可能性も考えられよう。なお、先述したが、時顕による同荘の寄進状は文保二年八月二八日、それに対する幕府の寄進状（安堵状）が十月九日の日付で発給されている。つまり、金剛三昧院による支配の開始は少なくとも八月以降だろうから、澄海の活動以前に他の代官が存在したとは考えにくい。

(15)　このように、寄進者が寄進後の所領知行者の選定に関与している例はいくつか知られる。まず、安東通常は円覚寺に播磨国五箇荘内の地を寄進するに際して、置文に「所務事、以関屋弥七忠政、可有御□（計）」と記し、その知行者を指定している（『鎌倉市史』史料編二「円覚寺文書」五九号）。同様に澄海という僧（本稿で取り上げている澄海とは別人だろう）は、やはり寄進に際して、下地は自身が進退領掌する旨を寄進状に記している（『鎌倉遺文』一九四九七）が、このような事例は他にも多く見ることができよう。また、大谷道海はその所領を上野国長楽寺に寄進するに際して、寄進状の正文は自身で保管し寺には案文を渡すという行動をとっているが、これは道海自身がそれらの所領知行にあたるためだと考えられる（拙稿「大谷道海の活動」悪党研究会編『悪党の中世』岩田書院、一九九八年）。するとこの時顕自身、一族の潮音院（北条時宗室）の円覚寺に対する丹波国成松保の寄進状を保管していたようであるが、この場合も寄進後の所領支配に何らかの関わりを持っていた可能性もある（年未詳十二月廿一日　安達時顕他連判書状「円覚寺文書」六四）。さらに類例としては金澤貞顕が称名寺領となった加賀国軽海郷の代官決定に関与していることも指摘できよう（年未詳　金澤貞顕（崇顕）書状『神奈川県史』二七三四）。

(16)『鎌倉遺文』二七〇六二、二七〇六三。

(17)『鎌倉遺文』二六九六二。

(18)『鎌倉遺文』二六九七三。

(19)弘安四年三月廿一日　関東御教書案（「金剛三昧院文書」『鎌倉遺文』一四二六九）。

(20)寛元二年十一月廿六日　関東御教書案（「金剛三昧院文書」『鎌倉遺文』九―六四〇八）。

(21)なお、粥田荘は北条政子によって寄進された所領であり、それ以前は関東御領だった。また、蒙古合戦に際しては、九州における幕府の料所として、一時金剛三昧院の手を離れていたこともあった。このような由緒が幕府による殺生禁断などの文書発給と関係があった可能性もある。

(22)『鎌倉遺文』二八四六七。

(23)『金剛三昧院文書』二六。

(24)『金剛三昧院文書』一三。

(25)付け年号の「建武三」年は、足利尊氏の幕府開設・征夷大将軍任官の以前なので、この「将軍家御教書」という表現は若干疑問があるかもしれない。しかし、この時期以前にも尊氏のことを「将軍家」と称している例も見られることから（例えば建武三年四月十四日　島津貞久遵行状「薩藩旧記」、建武三年三月廿九日　沙弥正全書状「正法寺文書」、いずれも『大日本史料』六―三、延元元年三月二十九日条）、特に疑う必要はないと考える。

(26)寛元二年十一月廿六日の関東御教書案（「金剛三昧院文書」『鎌倉遺文』六四〇八）では、粥田荘の「庄務」は金剛三昧院寺務とともに「当院止住僧侶」の中から選任することが規定されている。しかし、この粥田荘は北条政子から寄進されたもので、また「庄務」の最終的な補任権も幕府が保持しているという、ある意味特殊な事例である。むしろここでの「庄務」についての規定は、所領の寄進主がその後の荘支配に関与していることを示すひとつの事例であり、「庄務」は「当院止住僧侶」に限るという規定もまた、一般的には「庄務」は寺院外のものが任ぜられる可能性があることを逆説的に示すものだろう。このように考えていくと、澄海の「庄務」とは、むしろ請負代官的なニュアンスを感じさせる立場なのではないだろうか。

(27) 文保二年十一月十九日　後宇多上皇院宣案（「高野山文書」『鎌倉遺文』二六八五三）。

(28) 元亨元年十月廿四日　東寺長者道煩御教書（「高野山文書」『鎌倉遺文』二七八八四）。

(29) 元亨元年八月廿三日　高野山諸衆契約事書案（「高野山文書」『鎌倉遺文』二七八四〇）。

(30) （応長元年カ）十月廿三日　当時長者成恵書状（「高野山文書」『鎌倉遺文』二四四五四）、元応二年四月晦日　紀伊高野山文書取出状（「高野山文書」『鎌倉遺文』二七四六六）。

(31) なお、先に見た澄海による在田荘年貢の抑留事件は、彼が「関東使者」として下向する直前の時期に問題化していることは、非常に興味深い。この二つの動きが、ともに密接に関連したものであった可能性は高いだろう。ただし、現段階ではこれらの具体的な関係は、不明とせざるを得ない。

(32) 鎌倉後期、西大寺周辺で作成された結縁・受戒などの交名の多くに「円道房」の房名を名乗る僧侶を多く見いだせることが、そのひとつの根拠である。ただし、「円道房澄海」なる人名は残念ながら見いだすことはできず、これらはあくまでも推測にとどまる。

(33) 主なものとして、佐藤進一『鎌倉幕府訴訟制度の研究』（岩波書店、一九九三年、初出一九四三年）、同「鎌倉幕府政治の専制化について」（『日本中世史論集』岩波書店、一九九〇年、初出一九五五年）、豊田武・遠藤巌・入間田宣夫「東北地方における北条氏の所領」（『日本文化研究所研究報告』別巻七、一九七〇年）、入間田宣夫「北条氏と摂津国多田院・多田荘」（『日本歴史』三二五、一九七五年）、同「鎌倉時代の国家権力」（『大系日本国家史』2　中世、東京大学出版会、一九七五年）、奥富敬之「得宗専制政権の研究（その一）」（『目白学園女子短期大学研究紀要』一、一九六四年）、同『鎌倉北条氏の基礎的研究』（吉川弘文館、一九八〇年）、山本隆志『荘園制の展開と地域社会』（刀水書房、一九九四年）。

(34) 桑山浩然「室町幕府の草創期における所領について」（『中世の窓』一二）、福田豊彦「鎌倉時代の足利氏にみる家政管理機構」（『室町幕府と国人一揆』吉川弘文館、一九九五年、初出一九七七年）。

(35) 網野善彦「金澤氏・称名寺と海上交通」（『三浦古文化』四四号、一九八八年）、井原今朝男「幕府・鎌倉府の流通経済政策と年貢輸送―中世東国流通史の一考察―」（永原慶二編『中世の発見』吉川弘文館、一九九三年）、福島金治『金沢北条氏と称名寺』（吉川弘文館、一九九七年）。

(36) 網野善彦『中世荘園の様相』（塙書房、一九六六年）、同『蒙古襲来』（小学館、一九七四年）、山本隆志「得宗勢力の荘園知行」（『荘園制の展開と地域社会』前掲）など。

(37) このほかにも海津一朗氏は、惣領家が播磨国に西遷していた中村氏が、「播磨国山下政所」を通じて本貫地である武蔵国秩父郡の庶子を統制していたことを指摘している。海津一朗「東国における郡鎮守と郡内在地領主群―鎌倉末期秩父地方の郷々地頭「一揆状況」―」（『中世の東国』六号、一九八三年）。

# 和泉国における地頭領主制の展開

錦　昭江

## はじめに

和泉国においては、中世を通じて、刀禰は村落内の勧農の主体となり、中間層として村落規模の領主制を展開していた。(1) 中世刀禰の機能と特質をあきらかにすることが、私の現在取り組んでいる課題である。本稿では、その一環として、何故、和泉国においては、広域的な地頭領主制が展開しえず、在地では中世刀禰が、他地域に比して長期的に残存しえたのかという点を追究していきたいと考える。(2)

和泉国における新補地頭については、すでに吉井敏幸氏が、その分布・編成原理と権限・推移等、詳細に検討されている。(3) 氏の論稿によれば、和泉国の新補地頭は、承久の乱後、郷・村単位に設置されたが、勧農権をもたずその得分も国衙正税官物から割き取って与えられる得分地頭であり、その権限はかなり限定されていた。これら和泉国新補地頭の多くは、鎌倉期に和泉国から撤退し、本格的な領主制を展開するには至らなかった。和泉国内で西遷御家人が新補地頭として在地領主化に成功する例は、田代氏と成田氏などわずかである。本稿では、さきの課題にせまる考察方法として、田代氏・成田氏は、他の新補地頭が撤退した後も、何故土着化に成功しえたのかという課題を設定し、この課題を検討する過程を、問題点解明の一助としたいと考える。具体的には、史料残存も豊富な田代氏の在地での権力伸長過程の考察を通じて、西遷御家人でありながらも、田代氏が土着化に成功した要因を次章以下で検討していきたい。

## 一　田代氏の権益拡大過程

### (一)　第Ⅰ期　田代氏入部

和泉国内では、在地の土着武士から任じられた国御家人が、新補地頭設置以前からすでに存在していた。国御家人は、一郷一名ごとにおかれ、定期的に作成された引付に従って、六波羅探題の指示・守護の催促により、大番役・宿直役・篝屋役の義務にあたっていた。文暦二年(一二三五)の関東御教書案によれば[4]、和泉国御家人若松助清父子は、建久・健保・貞応・寛喜年間に作成された御家人引付にはその名があったにもかかわらず、今回の引付から漏れてしまったことに対して、守護代の具書を副えて幕府へ申状を出している。幕府は、これに対して六波羅へ「早申達事由於領家、指(無脱)雑怠者、可令安堵其身也」と命じている。この史料は、国御家人の選任には、守護・守護代・領家の三者が介在していること、建久の引付を機軸にその構成員は、しばしば「雑怠」を理由に交替・変遷があったことを示唆している。また、和泉国の在地有力層は、大番舎人をはじめさまざまな諸権門と主従関係を結んでいるが、国御家人を称することが、御家人役の義務を伴うとしても、かなり有益な諸権門の選択肢の一つとみなされていたことも推測できる。

こうした国御家人と並存して、承久の乱後、郷・名ごとに新補地頭が設置されるわけである。大鳥郷では、貞応三年（一二二四）田代浄心（信綱）が大鳥郷地頭職として和泉国に入部したことが、暦応三年（一三四〇）の足利直義下知状案に記されている。[5] しかし、和泉国入部直後の田代氏の在地支配を具体的に伝える史料は乏しい。少し後のことになるが、健治二年（一二七六）の大鳥荘上村地頭方名寄帳が、[6] この期の数少ない史料といえよう。この名寄帳については、厚い研究史の蓄積がある。[7] これまでの諸氏の見解を参考に、その作成対象地域と作成目的について若干の考察を加えていきたい。まず、名寄帳冒頭部分を引用する。

注進　大鳥庄健治二年上村地頭方名丸事
合　四十一町三段九十歩
水合里十三町大四十歩
布施屋里十八丁三反五十歩
南原里十町小
下田二丁四反半内　松近一丁　友貞一丁　重富四反
定□《坪》田三十八丁九反大卅歩
（中略）
同年八月　日　　上村刀禰友貞（花押）

右史料によれば、この名寄帳は、まず「大鳥庄上村」を対象地域として作成していることがわかる。建永元年（一二〇六）和泉国大鳥社神人等解案(8)によれば、大鳥郷内には、上村・野田村・中村・高石村の各村が所在していたことが確認される。大鳥庄は大鳥郷内に十三世紀初頭に立荘されたと推定される荘園であり、(9)その荘域に上村がとりこまれていたと考えられる。大鳥郷は、また、上条と下条からなるが、上村は同郷上条に所在するので、この名寄帳は大鳥荘のうち上条上村分を記載しているといえる。村の領域は、南原里・布施屋の北部・水合里の北部にあたる。各里の耕地面積の総計は、史料から四十一町三段九十歩であり、そこから下田二町四反半を除いた三十八町九反大卅歩が課税対象の耕地となる。史料中の下田は、賦課対象外であり、そこに松近・友貞・重富という大番舎人名が記されているところから、岡田隆夫・小田雄三各氏の見解に従い、大番舎人給田に該当すると考えたい。中略部分には、三三名が列記されているがその中に、地頭名として、三反三百十歩も見られる。この他に、追記として、大鳥社免二反半と神鳳寺の講僧免五反が免田として記されている。以上の諸点と、この名寄帳が下地中分以前に作成されたことを考え合わせると、同帳は、大鳥郷地頭が、荘内（大鳥社免田・講僧免・地頭給田を除く）の名田に対して、段別に加徴米を徴収することを目的として作られたものといえよう。この名寄帳で注目されるのは、注進者として刀禰友貞の署名・花押があることである。このことから、大鳥荘では、荘内各村ごとに刀禰が名寄帳を作成し地頭に提出していたことが推定される。この事実とさきの吉井敏幸氏の考察結果を考え合わせると、新補地頭入部直後の田代氏の権限は、地頭給田以外では、段別に荘内各名田に課せられる加徴米徴収権に限定されており、しかもその徴収実務にあたっていたのは、地頭ではなく刀禰あった。つまり、この期の新補地頭田代氏は、いまだ下地進止権・勧農権・農民への直接徴税権を有していなかったといえる。

図1は、名寄帳に記載されている各名田を、所在する条里ごとに示したものである。布施屋北部・水合里北部の耕地化がとくに進んでいる様子が見てとれる。とくに布施屋北部は、父鬼街道・小栗街道が交わる地点であり、また、

この地域の重要な水源である笠池・中ノ池・今池も所在し水利の便にも恵まれていた。神田等もこの地域に集中している。地頭給田については、図北東から南西部にかけて縦断する小栗街道沿い、とくに熊野王子の一つ大鳥居王子付近に配されている。交通の要衝に当初から地頭給田が所在したことも、この後の田代氏の発展を考察する上で興味深い。

## (二) 第II期 得分地頭からの脱却

弘安~応長年間、田代氏が諸権門との抗争を通じて巧みにその権益を拡大し、得分地頭を脱却して下地中分に至るまでを、本稿では第II期と位置づけたい。

この時期、大鳥荘では、いくつかの抗争が相次いで勃発している。まず、最初が、惣刀禰宗綱と大鳥荘雑掌の抗争である。正応三年(一二九〇)、大鳥郷惣刀禰宗綱らが、御家人の威を募り、荘雑掌を追い出し苅田狼藉に及んだことを、雑掌快尊は再三六波羅に訴えた結果、宗綱らは御家人号を停止されている。[10] 惣刀禰とは、各村刀禰を統轄する有力住人である。後の史料になるが、貞和三年(一三四七)田代基綱陳状案に、[11]「松近名則宗綱跡也」「蓮根池者松近名下地也」「池司職者、松近名主左近将監宗遠相伝」とあり、惣刀禰は大鳥郷内でも最大名主の松近名主であり、また、蓮根池の池司職を保有する有力者であったことがうかがえる。宗綱は、結局、荘外追放となるが、その没収地は、領家・地頭双方に付せられた。松近名の半分を地頭が獲得したという点で、この抗争は、田代氏の在地支配権伸長にとって重要な意味をもっていた。

この抗争後まもなく、永仁四~五年(一二九六~九七)にかけて、大鳥郷内では、和泉国一宮である大鳥社禰宜職をめぐる対立が生じた。[12] この相論の直接当事者は、大鳥頼季と大鳥助高であり大鳥一族内での抗争であるが、大鳥荘下条地頭覚阿は、助高側を援護し相論に積極的に介入してきている。ここに、大鳥頼季＝刀禰層対大鳥助高＝地頭という対立軸がみてとれる。地頭は、こうした在地の有力層大鳥氏の一族抗争に加担することにより、諸勢力の分断・削減を図ったと考えられよう。住人の精神的紐帯でもある祭祀権の掌握は、在地支配を円滑に遂行するにあたり大変重要な要素であり、(13)田代氏の勢力拡張過程において無視できない動向である。

これら二つの抗争と並行して、大鳥荘内では、荘雑掌と上条・下条各地頭との抗争が弘安年間から断続的に続いていた。永仁七年（一二九九）関東下知状案(14)によれば、弘安八年（一二八五）には、検注・検断・地頭給・新田・年貢并夫役について、両者が和与状を出し、同十年六波羅下知状が下されている。前記五項目が相論の対象になっているところから、すでにこの時点で、田代氏は得分地頭を脱却し、直接的な在地支配に着手しはじめていることがうかがえる。この結果、荘雑掌との相論が勃発したのである。弘安年間の和与にもかかわらず、永仁七年、「当郷沙汰人・名主・百姓等逃死亡跡」と「罪科人跡」をめぐって、相論が再燃している。(15)これは、正応三年に追放となった宗綱跡にあたる松近名の利権を荘園領主・地頭側どちらが獲得するかが焦点となっている。両者の対立は、以後も継続したと推定され、応長元年（一三一一）に至って、大鳥荘は院宣と六波羅下知状によって、下地中分が実施された。(16)この下地中分に際して、同年八月検注が行われ、翌年検注取帳が作成された。この時作成されたと推定される検注取帳の一部が田代文書に残存している。(17)この検注帳の記載は、重富名分と吉貞名分のみである。おそらく永仁五年（一二九七）に同地域を田代家綱から女子姫夜叉に譲った一分地頭職分の検注帳に相当すると思われる。この時の譲状(18)によれば、一分地頭職の実態は、「重富名内五町七畝九十歩　雑免参町八段小　余田壹町八段二百歩并吉貞名得分一円」である。重富は、布施屋里と水合里の南半分にあたる草部郷の村刀禰であり、また、笠池・中ノ池・今池の水利権を掌握していたこの地域の有力住人である。その名田が、大鳥郷・草部郷境の広範囲に所有しているのは、さきの図1からも確認で

**図1**

| | | | | | | | |
|---|---|---|---|---|---|---|---|
| 参照a<br>布施屋里12<br>武友1.000東<br>新御領3.000<br>新御領2.000東<br>安久1.000東<br>乙法師0.060 | 参照b<br>布施屋13<br>経料田1.300 | 参照c<br>布施屋14<br>新御領0.240<br>勢力1.000<br>恒貞1.000<br>重守2.000<br>浜次郎0.060 | 参照d<br>布施屋24<br>地蔵堂1.000 | 参照e<br>水合里23<br>百倍1.000 | 参照f<br>水合里22<br>安久1.000<br>永守5.000 | 参照g<br>水合里27<br>安久3.180 | 参照h<br>布施屋1<br>重恒1.270<br>得丸0.180 |

水　合　里

| | | | | | |
|---|---|---|---|---|---|
| 1<br>友貞6.310<br>重富3.000*? | 12<br>友貞3.000<br>吉貞2.000<br>*1.000<br>重富2.000<br>*1.000<br>武道2.000 | 13<br>重富2.320<br>武道2.240<br>国安1.060<br>新御領2.000 | 24<br>武道2.180<br>依貞2.180<br>武友2.140<br>貞末0.180<br>中五0.220<br>倉光1.180 | 25 | 36 |
| 2<br>松近2.180<br>重富3.000*?<br>武道1.180 | 11<br>重富5.000<br>*2.000<br>証善提寺5.000 | 14<br>吉貞1.000<br>国安1.000<br>成安2.000<br>新御領4.000 | 23　参照e→<br>重富2.000<br>武道2.240<br>武友1.000<br>成次0.120<br>教尊2.000 | 26 | 35 |
| 3<br>重富3.000<br>*1.180<br>武道1.000<br>国安1.000<br>成次5.000 | 10<br>重富7.000<br>*2.000<br>重成1.000 | 15<br>松近3.000<br>吉貞1.000<br>重富3.000<br>*1.000<br>武道1.000<br>安久1.000 | 22　参照f→<br>友貞0.180<br>吉貞1.000<br>*1.000<br>重富1.000<br>武道1.000<br>依光0.180 | 27　参照g→<br>松近1.150<br>友貞0.330<br>吉貞0.200<br>重富1.000<br>*1.018<br>武友0.230 | 34<br>松近0.240<br>友貞0.060<br>新御領1.00<br>松国1.060<br>藤介0.060 |
| 4 | 9 | 16 | 21 | 28 | 33 |
| 5 | 8 | 17 | 20 | 29 | 32 |
| 6 | 7 | 18 | 19 | 30 | 31 |

| | | | | | |
|---|---|---|---|---|---|
| 1<br>友貞1.330 | 12 | 13 | 24<br>友貞1.12 0 | 25<br>吉貞1.240<br>倉重1.240 | 36<br>友貞2.030<br>吉貞1.100<br>武道1.000<br>三十講田1.300 |
| 2 | 11 | 14 | 23<br>友貞 0.330<br>延久0.180<br>浄尊1.000<br>永快1.120<br>地頭2.000 | 26 | 35<br>松近1.120<br>吉貞1.150<br>*1.150<br>武道0.180<br>三十講田1.060<br>地頭2.000 |
| 3 | 10 | 15 | 22 | 27<br>松近3.030<br>友貞3.180<br>重富0.270<br>重恒3.200<br>得丸1.180<br>地頭0.130 | 34 |
| 4 | 9 | 16 | 21<br>松近7.090<br>法師丸2.000 | 28 | 33<br>松近1.180<br>友貞4.150<br>重富0.270<br>武道2.120<br>倉留2.060<br>延久0.120 |
| 5<br>松近1.120<br>重富4.120<br>*1.000<br>友重1.120<br>池 2.000<br>(蓮根池) | 8 | 17 | 20 | 29 | 32<br>松近1.030<br>武道4.200 |
| 6<br>松近0.180<br>友貞0.060<br>吉宗0.180<br>法師丸1.000<br>三十講田2.000 | 7<br>重富4.240<br>勢力1.000 | 18 | 19 | 30<br>友貞4.030<br>吉貞2.000<br>*1.000<br>重富2.120<br>武友1.240<br>廟堂3.000 | 31<br>吉貞0.060<br>*0.060<br>重富1.080<br>重恒3.120<br>永守0.240<br>武道1.000 |

南原里

| | | | | | |
|---|---|---|---|---|---|
| 1 参照h→<br>松近1.060<br>友貞3.000<br>重富1.350<br>武道0.180<br>武友0.180<br>大僧正田1.060 | 12 参照a→<br>松近0.060東<br>友貞0.240東<br>吉貞1.000東<br>重富2.180<br>重富2.240東<br>*1.120 | 13 参照b→<br>友貞1.030<br>重富1.090<br>国安1.030<br>重成1.060<br>依光1.000<br>教尊1.220 | 24 参照d→<br>吉貞1.120<br>*1.120<br>依貞1.070<br>武友1.180<br>国安3.000<br>依光1.060 | 25<br>重富0.160<br>国安0.180<br>重成0.120<br>地頭0.120 | 36<br>友貞1.120<br>神田1.000 |
| 2<br>松近0.210<br>友貞4.090<br>重富1.060<br>重恒1.060<br>倉留1.120 | 11<br>友貞5.000<br>重富1.300<br>*1.300<br>武道2.120<br>教尊2.000 | 14 参照c→<br>松近0.060<br>友貞0.060<br>重富4.030<br>*1.000<br>依貞1.080<br>永守2.000 | 23<br>友貞1.330<br>重富3.150<br>武道1.120<br>吉宗0.120 | 26<br>友貞0.060<br>重富2.080<br>畠成<br>家地 | 35<br>永安5.000<br>笠池 |
| 3<br>重富6.330<br>*2.000<br>地頭1.060<br>依貞1.060<br>重恒0.120 | 10<br>友貞1.270<br>吉貞0.300<br>*0.300<br>重富3.240<br>福徳神1.180 | 15<br>松近0.270<br>重富7.000<br>*2.000 | 22<br>重富1.040<br>国安2.180 | 27<br>中池 | 34<br>重富2.300<br>宮堂1.180<br>神田3.000 |
| 4<br>吉貞1.030<br>重富8.240<br>*3.025 | 9<br>松近0.030<br>重富5.240<br>*1.000<br>依貞1.060<br>吉宗1.000 | 16<br>新御領 | 21<br>重富7.000<br>武友1.180<br>今池 | 28<br>重富3.300 | 33<br>重富2.000 |
| 5 | 8 | 17 | 20 | 29 | 32 |
| 6 | 7 | 18 | 19 | 30 | 31 |

布施屋里

きよう。重富は大番舎人であり、譲状から名田の四分の三を雑免田として認められていた。応長二年の検注帳は、前欠であるが、こうした事実を考えあわせれば、前欠部分は、水合里のうち重富分を列記したものと推定される。検注帳に記載された名田は、図1に＊（　）内に示してある。検注帳に記載された土地の面積と、さきの名寄帳に記された重富名・吉貞名の名田面積を比較すると、多少の差違はあるものの、重富名の場合は二分の一から三分の一前後、吉貞名の場合は名田すべてが検注帳に記載されているものが多い。これらの比率は、一分地頭職譲状に記された雑免田・余田の率とほぼ同じものであり、以上の事から、この検注帳は、下地中分後地頭が下地管理を直接行うため、雑免田を除く地頭領の耕地を抽出したものといえよう。現在、残存する検注帳は一点のみであるが、こうした検注帳は、下地中分後、ほぼ荘園全域にわたって作成されたと考えられる。

　こうした検注帳の分析により、下地中分時点では、雑免田は地頭支配の管轄外であったことが想定できる。地頭領主制成立の指標を、安田元久氏は、「地頭による現実の領主制支配＝所領支配が実現された体制、すなわち勧農権・年貢収取権・検注帳等が完全にその掌中ににぎられたところの支配体制」としている。[19] 氏の見解に従えば、和泉国大鳥地域のかなりの部分を占める雑免田に対して、支配権を有しない地頭田代氏は、いまだ、完全なる領主制を展開するには至っていないといえよう。以後、この雑免田に対する地頭侵略に対して在地勢力が激しく抵抗することになるが、この検注帳作成はその出発点といえる。この検注帳には、耕作人として、とうかく（等覚）・たかし（高石）三郎・とのきにうたう（殿木入道）・けな（毛穴）のきくせん等、在地の有力者の名が記されている。かれらの耕作権が、荘内に複雑に錯綜している状況がここから読みとれよう。鎌倉末期に、対地頭勢力として、かれら在地勢力の結集がみられる要因の一つは、ここにも求めることができる。

### （三）　第Ⅲ期　下地中分後の在地動向

在地諸勢力と地頭との対決は、正和元年（一三一二）四月、追放された前惣刀禰宗綱の子宗親とその子弟等が、地頭領内へ打ち入り「苅取一町余之作麦」からはじまり、翌月には八田・堀上・毛穴等近隣諸勢力を率いて「奪取鋤鍬」「妨勧農」「致打擲刃傷」という行為におよぶ。(20) 在地勢力の広域的結集には、先述の禰宜職相論で勝利した大鳥頼季も加担している。地頭が下地中分以降、直接勧農・下地管理を遂行しようとするにあたり、在地諸勢力の抵抗の対象は、荘雑掌から地頭へ移行したのであり、この時期を第Ⅲ期と位置づけたい。

正和四年（一三一五）五月には、さらに大番領雑掌乗円が、地頭田代基綱の雑免田押領を訴えている。この時の地頭非法注文(21)には、地頭の非法として、「将軍家御所用途」「勘料」「田地売買用途」「内裏大番用途」「新日吉鏑馬用途」「熊野責用途」「六波羅殿御所用途」「鎌倉夫用途」等、地頭がさまざまな名目で銭貨を雑免田から徴収している実情が列記されている。非法注文の中でとりわけ注目されるのが、次の項目である。

A一　閣往古庄家斗升近年構出大器、所当取納事
B一　舎人等之雑免田内仁号有出田無地之所当・公事責取条不便次第也、所詮可任現地事
C一　於舎人等在家者大番一円進止之処、任雅意令譴責人夫取居草苅等事（英字・波線は筆者）

項目Aは、具体的に年貢等の徴収が、地頭によって直接遂行されることにともなっておこる不正を示している。また、B項目波線部は雑免田の出田の有無をめぐる非法であるが、史料中、出田の所在確認については「可任現地」とあり、地頭支配以前は刀禰がその任務を現地で行っていたことが判明する。(22) 本所領の場合、荘雑掌はおかれたものの勧農や下地管理については、かなりの部分を刀禰に委譲していた慣行を破って、地頭が直接村落支配に着手しようとする動

きに対して、それを断固阻止しようとする在地勢力の姿勢が、この項目からみてとれる。この点において、荘雑掌と在地諸勢力（とくに刀禰層）の利害は一致してくるのである。実質的な勧農行為や下地管理は、刀禰の村落管理機能に依拠するという前提にたつことによって、これまでの荘園支配秩序が成り立っていたのであり、これを破壊しようとする地頭に対して、荘雑掌・祭祀権を有する大鳥氏・刀禰層の共同戦線が組織されたのである。

大鳥地域は、後述するように、住人の多くが大番舎人となっていたが、地頭は免田・在家・番米・公事をめぐって、大番舎人を統轄する大番雑掌・高陽院雑掌とも、この後、激しく対立した。両者の紛争は六波羅までもちこまれたが、両使派遣に対して、[23]在地諸勢力は、さきの正和年間の蜂起以上に広範囲に結集していくのである。すでに、この期の悪党の勢力分析については、堀内和明氏の詳細な研究があり、[24]本稿もそれに依拠しながら論をすすめていくこととしたい。嘉暦元年（一三二六）、元徳二年（一三三〇）の二度にわたる蜂起メンバーをみると、[25]張本大鳥荘住人等覚・勧勝父子をはじめ、さきに追放となった宗親の子上村基氏・草部郷中条住人殿木氏・八田郷住人中尾氏・国御家人若松氏等の大鳥荘周辺の住人以外に、上村基宗伯父河内国キレノ住人輔房・基宗イトコ河内国若江住人左衛門三郎等、一国を超えた結集が図られている。河内国キレノとは、現大阪市平野区喜連地区をさし、中高野街道等が通過する交通の要地であった。同じく若江は現東大阪市に所在し、醍醐寺・興福寺・石清水八幡宮等の荘園があった地域で、諸権門の威をかりた供御人・寄人・神人らが広く散在していた。正和年間の悪党蜂起の際、荘内追放となった宗親は、その後「彼宗親法師致度々山賊之間、依山城国寺戸郷内入牛院地頭代訴訟、任法可召進」という経歴をもつに至る。[26]こうした事例を考えあわせると、大鳥荘を追放された宗親らは、大鳥郷あるいは和泉国にとどまらず、山城・河内と広域的に一族が勢力を拡大し、婚姻関係を中核としたネットワークを組織していったと推定される。彼らは、また、嘉暦二年（一三二七）の六波羅下知状[27]によって「於地頭方者、彼雑免以下之地、不可散在」と敗訴しているにもかかわらず、「破却城郭、欲召進交名人」という任務をおった両使の発向に対しては、「対御使突楯放火」し、毛穴・殿木氏等の住宅に城郭を構えて抵抗した。(28)これら有力住人の住宅については、建仁二年（一二〇二）、村刀禰職をめぐる抗争で、村刀禰友貞の住宅が襲撃される事件の際、この住宅について「荀保司住宅者国政所也」(29)と記されていることからも、たんに個人的な生活空間というよりも、地方政治の一拠点としての機能を兼務していたと考えられる。鎌倉末期に、悪党蜂起という戦闘体制下にあっては、こうした住宅が武装し、各陣営の防衛線として重要な役割を担っていたことが史料からうかがえる。

以上、田代文書に即して、鎌倉期の田代氏の動向をたどってきたが、田代氏が在地支配から遊離した得分地頭という存在から、段階的に巧みに実質的権限を拡大していった状況がよみとれよう。田代氏の直接支配が強化されればされるほど、在地勢力の抵抗も激しくなっていったのである。さきの安田氏の見解によれば、田代氏の領主制が全面的に展開するのは、南北朝期を待たなければならない。しかし、それはその時期、突然伸長したものではない。田代氏が、鎌倉後期、在地の抵抗にあいながらも、確実にその基盤を固めていった成果がその前提として存在していたのであった。

## 二　田代氏と品川氏

前節では、田代氏が在地勢力の分断を図りながら、徐々に和泉国内での支配権を拡大していった過程を述べてきた。さきにも指摘したように、和泉国の場合、外部から移入してきた地頭は早期に撤退するのに対し、何故、田代氏は土着化に成功していくのか、その要因の一つを本節では、田代氏と品川氏の連携に求め、考察を進めていきたい。

田代氏は、伊豆国田代郷の出身で、先述のように、貞応三年田代浄心が、大鳥郷新補地頭に任じられたことが、和泉国との関わりはじめであった。一方、大鳥郷に隣接する和泉国草部郷地頭として任じられたのが品川氏である。田代氏と同様、関東御家人である品川氏は、始祖品川清実が、伊勢国員弁郡曽原御厨・武蔵国南品川郷内桐井村・陸奥国長世保内弘長郷とともに和泉国草部郷の地頭職に任ぜられ、貞応二年（一二二三）には、清実の子清経にこれら諸権利が一括して譲られている。(30) 草部・大鳥両郷は、鶴田池から発する水系を共有し、郷内に散在する大番名も両郷を越えて入り組んでいた。(31) 生活基盤を同じくする住民層に対して、遠隔地から配置された地頭が支配権をおよぼすためには、近接する地頭間の連携が必要とされたのであろう。ほぼ同時期の貞応元年（一二二二）、但馬国では、多気郷地頭沼田三郎・三方郷地頭渋谷三郎・日置郷地頭越生馬允らが、三郷に散在する仁和寺領新井荘を侵略するにあたり「彼傍郷地頭三人面々押領新井庄領之條、甚不穏便、慥停止自由新儀、如本為新井庄領、可令安堵土民」という関東下知状(32)が下されている。この例のように、共通の利害をもつ近隣新補地頭が連帯して、諸権門と対抗し、支配権を拡大していこうとする動きは、和泉国でも同様であったと想定できる。

両氏の接近していく状況を、田代氏の所領変遷過程を通してたどっていくこととしたい。田代氏の本領は、さきにも述べたように伊豆国狩野荘内田代郷であり、同郷の惣領職と地頭職は、代々田代氏が相伝していた。暦応三年（一三四〇）に至っても、田代房綱が田代郷の権利保持を主張している。(33) この時、房綱は、祖父実綱が、元弘三年（一三三三）駿河国で討死した際、住所炎上のため御下文・証文等を紛失したと室町幕府に申請している。このことから、田代氏は和泉国の新補地頭に任ぜられた後も、一族の惣領は伊豆を本拠とし、大鳥郷関連の文書も、伊豆に保管されていたことが推定できる。他に、田代一族の所領としては、田代文書中に、近江国三宅郷・陸奥国大谷保内三宅郷関連の史料が含まれている。以下、これらの所領に関する権利関係の推移を検討していきたい。(34)

和泉国大鳥郷地頭職は、安貞二年（一二二八）、その権利が上条・下条に分割し、上条が信綱―信聖阿ジャリ―通綱（通氏）―家綱―基綱（一分地頭職は姫夜叉）、下条は信綱―頼綱―通綱―覚阿とそれぞれ別個に伝領されている。次に近江国三宅郷であるが、この地は、仁治三年（一二四二）品川春員（成阿）が地頭職に任じられているように、そもそも品川氏がその権利を有していた。この後、三宅郷の諸権利も、一分地頭職・大方田・六町田・十三町田・十五条十二里並十七条十九坪弥次郎垣内と細分化して伝領されることになる。すなわち、史料で判明するかぎり、一分地頭職は、永仁五年（一二九七）、品川氏より田代家綱に譲られているのをはじめとして、大方田は、品川春員―紀氏女（子）―田代家綱（子）―田代基綱（子）―松石女（嫁）―田代顕綱（子）、六町田は品川春員―紀氏女（子）―田代覚阿（子）―妙円（妻）―松石女（妹）―田代顕綱（子）、十三町田は品川春員―品川清尚―品川為清―品川尚清―品川宗清―松石女（子）―田代顕綱（子）、十五条十二里並十七条十九坪弥次郎垣内は品川春員―紀氏女（子）―阿心（子）―田代基綱（養子）というように、最終的には、品川氏が所有していた三宅郷の権利はすべて田代氏の所有に帰している。陸奥国大谷保内三宅郷も同様であり、当初は菅原氏の所領であったが、菅原幸信―品川阿心―田代基綱と、品川氏を経てやはり田代氏の所領となっている。(35)

以上、近江国三宅郷・陸奥国大谷保内三宅郷が、それぞれ田代氏の領有に帰する過程を概略した。両地域に共通しているのは、諸権利が分割相続される過程において、女子を媒介として姻戚関係を通じて、次第に他氏の所領を田代氏が巧みに集積しているという点にある。三宅郷六町田を例にとれば、先述のようにこの地は、品川春員から娘紀氏へまず譲られる。(36)紀氏は田代通綱の妻となり、その子覚阿が六町田を相伝するが、正安二年（一三〇〇）に覚阿は、妻妙円へこの地を譲る。夫婦は徳治元年（一三〇六）離別するが、正安二年の譲状に「りへつの事ありとも、またくいかえすへからす」とあり、妙円がそのまま六町田を知行した。しかし元亨四年（一三二四）三月覚阿が六町田を濫妨するにお及び、この地を覚阿に悔い返すか否かをめぐって相論となり、六波羅の裁断により妙円が勝利している。[37] その後、妙円に継嗣がなかったことから、六町田は妹松石女に譲られ、松石女は田代氏に嫁し、最終的には、その子田代顕綱が六町田を伝領している。

こうした伝領関係を鑑みると、品川氏と田代氏は両族間で再三婚姻関係を結んでいた状況が判明する。そして、この場合、必ず田代氏の男子と品川氏の女子が婚姻関係を結んでおり、その逆はない。こうして夫婦間に生まれた子へ土地が相続されるという形態で、田代氏が土地を集積しているのである。つまり、近江国三宅郷については、品川氏暗黙の了解の下で諸権利の委譲が田代氏に対して行われていたのであり、品川氏と田代氏の一体化が、この点においてもうかがい知れる。なお、所領が田代氏に集積される一つのピークである永仁年間は、先述のように、大鳥荘雑掌との抗争・惣刀禰宗綱の悪党行為等、大鳥荘内における田代氏と諸権門・在地勢力の対立が顕在化した時期でもあった。田代氏による所領集積は、こうした和泉国の在地動向とも表裏一体をなすものとしてとらえなければなるまい。田代氏は各地に所領を拡大し、それらを一族で分割所有することによって、さらに一族間結束を固め、諸権門や在地勢力と対峙するための力を涵養することができたのである。この点から推測すると、品川氏から田代氏への三宅郷権利委譲も、ある面では、田代氏の和泉国における支配権拡大の援護役を果たしていたと考えられよう。関東御家人が、新補地頭として補任される場合、その地頭職は複数であり、全国にその対象地域も散在することが多かったが、やがて、一つの地域を重点的に直接支配をしていくようになる。[38] 田代氏にとっては、三宅郷が、当初、その重点地域にあたっていたのである。

田代氏が近江国三宅郷を獲得したことは、その後の田代氏の発展を考える上で、政治的・経済的に大きな意味をもっていたと考える。三宅郷の所在する地域（現滋賀県守山市）は、古代には葦浦屯倉がおかれていたと推定されている。

同地は、東山道の宿駅としての機能をはたし、交通・物資集積の要所であった。田代氏は、建武五年（一三三八）に田代基綱が「本在京人」と称していたように、在京御家人としての任務を遂行していた。しかし、三宅郷の場合は、坪付等を田代氏自ら注進している等、具体的に下地管理に関する機能をはたしていた事、観応元年（一三五〇）畠山国清の催促により河内国石川の陣中に参じた折り「於江州三宅郷承及」とあり、田代一族が近江から出陣している事、南北朝内乱中に田代氏の陣中に従う若党・家人に三宅姓のものが散見される事等から、田代氏は室町初期までは、在地武士を組織し、近江国に行動の拠点をもっていたと推定される。流通の要衝に基盤を有していたという点は、鎌倉後期〜南北朝内乱という複雑な政治状況下にあって、田代氏が多方面から情報を収集し、時宜に応じて機敏に行動をとる上で好都合であったろう。内乱期に広域的軍事行動を円滑に遂行するためにも、情報の要地である近江は、田代氏にとって有益な土地であったといえる。[39][40][41][42]

田代氏が、鎌倉後期以降、和泉国における在地支配を浸透させていく上で、品川氏との連携が不可欠であった理由は、所領の獲得ばかりではなかったと考える。品川一族は、前掲の所領の他に、紀伊国丹生屋村の地頭職も有していた。粉河寺領丹生屋村と隣荘高野山領名手荘とは、用水・境をめぐって仁治元年（一二四〇）以降、長期間相論をくりひろげていた。この相論過程を三つの時期に区分した小山靖憲氏の論稿によれば、正嘉元年（一二五七）以後を第三期とし、丹生屋村側の訴訟主体が、粉河寺から地頭品川氏となったことをその指標としている。正嘉元年の品川清尚訴状には、名手荘沙汰人百姓らが「分水之料」を破壊し、六波羅の召喚にも応じず、その狼藉行為は「清尚下向関東之間、弥追年令倍増」したという。用水・境をめぐる民事的訴訟が、名手荘沙汰人百姓等の暴力行為によって、刑事訴訟へと転換したことを機に、地頭品川氏が積極的にこの相論に介入してきたことをしめしている。それまで、地頭代が訴訟の窓口であったが、「清尚下向関東」に狼藉が激化したことからもうかがえるように、この時点では品川氏自ら[43][44]

現地支配にあたっていたか、少なくとも在地に大きな影響力をおよぼすにいたっていたことは間違いなかろう。清尚は、先述の三宅郷地頭職に最初任じられた品川春員の子であり、正嘉～弘長年間、丹生屋村訴訟の中心となる清尚の子為清は、三宅郷十三町田の地頭職を一時伝領されている。さらに、その子宗清は、六波羅両使として、正安二年（一三〇〇）には近木荘へ、正和元年（一三一二）には大鳥郷へ発向し、悪党追捕にあたっている。(45) 品川氏が、丹生屋村の相論過程で蓄積した在地勢力に対抗する方法を、三宅郷支配を媒介として田代氏へ伝授したことも想像に難くない。また、悪党勢力に苦慮し在地で孤立する田代氏にとって、六波羅両使としての品川氏のはたす役割の重要性も大きかったであろう。鎌倉後期、大鳥郷に六波羅両使として派遣された人物としては、品川氏の他に、成田孫五郎・小塩孫太郎・香川景康・堀江秀清・荻窪五郎入道・朝夷小二郎等の名があがる。すべての出自はたどれないが、例えば成田氏は、品川氏同様、和泉国信太郷地頭職に任じられていることからも、在京御家人の中でもとくに、当該地域周辺に諸職を有するものが、両使の任にあたっていた可能性が高かったと考えられるであろう。

以上、田代氏の和泉国における支配権拡大過程において、品川氏との連携が重要な意味をもっていたことを述べてきた。ともに広範囲にわたる所領を保持するためには、御家人相互の連帯が必要とされたのである。(46)

## 三　領主制展開の背景

和泉国における新補地頭の推移を通覧すると、宝治二年（一二四八）久米田寺別当祐円と山直郷四箇里地頭とが、久米田免田に対する地頭役の賦課をめぐって激しく対立したことに代表されるように、(47) 諸権門の給田・免田が錯綜する和泉国にあっては、荘郷内に散在するこれら給免田への地頭役賦課を焦点とした紛争の多発が着目される。

例を近木郷にとると、承久の乱後、同郷には新補地頭がおかれたが、寛元三年（一二四五）近木浦をめぐって、近木郷地頭遊馬三郎忠基代朝寛と網曳御厨下司源基光との間に相論が勃発する。[48] これも近木郷内の内膳供御人給田に地頭が加徴米を賦課するかどうかが相論の焦点であった。近木郷は、その後、弘安七年（一二八四）、蒙古襲来の際、異国降伏の祈禱をしたことにより、幕府によって地頭職が高野山丹生明神社へ寄進され、さらには、正応三年（一二九〇）、領家分についても院宣によって高野山へ寄進されている。ここに近木荘が高野山一円領として成立するのである。[49] しかし、永仁二年（一二九四）刀禰によって注進された近木荘領家方検田目録案をみると、[50] 荘園内には、春日御供田・馬上免・熊野王子免・召次給・院御櫛給・内膳給・御酢免・春日雑免・近衛殿御櫛造雑免・大歌所十生雑免等、様々な雑免田・給田が混交して散在している。高野山領として、一円化されたものの、内実は、多くの諸権門の利権が荘園内に複雑に残存していたのであった。

和泉国内で、他に関東御家人が地頭に任ぜられた例を通覧すると、横山荘・八田郷は、佐々木信綱が地頭職を保有していたが、仁治二年（一二四一）、横山荘と八田郷の地頭得分は、高野山金剛三昧院へ寄進されている。[51] 信綱は、承久の乱後家督を嗣ぎ、近江国佐々木荘の他、近江国内に堅田・朽木各荘をはじめ多くの地頭職を獲得、近江国守護にも任ぜられている。[52] おそらく横山荘・八田郷の地頭職も承久の乱後、恩賞として獲得したものであろう。佐々木氏にとっては、所領経営の中核は本貫地でもある近江であり、得分地頭にすぎず諸権門や在地勢力との抗争を惹起する可能性の高い和泉国内での利権は、固守する必然性のない権益であったのであろう。新補地頭佐々木氏が撤退した後、横山荘では横山氏、八田郷では八田氏というように、国御家人でもあった在地勢力が領主制を伸長することになる。

また、和田郷でも、仁治三年（一二四二）に越前国生部荘の替地として、前大隅守惟宗（島津）忠時が地頭職に補任されている。[53] 忠時は、また上条郷五箇里の地頭職も有していた。[54] 史料上、和泉国内の島津氏の動向をこれ以上たどることはできない。推測ではあるが、島津氏もこの後まもなく佐々木氏同様、和泉国から撤退し九州地方の経営に重点をそそぐようになったのであろう。和田郷は、国御家人和田氏がその後在地領主制を展開するに至る。(55)

先述のように、和泉国の新補地頭に補任される関東御家人の多くは、当初各地に複数の地頭職を保持するが、やがてその一つを拠点として本格的に領主制を展開していくことになる。その場合、田代氏のように和泉国を最終的に選択するのは稀であった。さきに指摘したように、和泉国の地頭としての権限は、当初から得分地頭として限定されたものであり、それ以上に権限を拡大することは、諸権門・在地との熾烈な抗争を覚悟しなければならなかったからである。田代氏の場合、南北朝期以降、近江から和泉へその拠点を移すわけであるが、鎌倉期にその基盤を培うようになった要因をさらに考察してみたい。

まず、田代氏が新補地頭に任ぜられた大鳥郷における権利関係をみてみると、圧倒的多数を占めるのが、大番舎人名である。さきに引用した健治二年の大鳥荘上村地頭方名寄帳をみても、大番関係以外の諸権門の免田・給田は、大鳥社免田・神田と講僧免というように大鳥社関連のもののみである。近木荘との比較上、この点が相違する。大番舎人については、すでに渡辺澄夫氏による詳細な分析があるが、(56)氏によれば、大番舎人とは、「大番三国（摂津・和泉・近江）内の公領庄園の有力名主層が摂関家に隷属して大番舎人の名字を与えられ、一ケ月十日間を限って名別一人宛の舎人が上番し、摂関家の宿直警衛や雑役にしたがうもの」である。また、和泉国の場合は、摂関家公卿の熊野詣等の際、旅宿・転馬の提供も義務としていたようである。大番舎人は、このような負担を遂行する代償として給田や雑免を大番領として認められていたのである。

大鳥荘内の大番舎人については、寿永三年（一一八四）、源氏方武士の押妨に対して、「舎人安堵、耕作名田、勤仕番役之状、」という摂政家政所下文が、さらに元暦二年（一一八五）大鳥郷司兵衛尉忠信代官の濫行に対して、「依此事令闕怠番役之間、度々被仰、於裁報者、忠信上洛之時、可有沙汰」という国司庁宣がそれぞれ下されている。[57] これら史料から、大鳥大番舎人らは、定期的に番役に勤仕していたことが確認される。しかし文保元年（一三一七）の大番領雑掌頼直の訴状案によれば、地頭方の非法の一つとして、「打止番米并大小御公事」が、嘉暦元年（一三二六）大番領雑掌快乗訴状案にも、一分地頭源氏女が「若干番米以下米銭」を押領すると記されている。[58] つまり、鎌倉後期に至っては、大番舎人に課せられた番役が、番米・あるいは番銭に変化していった状況が予測できる。うち続く地頭の非法についての正和四年（一三一五）大番領雑掌乗円の訴えにも「致非分譴責於雑免田、責取段別米五斗一升二合銭参百文、其外号夫役、宛取年々若干銭貨」[59] とあり、さきに引用した地頭非法注文として列記されている夫役に関する項目もすべて銭納化されていることからも、この時期、この地域においては、かなり諸賦課の銭納化がすすんでいる状況がよみとれる。

私は、さきに中世村落における刀禰の役割とその存在意義について検討した際、[60] その重要な機能の一つとして、刀禰は番田を編成し、人別あるいは番別に諸公事を諸権門から委託されて徴収する点をあげた。こうした土地を媒介とせず人身的支配の側面が比較的濃厚な地域では、在地の実情に通暁した刀禰の存在が、中世に至っても必要とされ、ここに中世刀禰の存在意義を求めたわけである。この観点にそえば、給田や免田のように課税対象が人別に把握されなければならない土地が多くみられる和泉国において、中世刀禰の存在意義は大きかったといえよう。他地域と比較して、この地域に、中世刀禰が残存する理由もこの点にあると考える。しかし、大鳥荘の場合、大番舎人名が集中したため、他の諸権門の支配関係がそれほど比較的複雑にはならなかった事、大番舎人としての負担も夫役から名ごと一律の番米・番銭化が進展した事が地域的特性として指摘される。このような状況下にあっては、もはや在地と一体化した刀禰に代表される在地勢力の媒介なくしても、荘園経営が円滑に遂行される可能性が開かれたのである。この点に、私は、在地勢力にかわって、新補地頭田代氏が、南北朝期にかけて領主制を伸長させる大きな要因を求めるものである。

## おわりに

ここまで、新補地頭田代氏が、土着化に成功しえた要因を検討してきた。第一章では、田代氏の権力伸長過程を三段階に区分し、各段階ごとに、在地勢力の分断を試みながら、田代氏が得分地頭を脱却し、勢力基盤を築いていったことを確認してきた。第二章では、在地での関東御家人間の連携を、田代氏と品川氏にあてはめて考察し、これを田代氏土着化成功の要因の一つとして位置づけた。ついで、第三章では、大鳥地区では、大番舎人領が集中し、比較的諸権門の人格的支配が複雑に錯綜していないことを指摘し、その結果、在地勢力を排除しても、新補地頭が領主制を拡大できる可能性がひらかれていたことを、第二の要因として考えた。本文中で述べたように、田代氏が、本格的に領主制を展開するのは、南北朝期以降である。とくに、南北朝期は、田代氏の勢力基盤が確立する重要な時期と考えている。今後は、南北朝以降の田代氏の動向を通じて、和泉国における中世村落の展開を、さらなる検討課題として継続的に取り組んでいきたい。

### 注

（1） 拙稿「和泉国における中世刀禰の機能と特質」（『鎌倉遺文研究II　鎌倉時代の社会と経済』東京堂出版、一九九九年）、拙稿「松尾寺文書に見る中世刀禰」（『和泉市史紀要』三、和泉市教育委員会、一九九九年）

（2）中世刀禰の分布状況については、拙稿「浦刀禰論」（『地方史研究』二五九、一九九六年）を参照されたい。
（3）吉井敏幸「和泉国における新補地頭について」（『古代研究』二一、一九八二年）、和泉国の地頭を検討した先駆的研究としては、福田栄次郎「和泉国大鳥荘と地頭田代氏について―畿内村落と領主制の発展」（『駿台史学』五、一九五五年）がある。
（4）『高石市史』第二巻　中世編Ⅱ　四五号（以下『高石市史』二―Ⅱ―二五号と記す）
（5）『高石市史』二―Ⅲ―一三八号
（6）『高石市史』二―Ⅱ―六二号
（7）渡辺澄夫『畿内荘園の基礎構造』下（吉川弘文館、一九五六年）、岡田隆夫「和泉国大鳥郷における開発と展開」（『日本社会経済史研究』古代中世編、吉川弘文館、一九六七年）、黒川光子「和泉国における南北朝内乱―大番舎人と悪党の関係を中心に」（『ヒストリア』七三、一九七六年）、小田雄三「鎌倉時代の畿内村落刀禰」（『中世史研究』二、一九七七年）、堀内和明「権門支配と大番舎人」（『高石市史』一）
（8）『高石市史』二―Ⅱ―三〇
（9）正安四年（一三〇二）の室町院所領目録（『鎌倉遺文』二八巻―二一三〇七号）に、「北白河院領　院御分　椎野寺」と記されることから、大鳥荘は北白河院領として立荘、室町院に伝領され、領家は椎野寺であったと推定されている。
（10）『高石市史』二―Ⅱ―六六号
（11）『高石市史』二―Ⅲ―一七四号
（12）『高石市史』二―Ⅱ―六八号
（13）刀禰が在地祭祀権を掌握し、その勢力を保持した点については、前掲注2拙稿を参照されたい。
（14）『高石市史』二―Ⅱ―六九号
（15）百姓・罪科人の逃亡跡地の処分については、黒田弘子氏が『ミミヲキリ　ハナヲソギ』（吉川弘文館、一九九五年）で詳細に検討されている。黒田氏の論稿によれば、逃亡跡を荘園・地頭両方に付ける例は多く、大鳥荘の場合が特殊例ではないことを示唆している。

(16) 『高石市史』二—II—七六号・七七号
(17) 『高石市史』二—II—七八号
(18) 『高石市史』二—II—六七号
(19) 安田元久『地頭及び地頭領主制の研究』(山川出版社、一九六一年)
(20) 『高石市史』二—II—七九号・八〇号
(21) 『高石市史』二—II—八三号・八四号
(22) 刀禰の村落内における機能については、前掲注(1)拙稿の考察を参照されたい。
(23) 外岡慎一郎「六波羅探題と西国守護—両使をめぐって」(『日本史研究』二六八、一九八四年)、同氏「使節遵行と在地社会」(『歴史学研究』六九〇、一九九六年)
(24) 堀内和明「悪党の系譜—和泉国大鳥荘の場合」上・下(『立命館史学』五二一・五二三、一九九一年)
(25) 『高石市史』二—II—九四号・九五号・九八号・九九号
(26) 『高石市史』二—III—一三二号
(27) 『高石市史』二—II—九六号
(28) 『高石市史』二—II—九九号
(29) 『高石市史』二—II—二七号
(30) 『高石市史』二—II—四〇号
(31) 『和泉市史』(和泉市、一九六五年)、前掲注7岡田氏論文参照。なお、重富は草部郷の村刀禰であったが、その名田は大鳥郷域に広く散在していたことは図1でもあきらかである。
(32) 『鎌倉遺文』五巻 二九七三号

(33)『高石市史』二―Ⅲ―一三八号
(34)所領の相伝関係については、『品川区史』通史編　上巻（品川区、一九七三年）、『高石市史』一を参考にし、東京大学史料編纂所蔵影写本『田代文書』をもとに若干の検討を加えた。
(35)陸奥国大谷保内三宅郷については、菅原幸信譲状（『影写本田代文書』）に「ゆきのふかは、阿心（品川春員の孫）、うふやのなかより（田代基綱を）養子としてやしないたる」縁によって、菅原氏から田代氏へ所領が伝領されている。
(36)『影写本田代文書』
(37)『影写本田代文書』
(38)永原慶二『荘園』（吉川弘文館、一九九八年）
(39)『高石市史』二―Ⅱ―一二九号。なお、在京御家人についての考察については、五味文彦「在京人とその位置」（『史学雑誌』八三―八、一九七四年）を参照されたい。
(40)『影写本田代文書』
(41)『高石市史』二―Ⅲ―一八六号
(42)田代氏の所領として三宅郷が確認されるのは、観応元年までで、この後、田代氏の重点的本拠地は和泉国に移行していったと考える。なお、南北朝期以降の田代氏の動向については、別稿にてさらに検討を加えたい。
(43)小山靖憲「中世村落の展開と用水・境相論―高野山名手荘と粉河寺領丹生屋村」（『中世村落と荘園絵図』東京大学出版会、一九八七年）
(44)『鎌倉遺文』十一巻、八一三七号
(45)『高石市史』二―Ⅱ―七一号・七九号
(46)品川氏の草部郷地頭としての記録は、南北朝期以降途絶える。最終的には、在地性の希薄が所領経営の限界をもたらしたのであろう。

(47)『鎌倉遺文』十巻、七〇一五号
(48)『高野山文書』六巻、又続宝簡集八一、一四七一号
(49)『右同』六巻、又続宝簡集八二。なお近木荘についての先行研究については、近藤孝敏「近木庄の歴史と在地の動向―その成立と展開を中心として」(『ヒストリア』一四四、一九九四年)を参照されたい。
(50)『高野山文書』六巻　又続宝簡集八一、一四七三号
(51)『鎌倉遺文』八巻　五七五三号・五七五八号・五七五九号
(52)『滋賀県史』(滋賀県、一九二七年)
(53)『鎌倉遺文』八巻　五九八七号
(54)『右同』十三巻　九八二三号
(55)飯倉晴武「畿内在地領主の一考察―和泉国和田氏の場合」(『書陵部紀要』一五、一九六三年)
(56)前掲注7渡辺氏論文参照
(57)『高石市史』二―I―十六号・十八号
(58)『右同』二―II―八六号・九二号
(59)『右同』二―II―八三号・八四号
(60)前掲注(1)拙稿参照

# 一三・一四世紀の高野山における寺領経営の特質

## ――御影堂陀羅尼田を中心に――

中島敬子

## はじめに

中世高野山山上には学侶方・行人方といった僧団が形成されており、それぞれが複数の寺院（子院）を所有していた。「高野山」とはこうした寺院の総称に過ぎない。数多くの子院の状況をとらえることは困難であるが、一三・一四世紀の高野山においては御影堂陀羅尼田寄進状の集中から、山上において御影堂が注目されていることを伺え、高野山の活動を御影堂を中心としてとらえられるのではないかと思われる。御影堂陀羅尼田とは、弘法大師の冥福を祈る法会（御影堂陀羅尼会）のための料田であるが、高野山側の分田支配との関連や宗教領主としての高野山と荘園の関係を指摘されている。そして陀羅尼田の位置付けは在地支配の中での高野山の危機的状況下に位置付けられ、未熟な支配体制として評価される。しかし、長期間にわたって寄進が行われたことを考えれば、このような在地支配との側面でとらえては解明できない別の側面も存在するのではないだろうか。

高野山の研究は、まず和田昭夫氏の一九五〇年から六〇年代にかけての教団組織についての一連の研究が上げられる。[1]和田氏の研究を要約すると以下のようになる。教団の組織化は平安時代後半に、公家からの高野山参詣による所領寄進によって教団の経済基礎が確立すると共に行われた。その組織は学侶・行人・聖の三派であり、学侶の組織化が最も早く行われた。この三派はそれぞれに集会を行っていたが、これは山上内では従来の所司による一山の統制が不可能となったこと、寺領管理等の当時の社会情勢に対応し得る組織化が求められていたことによる。集会制度の成立によって、古代国家での三綱にかわり年預が寺務の主導権をもつようになり、次第に寺領内外の交渉・訴訟、僧侶に対する規制などへもその権力を拡大させた。また集会が多く開かれるようになり、山上・山下におけるあらゆる規定が集会によって成立していった。寺領運営に対しては集会だけでなく、寺領出身者の僧侶の増加によって寺領の有力者との血縁関係が結ばれてより完全なものとなった。和田氏のこうした僧団組織解明の研究とあいまって、従来の寺領荘園が荘園一般の範疇内で在地動向を把握することに力点をおいていることに対して網野善彦氏・黒田俊雄氏によって、[2]寺領荘園の全体的な構造的特質を解明することによって日本中世封建制の特質を把握するという視点が重視されることとなった。特に黒田俊雄氏は一九七〇年代後半に出された一連の論考によって、古代寺院が中世に入り荘園領主として連続して存在していったこと、そのようにして存在していくために国家権力と新しい形式で癒着していく体制（顕密体制）を整えたこと、そして寺院と寺領において独自の支配構成を形成して公家・武家との連携をも結ぶことによって社会的にも政治的にも勢力を持った「寺社勢力」となっていたことを指摘した。田中文英氏はこの視点を高野山においても導入することを試み研究をおこなった。[3]田中氏は一〇世紀中葉から一一世紀前半にかけて、高野山が荘園所領の獲得による荘園制大土地所有形成の達成を官省符荘の成立に位置付けた。官省符荘の成立には、国衙権力の寺領侵略を押さえるために公家との関係を深め、田堵農民層を把握していく必要があった。また官省符荘成立以後も荘内荒野を整備していくためには、坂上氏などの既存の領主制を形成しつつあったものを排除して田堵農民層の動向を前提として把握・編成していかねばならなかった。在地領主層は高野山の荘園支配体制や僧団組織に積極的に接近し、その権力体制の中で一定の政治的地位を占めることによって領主権の保全をはかるために、在地の田堵農民層は大衆議定によって耕作権の獲得を行っていくために山上との関係を築いた。また山上には寺領内の在地領主階級出身僧による血脈の師弟関係、門閥が形成され、検校などの荘園支配組織の中枢を占めることとなった。この門閥は下層の僧侶にも血脈を拡充させて一つの門閥支配集団を作り上げた。門閥支配集団は寺院の管理支配機構における権力集中体制を形成し、山上に検校の直属の執行組織をして執行預をおき、政所機構の中には門閥支配集団の構成員を置くなど、その機構の整備と拡充を行った。門閥支配集団と東寺との関係は、本末体制の矛盾として表れたのではなく門閥支配集団の中枢と東寺長者とが「ブロック権力」を構成して自らの権力体制の維持と支配の実現を図ったというものであった。このような田中氏の高野山内部で完結する寺領支配というとらえかたに対して、平瀬直樹氏は大衆の自治によっては完結しない荘園支配構造を提唱する。(4) 平瀬氏の研究によると一一世紀から一二世紀においての官省符荘に対する高野山の支配では、座主は「寺家政所」所司をその支配においていたが、所司もまた寺僧としての身分体系に組み込まれていたことから、在地勢力である中小領主層が「寺家政所」に結集する運動と山上において大衆を組織する運動が並行して起こり、ひいては山上において座主と大衆とが並立する状況が存在していったという。そして、以上より高野山においては座主、「寺家政所」所司、学侶・行人・聖とが有機的に結合して、荘園支配に当たっていたと結論づけた。

御影堂陀羅尼田に関する研究では、鈴木国弘氏が始めに挙げられる。(5) 鈴木氏は、寺社荘園に対し中央寺社を「宗教領主」の側面から位置付ける試みている。鈴木氏の方法は陀羅尼田を寄進状の所属荘園・時代により三類型に区分し、各々についての「宗教領主」的な人民のイデオロギー支配を検証するものである。ここで氏によれば鎌倉前期から南北朝期初頭にまで見られる二類型に対しては「各院坊の支配下にあると同時に「高野の旧領」の論理によって、高野の中核 御影堂の支配に組み込まれることとなったのであり、陀羅尼料田の寄進とはまさしく、各荘園がそれを媒介として、全一的な「御影堂」による支配（イデオロギー支配）の一環に取り入れられ始めていた」という、支配のからの接近を試みている。一方で御影堂陀羅尼田の寄進以前に御影堂の存在意義が大師信仰の高揚によって明確にされていったことが、陀羅尼田寄進状の歴史において重要な画期であると指摘する。また南北朝期後半以降は「高野御影堂は従来の如き高野諸衆のみによる特権的な寄進の対象としての存在ではなく、在地土豪や農民をも交えた広汎な一般人民の寄進の対象（信仰対象）という存在に、大きく変質をとげていった」とし、次には寄進者の変化の論証を行い、陀羅尼田を研究するにあたり「全てを規定した根本条件＝在地作人層の成長」が重要である事を示唆する。次いで荘園制の側面から陀羅尼田を論証した本多隆成氏の研究が挙げられる。[6] 本多氏は、鈴木氏が陀羅尼田を高野山上の経済確保と結び付けていることにたいし「高野山の支配体制からすれば加地子得分の集積にすぎず、あくまでも副次的なもの」と考えている。そして鈴木氏の「本名体制」と本多氏の考えている分田支配とは対立しないことを前提に、[7] 陀羅尼田寄進状の集中を「「在家（免家）支配」の下における年貢得分把握」が「小百姓の台頭に伴って動揺をきたしながら、なおかつ「分田支配」の成立をみない過渡期において現れた現象」と定義している。両氏とも陀羅尼田寄進状集中についての考察を支配体制から研究しているのだが、寄進の集中の問題を山上での在地支配の困難な状況と結び付けて解釈する。このような研究の中で松井吉昭氏は、陀羅尼田寄進状を数量的に処理することでより明確にした上で「いったい十三世紀後半を境として、陀羅尼田寄進状が顕著になる、その意味はどこにあるのだろうか」という問題を提起した。[8] 氏によれば陀羅尼田寄進は「一つには、寺院内部における臈次制の確立と軌を一にするものであり、高野諸衆が御影堂を中心として結束し、陀羅尼田によって諸衆の地主権を確保」するものであり「一つには、大師信仰を背景とした在地支配イデオロギー（御影堂による支配）によって」供料収奪を容易にするものであった点に意義を持ち、「十三世紀後半以降の変動を乗り切るための在地支配のイデオロギーと具体的な体制（分田支配）の萌芽」こそ陀羅尼田寄進状の集中の意義であるとの結論を出している。最近の研究では、大石直正氏が荘園公領制の観点から陀羅尼田を「地主的土地所有の寄進、買得による集積」と定義している。(9) 以上より陀羅尼田の研究においても在地と高野山の関連を見ていく他の研究動向を色濃く反映し、弘法大師信仰の一三・一四世紀の高揚を指摘しながらも、それさえも山上の寺領再編過程に組み込んで理解しているように思われる。ここでは何故在地の人々が高野山において僧侶となるのか、寺領の危機といわれた時期に御影堂陀羅尼田寄進がなされたのかという疑問を並行して考えることは難しい。当時の高野山において、一体どのような高野山の求心力が人々や土地に働きかけたのであろうかという視点がなければならない。

以上のように先行研究では、御影堂陀羅尼田は寺領再編過程の中で論じられてきたが、今回は高野山の求心力が何であるのかを念頭に置きながら、まず山上における御影堂陀羅尼田運営の変遷、高野山の在地への対応を御影堂陀羅尼田の出現と関連させてみる。そこで山上・山下における状況を陀羅尼田を核に一環してとらえる事としたい。

## （一）　在地の動向

御影堂陀羅尼供成立以前の寺領支配の状況はどうであったかを、官省符荘で起きた殺害事件を例に考えてみる。一二世紀前半に同荘において、長行任の子息僧範勝が政所所司良快を殺害しようとする事件が起きた。僧範勝は所司良快を殺害未遂であったにもかかわらず、「殺害犯過」と山上よりみなされ、子息が長氏宅から出発して殺害を企てた事から、長行任の田畠が当時の高野山座主であった成就院大僧正御房によって寺家に収公された。ところがそれに対して長行任の孫良寛は田地の還付を東寺長者に訴え、官省符荘の田堵らを憂慮させたのである。天治二（一一二五）年七月一三日に提出された「官省符庄住人解状」(10)によれば犯過人の田地を寺家が収公し、当荘の田堵に宛てがうのは「當御庄例」であったという。経澄の場合には、所領の返給を山上預所安樂房を通して訴え、却って「大衆議定」によって安樂房が山上から追却されたという。前例にもかかわらず、長者が先例に背き田地を良任に返したために、田堵と山下政所の僧侶が連署をして本家政所の裁許を求めるものである。(11)これに対して本家政所では外題安堵を付し、山上の所司等の判を加えて田堵の訴えを承諾する。しかしそれから五年後の大治四（一一二九）年にも良寛は田地還付を長者に要求し、田堵が不安にさらされた。このときの解状もやはり本家政所の別当、東寺長者の外題安堵があって、検校以下の山上の僧侶の判行を付して良任の妨げを戒めた。(12)仁平二（一一五二）年一一月一四日の「坂上眞澄解状」によれば良寛は繰り返し長者への画策を行い、舎弟良仁が様々な謀略を図ることで長者判行を得ることに成功したのである。その行為に対して前年七月に山上諸衆が金堂で「殺害人行任田畠良仁不可領知」を評定しているにもかかわらず、一二月在地においては良仁が田堵の領知を妨げているのである。そこで坂上氏を筆頭とする田堵等は「長者御房御裁定」を望むこととなった。山上においては東寺長者と検校以下供僧との間に溝が生じ、混乱した状況となったのである。この状況を収集したのは政所所司であり、以後は「同心」によって永く良寛・良仁兄弟の謀略を停止することを書き置いている。(13)そして文書の文尾に追筆されるように、後年にこの一連の文書を「奉施入御影堂」とすることになった。この文書の寄進は高野山にとっては重要なことであった。

ここで注目されるのは、経澄・良寛が没収地を山上から返給させるために、山上の僧侶を利用することである。(14)特に良寛・良仁兄弟は長行任においては子孫にあたり、血縁者が山上僧となって働きかけることで長者の判行を得るのである。このような犯過人が寺官を頼り一族を僧侶として山上に直接・間接に働きかける行為が、諸衆評定によって堅く禁止されることとなったのは一四世紀に入ってからのことであった。(15) つまり、高野山における在地支配は、在地荘官と山上・山下の僧侶の関係と、僧侶の出自が支配されるべき在地荘官である事が係わりあって、山上・山下と在地とが非常に近しい関係を生み出す可能性を持つことに特徴があるといえる。例えば、良寛・良仁兄弟が判行を得ることで一時ながらも田地返給に正当性が付されたこともその例であろう。もう一つ重要なことは、彼らの正当性は金堂で行われた評定により覆されてしまうのであるが、その後も在地において彼らの押妨が継続していたことである。これは諸衆評定が在地に対して何ら効力をもっていなかったということである。一方座主である東寺長者は、在地の犯過人の田畠を収公、在地相論の裁許という、在地支配において重要な権限を有していた。またその実務機関として山上の所司を掌握していたという。(16) 高野山寺領経営の困難は在地支配の問題ではなく、むしろ山上における長者と検校以下山上諸衆との権力の在り方にあるのではないだろうか。

寺領を巡る長者と高野山山上僧侶との関係はどのようなものであったのか。保延二(一一三六)年六月に出された「金剛峰寺奏状案」によると東寺長者が高野山座主となったことにより、高野山に付与された得分を割き取っていく実情を述べて「如元付高野於住山座主、永可停止　東寺横妨由」と高野山内から座主を選出することで様々な東寺の介入を阻止しようと願うものであった。(17) これは「仁和・小野雖為大師門流、既非長者之執行、醍醐勧修雖為東寺之末葉、又非長者之所領、於彼末流諸寺、尚長者不執行、於此本源一山、何東寺可領知」とあるように、他の真言宗寺院が寺院内や寺領において東寺長者の介入を受けていないこと、逆に高野山は山上での活動あるいは寺領経営においても東寺長者によって領知されていることが伺える。(18) 次に荒川荘の事例を見てみることにする。長寛元(一一六三)年四月荒川荘は隣接荘園の田中・吉仲荘からの兵火を受け、報復として田中荘の民家を焼き払おうと企てた。これは事を知った寺家によって止められたが、下司光時は代々荒川荘下司であった平野氏の者であり、下司職を相伝しているという道理によって高野山検校に対して補任することを求めたが、東寺政所下文によって補任された。下司光時は東寺に荒川荘下司の補任を求めていたが、この夏以降は「自宗家直被補下司職也」と東寺との関係を主張するに至り、寺命に従わず課役を負担せずという状況となった。この主張が山上においても風聞として広まり、寺家は座主であった東寺長者を「責恨」するという事態に陥った。東寺長者は高野山と荒川荘下司光時に対して御教書を送り、[19]「此所一向為検校進止之地也、何今至干下司、可爲長者御進退哉」つまり荒川荘は高野山検校の領知する所であるのに下司職のみ東寺長者が進退を決めるということはありえないと述べる。つまり、東寺が高野山寺領にたいして荘官からの訴えがあれば荘官の補任を促すことができる事、長者は高野山寺領の領知にまで関与することはないと述べている。実際に荒川荘は承久二（一二二〇）年七月一三日「高野山衆徒置文」においては、[20]「執行并大衆知行之所也」と検校以下諸衆の荘となっている。この文書から、東寺が寺僧を罪科に処し高野山より追却する権限を有していること、検校が諸衆評定を経ずに罪科のあった僧侶の私領を没収していること、そして僧侶の私領は荒川荘に存在しており、放火殺害の他の罪科ではその私領を没収することはできないことを評定する。罪科は、「或云門弟之咎」とあることから山上においても縁座制度があったことを伺わせる。また、山上・山下において京都などの縁を頼みとして寺務をほしいままにする者もいたが、今後は禁止し違反する者は諸衆同心して処分することとした。つまり東寺の高野山山上における影響力は僧侶個人を罰することのできるほどの強さであり、高野山寺僧はその影響力の及ばない部分において諸衆同心して規定を作り山上・山下の支配を行っていく状況をとらえられるのではないか。

以上より、御影堂陀羅尼供成立以前の寺領の状況は官省符荘においては犯過人の所領は高野山座主である東寺長者が収公し、在地の田堵などに宛行う事が規定されていたが、これは在地での先例としてであった。在地におけるこのような対応を、木村氏は「荘園法（寺法）＝追却の論理は住人集団を媒介として、かれらによる他の荘民に対する規制というかたちをとって荘域内に貫徹するのである。ここにこそ住人集団の高野山に対する関係、奉仕集団としての役割が明確にあらわれている」(21)と指摘する。しかし山上においては座主が検校を中心とする支配集団に寺領運営における在地支配を任せ、山下においては政所がその実務機関として荘園に位置付けられていた。座主（東寺）は官省符荘においては、在地の犯過人を処罰し、相論においては裁許する権限を有して、その実行機関として山上を掌握している。荒川荘では、座主が高野山寺領の経営に関与することはないという立場を明確にしている。だが、山上において座主は山上諸衆を罰する権利を持つなど、依然として厳しい管理下に置いていたのである。このことは高野山の在地支配を不十分なものとしたが、それは在地の荘官層の血縁者が僧侶として高野山にくいこみ、山上との密接な関係を築いていくからであって、このような東寺と高野山の関係を直接に反映しやすかったからであろう。在地支配に対しても限界があったことは、特に山上での検校を中心とした支配運営が座主（東寺）の介入を避けられない状況にあったためといえよう。

## （二）御影堂陀羅尼田運営による在地掌握

（一）で見たように、検校を中心とする山上は高野山寺領において座主（東寺長者）と在地荘官にたいして支配を貫徹することはできなかった。しかし事件の都度、山上諸衆が同心することによって、寺領経営の危機を乗り越えて来たのである。このような状況は、陀羅尼供開始以降にはどう変化していったのであろうか。陀羅尼供とともに現れた陀羅尼田寄進状から考えてみたい。

まず始めに陀羅尼田経営の変遷について触れておきたい。御影堂陀羅尼会は治承四（一一八〇）年に検校の発願により開始されたが、当初の陀羅尼田の運営は「人別一年一段」を一臈から毎年十人ずつ割り当てて領知させるものであった。[22] 割り当ては、毎年「下種」以前に行われる事になっており、領知の途中で臨時の昇進者がいた場合には翌年に割り当てられることとなっていた。臨時昇進者の規定を行う事から、この寄進田はある身分集団内で管理されていることが分かる。おそらくは御影堂陀羅尼会を行う供僧だったのだろう。また寄進田を坪付に従って一年毎に一人一段ずつ領知するようにしていることからも、この供僧集団内では管理運営に平等の権利が与えられていたといえる。また進札の事では、種（籾）を蒔く前に「札」を進めるよう規定されているが、この「札」を用いた田地支配は金堂で行われていた。なおその法会の結番については御影堂礼堂に札が置かれ、その札に沿って供僧は法会に勤仕していた。健治三（一二七七）年の「高野山御影堂陀羅尼田置文」[23]以降は陀羅尼田は毎年臈次を代えて管理されたのではなく、臈次自体に陀羅尼田が与えられていったと考えられよう。そこで臈次＝土地（陀羅尼田）のつながりは固定的なものとなった。つまり学問上の階位を示す臈次制を、職業分担のシステムへも任用していったのである。供料である土地（の加地子得分権）を均等に臈次順に配分し、その運営に関しては諸衆集会が管理していく臈次運営体制を生み出した。その任用を円滑にさせたのは集会による「衆議」であり、強化させたのが陀羅尼田の存在であった。陀羅尼田の管理権を恒常的に陀羅尼衆の臈次に付与していく事で、僧侶間での臈次制がより明確になり定着していったのであろう。陀羅尼田に関する帳面作成は、①帳面作成以降に提出された寄進状による新たな陀羅尼田の把握を行い、臈次に配分する②以前に臈次に配分された陀羅尼田でありながら領知から漏れている田地を掌握する、という二段階を経ていた。[24]

陀羅尼田寄進状はそのほとんどが個人僧の私領の寄進であったが、[25]寺家による在地の没収地を寄進する事例がわずかに見られる。文永五（一二六六）年七月二日「高野山衆議御影堂陀羅尼田寄進状」においては、官省符荘の荘官であった勝日が隠田を行っていたために、罪科としてその田地を没収して「諸衆評議」によって陀羅尼田に寄進するという趣旨が記載されている。(26) ここでは公文代の注文と寄進状を御影堂に納め、今後領知に関して失墜の無いように諸衆の評議で決められ寄進者である三沙汰人（預・行事・年預）の側から運営方法が提示されている。すなわち「施羅尼衆各不乱臈次」で「人別一年一段」で管理するよう記されている。「施羅尼衆」が三沙汰人の下で陀羅尼田を運営していったものと思われる。諸衆評議によって運営方法が決定されて寄進されたことを明示している従前の没収地の処置としては、荒川荘の盛景没官田が挙げられる。(27) この時には、殺人の罪科を犯した盛景の私領は「所令支配諸衆」として検校以下供僧中にまで分配を行っているのである。一方、勝日の場合は盛景同様に罪科による没収、分配の代わりに陀羅尼田に「諸衆均等之依怙」の為に寄進している。ここで没収地の陀羅尼田寄進が、個々の僧侶に分配するのと同等の意識を以て行われていることが指摘される。しかしここで重要なことは、（一）で触れた同荘での長行任の田畠をめぐる事件との比較であろう。長行任が座主によって殺害未遂の「犯過」によって田畠を「収公」されたことと勝日が山上諸衆によって隠田を行っていた「罪科」としてその田地を「没収」されることは大きな相違である。各々の違反行為は程度に差異があるが、山上の対応の変化を以下のようにとらえられないか。長行任にたいする処置が大犯という法の違反にたいして座主が権限をもって田畠を没収し官省符荘の庄例に沿って荘民に作職を請け負わせていることと、勝日にたいする処置が隠田という罪にたいして山上諸衆が罰として田地を没収し、陀羅尼供用途に充てることである。つまり長行任は法の違反者であり公的存在としての座主から法をもって裁かれたが、勝日は罪を犯した者であり法で裁かれるのではなく山上諸衆より罰を与えられたのである。次に紀伊国荒川荘の悪党事件に関連する史料として「御影堂陀羅尼田寄進置文」ではどうだろうか。(28) 殺害犯を犯した為時にたいして山上は私領を没収し陀羅尼田に寄進するという処置を行っている。その理由として「犯人罪障消滅」をあげている。これらの罰として没収された田地は罪を弘法大師の法力によって消し去るために陀羅尼田に寄進されたと言えるのではないか。そして「罪障消滅」という寄進理由は、罪を犯した者にとっては、その救済措置として重用なことであったのではないか。為時の没収地の置文は陀羅尼田寄進状に「滅罪生善」「大師値遇」を求める文言が現れ始めた時期のものである。[29] 陀羅尼会の中にある宗教的な要素が、師祖の冥福を祈るだけでなく「滅罪生善」「罪障消滅」へと拡大していったと言えよう。このような没収地に対する山上の対応の変化は、山上内でも見受けられる。弘長三（一二六六）年六月五日の「盗人蓮住私領没収田畠宛行状」によれば、[30] 蓮住法師が最禅院主君寂心房において盗難を犯した罪科により「任先例所没収田地」として官省符荘河北紺野村の田地を没収されている。この没収された田地は隆弁に宛行われたが、「任盗犯殺害之先例傍例、限永代、無他妨可令領知給」というように官省符荘での規則にのっとった処置であったと言えよう。ところが文永一〇・一一（一二七三・四）年にかけて出された琳道房の私領注文と注進状[31]によると、何らかの罪を犯した琳道房は我観房や上　院からの相伝私領を没収され、その一部分は「諸衆沙汰」として奥院朝拝御壇　・陀羅尼田・御影堂両界常燈用途　に寄進されることとなっていた。この処置の変化は、山上において罪科を犯した者に「不日追放庄内、於彼私領者、即座令注進之、可続御影堂陀羅尼田事」という評定を成し、[32] 山上山下において適応させていくようになる。正応三（一二九〇）年八月八日に出された「源為時起請文」[33]は、為時が山上での評定での決定事項であった悪党行為に関する一二項目について違背しないことを起請しているものである。この項目中で「一、御影堂陀羅尼田不可有違乱」と山上諸衆において決めており、為時にそれを起請させる。また同日「荒川源八義賢起請文」[34]には「於寺僧地并御影堂陀羅尼田天野舞童田、自今以後、云地利、云官物、不可致未進、若致未進之時、地主被改作人之時、一切不可拘惜事」とあり、僧侶の私領・陀羅尼田・天野舞童田[35]に年貢未進の無いように起請させている。ここでは源八が悪党行為に加わっていながら、私領や陀羅尼田等の作人でもあった事が伺えるし、また山上諸衆によって領知の及ぶ田地が限られていたことが分かる。それだけに山上において陀羅尼田が重要な田地であったことを示している。そして作人の進退において地主が権限を持っていることがここから伺えるのだが、建保六（一二一八）年に陀羅尼田の運営規定がなされた時には、作人の進退は三沙汰人が行うこととなっていた。(36) 地主は、延慶三（一三一〇）年の「片子日記」によれば、(37) 年貢納入の責任も有していたという。(38) こうした地主の権限の拡大は彼らの作人掌握を促進し、陀羅尼田寄進状において田地作人の名を明記する寄進状が正平年中以降において九割にまでなることはその表れであろう。(39) その反面でこれは陀羅尼田運営が諸衆評定の管理から、地主という個人僧の管理へと移行していく時期にも当たっているのである。為時の田地を「罪障消滅」のために陀羅尼田に寄進し、その陀羅尼田にたいして起請文を提出させること、悪党である作人を起請文により年貢未進の無いように誓わせる事によって高野山は陀羅尼田を拡大しその運営を強化させたのである。

さらに陀羅尼田寄進は宗教的要素の拡大だけではなく、陀羅尼田に寄進することの経営上の利点があった。「高野山諸衆評定置文」は荒川荘の悪党事件に関連した文書である。(40) この文書では、心浄が為時を追補するのに助力を尽くしたことから、為時から没収した田地の中の東山垣内二〇歩を自己の所領としようと山上諸衆に働きかけていた。その田地に対する主張は高野山より与えられたものであるという正応四年の宛文を提出するが、山上において陀羅尼田支配帳と交合すると、この田地は七年前の弘安八年に寄進されたものであることが顕然となる等とことごとく山上において論破された。山上諸衆ではこの事件を処理するために度々の集会において、東寺や権門に訴えることがあろうとも、今後一切心浄の訴えを扱わないことに「諸衆御評定」で決定された。これに反した沙汰人は「重科」に処すことが決定されたが、この「重科」とは前述した官省符荘の件での預安楽房の処置を想起するに山上からの追放であったのだろう。以上より高野山は在地での罪科人を陀羅尼田への没収をもって罰し、諸衆評定をもって陀羅尼田となった没収地にたいする在地庄官の要求や東寺などの上部権力の介入を招いて要求を貫徹しようとする行為を阻止し、「重科」を掲げて山上諸衆自らの規制をおこなうことができたのである。

## おわりに

以上より在地の動向では、官省符荘においては犯過人の所領は高野山が収公し、在地の田堵などに宛行う事が荘園領主の論理として規定されていた。山上においては座主が検校を中心とする支配集団に実質的な支配を任せ、山下においては政所が実務機関として荘園に位置付けられていた。特に山上での検校を中心とした支配運営が東寺に対しても、在地に対しても限界があったといえる。御影堂陀羅尼田運営の確立では没収された所領は犯過人の罪障消滅のために陀羅尼田（宗教的手段）として寄進されたが、その作人は犯過人が追放されていない場合には犯過人が請け負った。そこで山上では陀羅尼田運営に支障のないように、作人に起請文を提出させているのである。以上より陀羅尼田による在地掌握がなされたと考えられる。そしてこの在地掌握は、諸衆評定によって山上においても矛盾の生じないものであった。山上は犯過人については、所領没収と追放によって対応することとした。その所領は陀羅尼田に寄進され、建治三年の置文に沿って諸衆が運営した。一方、御影堂陀羅尼田運営の変遷は大きく二段階に分かれ、①建保六（一二一八）年から建治三（一二七七）年までは、施（陀）羅尼衆人別1年1反で臈次順に配分を行う（具体的には札を作成し、種蒔き以前に札を次の臈次に進める）。作人は改替はせず、作人の問題があるか死亡した時のみに三人預（三沙汰人）が人選する。田地に違乱が生じたときには、寺家の使者が沙汰を行う。②建治三年以降は「平均之儀」に基づき、貫主（検校）から供僧までに臈次に沿って配分される。田地においては「陀羅尼田本帳并支配帳」陀羅尼田交合がなされ、運営の規定及び交合は諸衆集会を担っていた三沙汰人が関与するのである。よって陀羅尼田の運営と在地掌握とが一貫した動きとなっている事が明らかとなった。今回は、陀羅尼田寄進における寄進地受け入れのための体制確立の過程と高野山の在地掌握の手法との関連性は明らかとなったが、さらに東寺と高野山との宗教上の関係や中世社会に根差した「仏陀法」[41]等の社会的な視野と、山上に生活した僧侶の生活というような詳細な視点をも取り込んでいく必要があり、今後の課題としたい。

## 注

（1）「中世高野山の僧侶集会制度」（『密教文化』四五・四六、一九五九）、「中世高野山教団の組織と伝道」（『日本宗史研究　一　組織と伝道』法蔵館、一九六七）

（2）網野善彦氏の東寺に関する一連の研究は『中世東寺と東寺領荘園』（東京大学出版会、一九七八）にまとめられている。黒田俊雄氏の研究では『日本中世の国家と宗教』（岩波書店、一九七五）、「中世寺社勢力論」（『岩波講座日本歴史6　中世2』岩波書店、一九七五）、『寺社勢力』（岩波書店、一九八二）等にまとめられている。

（3）「荘園制支配の形成と僧団組織―金剛峰寺と官省符荘をめぐって―」（大阪史学会編『中世社会の成立と展開』吉川弘文館、一九七六）

（4）「中世寺院の組織構造と庄園支配―金剛峰寺領官省符荘の支配権力―」（『日本史研究』二六七、一九八四）

（5）「宗教領主変質史の一考察」（『高野山領庄園の支配と構造』一九七七）

（6）「紀伊国荒川荘の領主と農民」（『史林』五十六巻二号、一九七三）

（7）本多氏の用いる「在家（免家）支配」とは、高野山による公田＝公事地における年貢得分の在地田畑支配であり、「当時の支配体制をあらわす概念として「本名（旧名）体制」とするのは、それが意図している内容自体については一般的には誤りはない」とし、鈴木氏の主張する「本名（旧名）体制」と本多氏の「在家（免家）支配」はほぼ合致すると思われる。ところが「分田支配」に対しては、前者が「各院坊（領家）の指向する本名（旧名）体制」を解体する役割を有し、それを通して「御影堂に結集する高野諸衆の経済基礎をあらかじめ保障する役割」を持っていたと考えており、後者は「在家（免家）支配」同様の体制であるが「諸荘で大検注が行われ、それがもっとも典型的にあらわれる」時点で成立したものと把えている。

（8）「年預置文と荘官起請文」（『荘園制社会と身分構造』一九八〇）

（9）「荘園公領制の展開」（『講座 日本歴史』中世一、一九八四）

（10）天治二（一一二五）年七月一三日「官省符荘住人解状」又続寶簡集八八、一六二八

（11）山下政所は官省符荘内にある家多村に存在していた。高野政所は田中文英氏「荘園制支配の形成と僧団組織―金剛峰寺と官省符荘をめぐって―」（大阪史学会編『中世社会の成立と展開』吉川弘文館、一九七五）によれば「一一世紀中葉以降金剛峰寺が急速に荘園を集積・拡大してその経済的基礎を確立し、また山上に諸伽藍・坊舎があいついで建立・整備されて山僧・止住僧が増加するともに、寺務の決定・執行権は長者・検校を中心とする山上の門閥支配集団が掌握し、家多村の政所は山下政所としてその統制下に属する実務機関として位置付けられた」状況であり、一二世紀初頭には山上の運営に対する在地での下部組織として明確に分離されたものであった。「本家政所」とは田中氏の研究によれば山下政所に対応する山上を指すとしている。一方平瀬氏は座主と別当が中心となっている高野山外の機関であるという研究をしている。それによると官省符荘の解状での宛所である「本家政所」にたいして外題安堵を付しているのは座主と別当であること、高野山においては座主を「本家」を称することを根拠としている。また山上・山下において政務機関が分化していたことにおいて、「山上政所」という機関は存在していないことも指摘されている。ここでは平瀬氏の論に沿って進めていきたい。

（12）大治四（一一二九）年正月一九日「官省符庄住人等愁状」又続寶簡集八八、一六二九

（13）仁平二（一一五二）年一一月一四日「坂上眞澄解状」（かつらぎ町史　古代・中世編　二）

(14) 高野山に在地の住民が子弟が僧侶となって登山することについては、山陰氏(「南北朝内乱期の領主と農民」『日本史研究』二五九)や平瀬氏(「中世寺院の身分と集団」(中世寺院史研究会編『中世寺院史の研究』一九八八所収))の研究より指摘されている。

(15) 嘉元二(一三〇四)年五月日「金剛峰寺衆徒連署置文」又続寶簡集五三―一〇九五

(16) 平瀬氏は官省符荘の解状において東寺長者・別当の外題を受けて山上所司が判行を加えていることについて、「「所司」とは、山麓の高野山本来の政所の職員であるが、解状Ⅰ(天治二年七月一三日「官省符荘住人解状」又続寶簡集八八―一六二八:筆者注)・Ⅳ(かつらぎ町史　古代・中世編　二一「坂上眞澄解状」:筆者注)の如く、基本的には座主側の裁許を請けてこれを施行するのは彼等であると考えられ、さらに厳重さを期する場合は山上の僧が乗り出して来るものと考えられる。(「中世寺院の組織構造と庄園支配―金剛峰寺領官省符荘の支配権力―」(『日本史研究』二六七))」という。

(17) 鎌倉遺文補二一六

(18) この奏状案が提出された保延二(一一三六)年は、三月に「東寺一門僧綱十四人。有識八十三人。及當山有識四人」の僧侶達が一味契状を携えて覚鑁の座主職の罷免を訴えた事件が起こっている。これにより座主が高野山出身の僧侶覚鑁より真誉に交替された。この事件について田中文英氏は東寺と高野山との対立の結果ではなく「門閥支配体制にたいする抵抗でもあった」という。(「門閥支配体制」は中院流法系に与する在地領主の子弟出身者が検校を中心とした集団による「大衆組織の再編成と統制強化をはかること」を目的とするものであると定義づける。)覚鑁の座主職奪回運動は、こうした「門閥支配」集団から排除された僧侶を中心として行われていたことから、東寺のみならず山上の有識までもが覚鑁の罷免を要求したことが伺える。田中氏の指摘は重要であり、これを踏まえて高野山内諸衆の複雑な状況と東寺との対立とがどのように展開していき、陀羅尼田寄進とその運営とはどのように関わっていくのかという事を論じなければならないが、今回は保留にし今後の課題としたい。

(19) 寶簡集二六―三六二『高野春秋編年輯録』によれば御教書を送ったのは、秋八月八日の事となっている。

(20) 又続寶簡集八四―一五三二

(21) 木村茂光氏「荘園制支配の形成と僧団組織—金剛峰寺と官省符荘をめぐって—」(『日本古代・中世畠作史の研究』歴史科学叢書、校倉書房、一九九二所収)

(22) 建保六(一二一八)年八月一日「槽実鏤田地寄進状」金剛峰寺文書一三三

(23) 続寶簡集六—一四〇

(24) 嘉元四(一三〇六)年四月「未入支配帳御影堂陀羅尼田注文」(続寶簡集三—一七)、同年五月「御影堂陀羅尼田不見帳面坪々注文」(又続寶簡集十—二四)等。

(25) 陀羅尼田寄進状の大半は、師資相伝の形態のよるものか売買によって得られたものである。

(26) 続寶簡集三—一六

(27) 建久四(一一九三)年二月日「荒川荘盛景没官田支配帳」続寶簡集六九—八一九、(二)で述べた官省符荘の長氏の例が挙げられるが、高野山においては田地を没収した後に、それを分配する形態があることが伺えるが、その主体、方法については今後の課題としたい。後述のように、私領の没収と陀羅尼田への寄進、在所から追放することが規定されているが、その変遷についても考えてみたい。

(28) 弘安八(一二八五)年 続寶簡集六—一一二

(29) 陀羅尼田寄進状176通の寄進理由を分析してみると、大きく「遺命」(五七通)「仏道」(五一通)「追善」(六〇通)「安穏」(四四通)「没収」(二通)「他」(一四通)の六分類ができる。「遺命」は寄進状中に「遺状」「故□□之素意」等の文言があり、故人の遺志により寄進されたものを指す。「仏道」以下は、現在生きている人が寄進の意趣を表したものである。「仏道」は「為先妣聖靈増進佛道」「為報大師値遇之厚徳」「法界衆生平等抜濟」等の主に仏教の興隆を願った文言を指す。「追善」は「證菩提」のように菩提を弔うための寄進に当てはまる。「安穏」は「現世安穏」「滅罪生善」のように寄進者自身の徳を願うものである。「没収」は何らかの罪科を犯したために、寺家に没収されて陀羅尼田に寄進されたものである。そして上記のどれにも当てはまらないものや、寄進理由が明確でないものは「他」に入れた。

(30) かつらぎ町史　古代中世編　一六八・一六九（続寶簡集六八―七九〇・続寶簡集四―五〇に対応する）
(31) 文永一〇（一二七三）年九月一七日「我観房遺領等處分田畠注進状」、文永一一（一二七四）年三月日「年預任智我観房遺領注進状」
(32) 正応三（一二九〇）年八月八日「高野山衆議定文斷簡」続寶簡集六―一五四
(33) 寶簡集三六―四四八
(34) 寶簡集二六―三六〇
(35) 天野には正暦5年の大火によって山上伽藍が焼失したときに、ここに伽藍が造営された。天野は女人の登山できる上限であり、ここには北条政子が御影堂を建立されていた。舞童も存在していた。
(36) 「僧実鏤田地寄進状」金剛峰寺文書一三三
(37) 延慶三（一三一〇）年分「荒川田片子日記」続寶簡集六七―七二七
(38) 本多隆成氏「紀伊国荒川荘の領主と農民」（『史林』五六―二、一九七三）
(39) 鈴木国広氏「宗教領主（高野山）変質史の一考察―いわゆる「陀羅尼料田寄進状」の分析―」（『中世史研究』四、一九七〇）
(40) 正和三（一三一四）年二月廿八日「高野山諸衆評定置文」続寶簡集六―一六五
(41) 笠松宏至「仏陀施入之地不可悔返」（『史学雑誌』八〇―七、一九七一）

# 建武徳政令と地域社会
## ——下総香取社の情報収集——

鈴木哲雄

### はじめに——建武元年九月の苅田事件から

京都において建武徳政令が発せられたのは、建武元年（一三三四）五月三日のことであった。[1]下総国一宮の香取社宛に、在京の下総守兼守護の千葉介貞胤から徳政令に関する指示が、守護代の円城寺蓮一を通じて伝えられたのは、四ヶ月後の九月四日。前日の九月三日付けの守護代円城寺蓮一奉書案には、「御徳政に依るの事、下総守殿よりの御状かくの如し、この趣を社家へ披露あり、下知せらるべきの由、候所なり」とあった。[2]

この奉書は、四日の巳時（午前十時頃）に香取社に到来し、午剋（正午頃）には、香取政所の留守役に付け奉られた。事件は、それからふたときほどのちの申剋（午後四時頃）におこる。香取社神人の正判官代が売却した酒田一反の作稲を、買主の中村又三郎後家尼が代官の大進房六郎二郎以下の輩に苅り取らせはじめたのである。神人の正判官代等は、さっそくこれを制止しようと現地にむかうが、逆に散々に刃傷狼藉されてしまうのであった。

酒田一反の買主である中村又三郎後家尼側は、なにゆえこの日の夕刻近くになって買地の作稲を苅り取りだしたのか。売主の神人正判官代側は、なにを根拠に買手側の苅り取り行為を制止しようとしたのであろうか。酒田一反はすでに売却ずみの田地なのに。そして事件は翌日の五日になり、千葉の守護所へと持ち込まれるのであった。五日、この事件を訴えるために神人正判官代の子三郎二郎等が守護所に参上する。これにたいして、買手等は同心合力し、先の大進房等が千葉に走り参り、守護所の執事からは買手側の中村氏に有利な「書下」が出てしまうのである。結局、売手側の神官等の訴訟は聞き入れられなかったのである。後日改めて、永仁法（永仁徳政令）を根拠として、具書等をそえて守護所に提訴したにもかかわらず、やはり承引されず、守護所からは京都（建武政権）に提訴すべきとの返答しか得られなかったのである。

## 一　「建武徳政令」の入手――情報の収集

九月の苅田事件がおこったのは、建武徳政令の適用が守護代円城寺蓮一奉書によって香取社神官等に伝えられ、神人正判官代の沽却地が、買主の中村又三郎後家尼側から返却される事態が現実化したためであった。しかし、この奉書からは、建武徳政令の具体的な内容を知ることはできないはずである。香取社神官神人や香取社地頭代の中村氏周辺はどのようにして、建武徳政令の内容を知ることができたのであろうか。

じつは香取社神官たちは、九月三日付奉書の半月ほど前には建武徳政令の内容を知っていたのである。

〈史料1〉

一　建武元年八月十五日於　宮、吉原又四郎以千葉妹、秘計書模御事書案文持来、少々披露之間、神官衆徒等申

合、以申状言上之、其状案文云、

香取太神宮神官衆徒等謹言上

欲早任御新法旨蒙御成敗、奉致御祈禱沽却田畠等事

件条、自京都被仰下御徳政之由、承及之上者、任御事書之旨、欲預御書下、而彼田畠等者、皆以厳重之神祭料所也、所詮、如元可返付于本主之旨、賜御書下、弥為奉祈禱御宝算、恐々言上如件、

以此正文、神人正判官代子三郎二郎・雉子又二郎、八月晦日持参了(3)

建武元年(一三三四)八月十五日、吉原又四郎＝神官(神人)吉原検校なる人物が(4)、「御事書案文」を香取社に持ち込んだ。この事書案文は、吉原検校が守護所の置かれた千葉にいる妹をつかって、秘密裏に書き写させたものであった。この事書案文こそが、建武徳政令の「事書」なのである。

すでに笠松宏至は、中世における徳政令の性格を検討するなかで当事者主義にもとづく中世法の非公開性を論じている(5)。また、室町幕府の徳政令の公布形式を詳細に検討した前川祐一郎は、徳政令は「事書」という法文形式をとって管領邸や幕府政所に壁書として公布されたこと、そして公開制に乏しいものであったことなどを明らかにしている(6)。中世法としての徳政令の非公開性はもちろんのこと、事書形式による壁書としての公布は、ほぼ鎌倉・南北朝期の徳政令にもあてはまる可能性がたかいわけで、建武徳政令の場合もそうした事例に該当するのであった。もともと〈史料1〉は、香取田所家文書にのこされた一連の重書案のなかの一部分であり(7)、吉原が持ち込んだ「御事書案文」と

は、一連の重書案のなかの八番目の検非違使庁牒等案にあたる。ここには二つの事書が書写されていたのであるが、それはもともと、「海上竹本殿の子息（太郎殿歟）在京の間、親父の許へ取り下された記録所壁書案」であった。[8]「海上竹本殿」の海上とは千葉氏一族の海上氏のことであり、竹本殿は海上氏一族に属するということであろうが、いまのところ千葉氏の系図等では確認できない。しかし竹本については、金沢文庫文書のなかの年月日未詳湛睿書状土代に「千葉より侍所竹元三郎左衛門、奉行候羽田大弐房、打▒廿八日早旦、寺中来著候」とみえるわけで、千葉介の侍所竹元＝竹本氏のこととみてほぼまちがいない。[9]のちに検討するように、千葉介の侍所は、守護所を構成する所のひとつと推定できるわけで、奉行の羽田大弐房は守護所の奉行と考えるべきであろう。[10]

そうだとすると、在京の子息より「記録所の壁書案」を取り下された竹本三郎左衛門とは、下総国守護所の侍所であったわけで、守護所は在京の守護千葉介貞胤からのルートではなく、独自のルートで「記録所の壁書案」＝建武徳政令を入手していたことになるのである。建武徳政令は、記録所の壁書として公布されたのであり、在京の子息がいかなる地位の存在であったのかがわかれば、記録所の壁書がどのようにして、竹本氏の子息によって書写されたのか推定できるのであるが、いまのところ不明である。竹本氏の子息は記録所に出入りできる存在であったか、それとも建武の記録所は公開された場であったのであろうか。

そして香取社は、神官のひとりである吉原検校が、守護所のあった千葉にいる妹を秘密裏につかうことによって、侍所竹本氏が入手した建武徳政令＝事書案文をこっそりと手にいれたのである。[11]下総国の守護所や一宮香取社が建武徳政令の壁書＝事書自体を入手しようとした前提には、京都からの風聞があったことはもちろんであろう。八月十五日、吉原検校が持参した事書案が、香取社において披露されると、さっそく神官衆徒等の衆議が執り行われ、事書案が「少々披露」された衆議では、即座にひとつの申し合わせが成立した。それは申状を作成し、守護所に提訴するという決定であった。前掲の〈史料1〉にみえる香取社神官衆徒等申状案がそれである。こうした経過からみて、建武徳政令＝事書案は、吉原検校によってたまたま香取社に持ち込まれたのではなく、香取社神官衆徒等の積極的な情報収集活動によって獲得されたものとみるべきなのである。

〈史料1〉の申状案の内容は、「御新法」＝徳政令の趣旨に任せ、厳重の神祭料所であった沽却田畠を本主である神官衆徒等に返付せよとの守護の「御書下」＝直状を賜りたいというものであった。そして申状の正文は、〈史料1〉の末尾の注記にあるように、神人正判官代子三郎二郎と雉子（判官代）又二郎によって八月晦日に守護所に持参され、提訴されたのである。つまり、神官衆徒等の沽却田畠にたいする徳政要求は、建武徳政令の発布以前からのものであり、建武徳政令の発布の風聞をうけて、香取社神官衆徒側が主体的にとった対応であったのである。

他方、千葉の侍所竹本氏は、香取社地頭代の中村氏などの香取社周辺の在地武士と同階層であり、神官衆徒等による本主権の回復によって当知行権を喪失する側の立場にあった。在京の守護ルートとは別に、独自に建武徳政令の「事書案文」を入手したのもそのためであったと推定される。ここからは、徳政令をはじめとする公家・武家・寺社等の中央の諸権門が発布する諸法令の公布伝達の消極性と、本主権と当知行権の相剋のなかで生きる地域権力の側（在地武士と神官衆徒）が積極的に中央の情報を収集しようと先を争う姿とが確認できるのである。

そうした情報収集戦のなかで、以前から香取社側の提訴をうけていた在京の守護千葉介貞胤は、冒頭にふれたように、八月十三日付の書状によって、年記沽却地や負物については「使庁の法」＝建武徳政令にしたがって成敗せよと、守護代の円城寺図書右衛門入道（沙弥蓮一）に指示したのであった。[12] そして守護貞胤の書状をうけて、九月三日には守護代円城寺蓮一奉書が香取政所殿の留守所宛に発せられたのである。つまりこの守護代奉書は、八月晦日に提出された香取社神官衆徒等申状の提出＝提訴の勝利を意味するはずのものであった。しかし、守護代奉書の意味することを理解していたのは、香取社神官衆徒と侍所竹本氏のもとに結集しつつあった中村氏等の在地武士勢力のみであったのである。

苅田事件のあった日の翌日五日、訴えのため当事者の神人正判官代子三郎二郎等が千葉の守護所に参上すると、同心合力した買手側も千葉に走り参り、結局、守護所の執事からは買手側の中村氏に有利な書下が出されてしまうのである。いったい、守護所の執事＝守護代の円城寺蓮一自身は、建武徳政令の内容に照らして「書下」を出したのであろうか。たぶんそうではなかろう。「建武徳政令につき重書案」を作成し、いくつかの注記を挿入した香取社田所の「私」は、後藤善心等の守護所での訴えを「掠め申す」と表現しており、「執事はごまかされた」＝掠められたと認識していたことはまちがいない。執事＝守護代は建武徳政令の内容そのものを知らなかった可能性がたかいのである。中世法の世界における徹底した当事者主義については、笠松がつとに論じた点であった。(13)

九月四日の苅田事件は、こうした経過からおこったのである。

## 二 守護裁判権と地域社会——当事者主義

中央権門が発する諸法令の地域諸権力による情報収集は、現地の守護所における裁決を前提としてなされたものと推定される。こうした推定は、鎌倉時代の守護裁判権を否定的にみる通説からすると奇異なものである。そこで、鎌倉時代の守護裁判権について簡単にふれておきたい。

鎌倉時代の守護裁判権を否定的にみるというのは、具体的な事例がとぼしく、まとまった研究がなかったということでもある。しかし、下総国守護の千葉氏に関しては、石井進が中山法華経寺の日蓮遺文紙背文書を考察するなかで、千葉氏配下での訴訟裁許の事例を紹介している。[14] ただし石井自身は、千葉氏による裁許が下総国守護としての裁判なのか、在地領主による在地裁判権にもとづくものなのかについては明言していない。そのため、以前から石井や笠松などが主張した在地裁判権論の継承をめざす工藤勝彦は、石井が紹介した千葉氏の裁判事例を豪族的領主による在地裁判権であると整理している。[15] しかしそれでよいのであろうか。石井の紹介した事例内容を素直に理解すれば、千葉氏による裁判は守護裁判権にもとづくものであったといえるのではないか。

先述の守護所にたいする香取社神官衆徒等の沽却地返付の訴えは、じつは建武元年以前からのものであった。建武元年五月三日に徳政令が発布されると、在京の守護からは八月十三日付で書状が守護代に下され、守護代はそれをうけて、九月三日付で香取社宛に奉書を下している。もちろん、これを建武政権による中央からの徳政令の公布手続きとみることはできないわけで、香取社神官衆徒等による個別的な訴えをうけての措置であったことは確実である。

じじつ香取社側では独自に建武徳政令＝事書案を入手し、徳政令の内容に即して、新たに神官衆徒等申状による提訴をしているわけで、提訴先は守護所とみてまちがいない。守護代の奉書が到来した翌四日には、苅田事件がおこってしまうのであるが、この事件がおこらなければ、守護所では、九月三日の奉書とは別に、八月三十日(カ)付の香取社神官衆徒等申状をうけての裁判がおこなわれ、徳政令にもとづいた裁決が香取社側に下されたものと推測されるのである。[16] そして実際には、苅田事件がおこってしまうと、香取社側からの守護所への訴えにたいして、中村氏側からも守護所への弁明がおこなわれている。しかし、この時には守護代から買主中村氏側に有利な「書下」が出されてしまったのであった。これにたいして、訴訟を聞き入れられなかった(敗訴した)香取社の側は、後日「永仁法」＝永仁徳政令にもとづいて訴訟をおこしたが、結局は承引されず、守護所からの返答は、京都＝建武政権へ「事由を注進すべし」＝提訴せよというものであったのである。[17]

この事例は在地裁判権から説明されるものではなく、守護裁判権の事例とみるべきである。しかし、建武政権が元弘三年七月二十三日に「諸国平均安堵法」を発布すると同時に当知行安堵を諸国（国司・守護）の所管としたことによって成立した、建武政権下の特殊な事例にすぎないとの批判も想定されるが、そうではないのである。

本稿が検討している「建武徳政令につき重書案」のなかには、鎌倉時代の守護裁判権の事例と考えてもよい史料が存在しているのである。それは、下総国守護の千葉氏の意をうけたつぎの二通の奉書案である。(18)

〈史料2〉

香取社神官真氏申稲以下事、申状如此、中村彦太郎背御下知状云々、早任彼状、可被沙汰于真氏之由候也、仍執達如件、

正安五年三月廿二日　平在判

僧同

沙弥同

中村六郎入道殿

〈史料3〉

香取社神官真氏申稲以下事、請文披露了、所詮下知状分明之上者、任彼状可被沙汰于真氏之由候也、且真氏訴状并下知状案遣之、仍執達如件、

正和五年四月十八日　平在判

左衛門尉同

中村六郎入道殿

沙弥同

〈史料2・3〉は、ともに香取社神官真氏申状＝訴状をうけての「守護の裁許」であると推定する。もともと香取社神官真氏と千葉介家臣の中村氏との間での「稲以下事」をめぐる雑務相論は、永仁五年（一二九七）以前からのものであった。重書案の二通目の正安元年六月七日の下知状案に引かれた香取社神官等の主張によれば、「千葉介胤宗従人中村六郎頼景・同孫三郎頼幹・同孫太郎頼常等に、利銭を入れるの間、取り負い畢、然ると雖も法によって紀返せざるの処、彼の代の由を号し、彼の稲以下を押し取られ」たために、鎌倉幕府に提訴したものであった。(19)

神官等が中村氏等に利銭を入れ、取り負いながら、「法」によって利銭を紀返しなかったというその「法」とは、前々年の永仁徳政令のこととみてまちがいなかろう。周知のように、永仁徳政令には、「利銭出挙事／……自今以後成敗に及ばず……」とあったわけで、香取社神官等は永仁徳政令を根拠に、利銭を紀返しなかったのである。提訴を受理した幕府は、三度にわたって中村氏側に召文の引付奉書を成したが叙用されなかったため、国雑色を遣わしたという。結局、問注所執事の太田時連が執り進めた千葉介胤宗の去年＝永仁六年正月十二日の請文には、論人＝中村氏等を召し進めるとあったが、一年半たった今にいたるまで、「無音の条、違背の咎遁がれ難し」というわけで、「彼の稲以下においては神官等に紀返すべし」という幕府政所の下知が下ったのである。結果として、永仁徳政令は香取社領においても適用されたのであった。

〈史料2・3〉は、明らかにこの下知状を前提に出されたものである。〈史料2〉は、幕府政所による下知状が下ってから四年後、ふたたび中村彦太郎が下知状に背き、押し取った稲以下を紀返しないと香取社神官真氏が訴えたことにたいする裁許である。文書の形式としては、引付頭人奉書とみることもできそうであるが、宛所は被告人にたいするものであり、守護所の裁許とみるべきであろう。また、〈史料3〉は、十三年後に再び香取社神官真氏が「稲以下」の糺返を提訴したことにたいする下総国守護所の裁許であった。ここでは、正安三年十一月十八日左衛門尉胤直・沙彌信円連署請文も披露され、[20]そのうえでやはり正安元年六月七日の幕府政所の下知状にもとづいて、真氏への「稲以下」の糺返が決定され、真氏の訴状と下知状案も遣わされたのである。

〈史料2・3〉はもちろん、幕府政所の下知状を前提としたものではあるが、南北朝時代以降の引付頭人奉書や守護の遵行状とは異なるものであり、守護所の裁許としての下総国守護奉行人奉書案といってよいものと考える。

工藤は、鎌倉時代の守護の裁判権は守護という職に付随する特定の権限、幕府裁判権の一部という性格が強いとしている。しかし、幕府裁判権、守護裁判権、在地裁判権という重層性と、それらの相互関連こそが中世的な裁判権の特徴であり、それは中世法の非公開制と当事者主義、地域権力の側からの情報収集の構造に対応するものであったのではないか。[21]守護＝守護所から有利な裁許をえるためには、中央の法令をいち早く入手し、それにもとづいた訴訟が提起されなければならなかったのである。

以上のように、「建武徳政令につき重書案」は鎌倉後期から南北朝初期にかけての守護裁判権を前提に作成された重書案なのである。次章では、この重書案の性格について整理したいと思う。

## 三　「建武徳政令につき重書案」の性格

ここまで検討しきた「建武徳政令につき重書案」はいかなる性格の重書案なのであろうか。もちろん表題としたように、建武徳政令についての重書案なのであるが、鎌倉時代の四点の案文は、建武徳政とどのような関係にあるのであろうか。重書案の構成はつぎのようなものである。

①正安三年十一月十八日　左衛門尉胤直・沙彌信円連署請文案
②正安元年六月七日　幕府政所下知状案
③正安五年三月廿二日　下総国守護奉行人奉書案
④正和五年四月十八日　下総国守護奉行人奉書案
⑤(建武元年八月十五日)　香取社神官衆徒等申状案
〈一つ書きの日記あり〉
〈注記あり〉
⑥(建武元年)八月十三日　千葉介貞胤書状案
⑦建武元年九月三日　下総国守護代円城寺蓮一奉書案
〈注記あり〉
⑧建武元年五月三日　検非違使庁牒案および事書(建武徳政令)
〈一つ書きの日記あり〉
〈注記あり〉
⑨建武元年五月三日　検非違使庁牒案および事書(建武徳政令)
〈注記あり〉
〈花押あり〉

前欠であり、前欠部分には他にも案文が書き継がれていた可能性もあるが、不明である。

じつはこれらの案文は、建武徳政令の前提となる鎌倉時代の徳政令と密接にからむ文書案なのである。すでに前章で明らかにしたように、②正安元年六月七日幕府政所下知状は、永仁徳政令が香取社領へも適用されることを鎌倉幕府が追認したものであった。さらに【年表】に整理してみるといくつかの類推が可能となる。[22]

まず、正安徳政令と①左衛門尉胤直・沙彌信円連署請文案との関係である。弘安徳政令の復活を意味した正安徳政令は、①の請文案の一ヶ月前、正安三年十月二十日に発布されたものである。①の請文案は、②の幕府政所下知状にもとづいて現地に派遣された遵行使の請文であった。ただし、前欠であり、料紙の天地の損傷が著しいため、十分には意味がとれないのであるが、おおよそつぎのような内容のものである。両使節が初めて入部したときには、香取社神官側と中村氏側との「両方とも子細を申すといえども」、後には両者とも「和与の議をもって訴訟を止めるの由を、互いに承諾した」というものである。

②幕府政所下知状が下されてから、二年五ヶ月もたってからの遵行使の請文であり、この間にも相論は継続していたものと推定される。両者が和議を結べたのは、「□使節、以前守法、任胤宗之下知状□」せたためであると推定される。[23]つまり、ここにみえる「法」とは、一ヶ月まえに復活した弘安徳政令（＝正安徳政令）のことであり、「胤宗之下知状」とは下総国守護千葉介胤宗の裁許とみるべきで、この二点の法的な措置にもとづいて和議は成立したものと推定される。弘安徳政令の主旨は、【年表】にあるように、沽却神領の本主＝神官への返付にあった。この弘安徳政令が九州宗社のみではなく、香取社領でも適用された事例を海津一朗が指摘している。[24]そして、①左衛門尉胤直・沙彌信円連署請文案にみえる「法」が正安徳政令のことであるならば、香取社においても正安徳政令が適用された事例となるのである。

**【年表】** 徳政令および神領興行法と香取文書

| 年　月　日 | 事　　　　　項 |
|---|---|
| 1284(弘安7)<br>4月 | **弘安徳政令**<br>①(神領知行について)甲乙人等、沽却質券の地と称して、猥りに管領の由、其の聞こえあり、子細を尋ねあきらめ、旧のごとく返付せらる……。<br>②(神領知行について)或いは康元前後の下知を帯び、或いは知行年序を経ると雖も、沽却質券たるの条、異儀なくんばこれを沙汰付くべし。 |
| 1284(弘安7)<br>6月25日 | **九州宗社神領興行法** |
| 1284(弘安7)<br>8月 | 下総国香取社領においても神領興行法が適用される。<br>（「大宮」17号） |
| 1285(弘安8)<br>2月以前 | **伊勢神宮諸御厨興行法(武家徳政)** |
| 1286(弘安9)<br>閏12月 | **弘安8年令の廃止、弘安9年修正令。** |
| 1287(弘安10)<br>1月 | 宣旨＝「**公武一同徳政**」へ |
| 1297(永仁5)<br>3月6日 | **永仁徳政令**<br>①質券売買地事<br>・御家人の場合：以前沽却の分に至りては、本主領掌。安堵下文・下知状の地と当知行20年の地は、本主権を認めない。<br>・非御家人凡下輩：年紀を過ぎても売主＝本主権を認める。<br>②利銭出挙事：今後は成敗に及ばず。<br>③質物を倉庫に入れる事：禁制あたわず。 |
| 1298(永仁6) | **永仁の公家興行？** |
| 1298(永仁6)<br>1月12日 | 問注所執事太田時連が執り進めた千葉介胤宗請文（論人＝中村氏を召し進める）　（「田所」9号－(2)） |
| 1299(正安元)<br>6月7日 | 幕府政所下知状案<br>・香取社神官等申す、稲以下の事<br>・千葉介胤宗従人に利銭を入れ、取り負う。<br>・「法」（永仁徳政令）によって糺返せず |

| | |
|---|---|
| | ・彼の代の由を号し、彼の稲以下を押し取られる。<br>・提訴＝三箇度の奉書。　　　（「田所」９号－（２）） |
| 1301（正安３）<br>10月20日 | **正安徳政令**（弘安９年での８年令廃止を否定し、伊勢神宮諸御厨興行法を復活）<br>①知行20か年を過ぎても、非器仁の知行の否定し、寄進の時に仰せつけられた仁の余流に返付。<br>②子孫なくんば、「其の仁」（？）挙げ申さるるべし。<br>③但し、弘安７年４月以前の成敗地は改替に及ばず。 |
| 1301（正安３）<br>11月18日 | 左衛門尉胤直・沙彌信円連署請文案<br>・「□使節以前守法、任胤宗之下知状□」<br>・和与の議をもって訴訟を止める。　（「田所」９号－（１）） |
| 1303（正安５）<br>３月22日 | 下総国守護奉行人奉書案<br>・香取社神官真氏申す、稲以下の事<br>・中村彦太郎、下知状に背く。　　（「田所」９号－（３）） |
| 1312（正和元）<br>９月以前<br>（→６月以前） | **正和徳政令**（正和の九州五社神領興行法、京都被官は除外＝武家興行）<br>①御家人等知行分（社家より相伝買得の地）<br>・或いは安堵御下文を掠め給い、或いは知行の年記を過ぎるといえども、（同じく）旧記に任せ、社家に付けらるべし。<br>・但し、一円神領たると雖も、天福・寛元以前より、其の所を充て、御家人役を勤め来るの地は、今更相違あるべからず。子細同前。<br>②非御家人凡下輩知行分の場合<br>・或いは下知状を帯び、或いは知行の年記を過ぎるといえども、本証跡を糺明し、社家に沙汰付けらるべし。 |
| 1316（正和５）<br>４月18日 | 下総国守護奉行人奉書案<br>・香取社神官真氏申す、稲以下の事<br>・請文披露、<br>・下知状に任せ真氏に沙汰、　　（「田所」９号－（４）） |
| 1331（元徳３・元弘元） | （参考）元弘の乱。後醍醐京都を脱出。幕府、光厳天皇擁立。 |
| 1333（元弘３）<br>６月 | **六月令＝旧領回復令（所領個別安堵法）**<br>概要：「糸綸を降ろし、牢籠を救う」＝旧領回復は、綸旨によって個別に安堵する。<br>①６月15日宣旨：自今以後、綸旨を帯びずんば、自由の妨げを致すなかれ。<br>②６月16日宣旨 |

| | |
|---|---|
| | ・所々濫妨の事、是非をさしおき、先ず本知行の仁を沙汰居えるべき。違犯の輩あらば、永く訴訟を断ずべき事<br>・綸旨を帯びず、自由の妨げを致す輩の事 |
| 1333(元弘3)<br>7月23日 | **七月令＝諸国平均安堵法**<br>①今後「此法」(六月令)をさしおく。<br>②高時与党以外の「当時知行」の地を一律に安堵。但し、綸旨の勅断を除く。 |
| 1334(建武元)<br>5月3日 | **建武徳政令**(検非違使庁牒と格制(事書))<br>①負物并びに本物返質券田畠事<br>・負物半倍、本銭返半倍：本主権の保証<br>・半倍を過ぎている場合：田畠を取り返す「のみにあらず」、過ぐる所の用途は本主にこれを返すべし。<br>・質券沽却や年記沽却も同前。<br>・買主が得分を取っていないといっても、十か年を過ぎている場合は買主の権利は保証されない(債権の半倍の権利を失う)。<br>②沽却地事<br>・承久以降の沽却地については、幕府の下文は保証効力をもたない。<br>・「その結果、沽却地の所有者が不確定になった場合は、買主が北条氏に属して滅亡したのであれば売主が進退し」、<br>・買売主の「両方とも天皇方に軍忠あれば然るべく裁決をする」(一種の闕所地給与の処置法)<br>・元徳三年(元弘元年)以後の沽却地については、北条氏の下文による買主の立場を認めず、一律に本主権を保証する。<br>(「田所」9号−(8)・(9)) |
| 同年<br>8月13日 | 千葉介貞胤書状案<br>・年記沽却地の事<br>・守護代円城寺氏にたいして、今後「使庁の法」に従うべきことを指示。(「田所」9号−(6)) |
| 同年<br>8月？日 | 在京中の千葉の侍所海上竹本殿子息(太郎殿カ)が親父の許へ「記録所の壁書案」を取り下す。(「田所」9号−(8)) |
| 同年<br>8月15日 | 吉原又四郎が千葉の妹を経由して模写した「事書案文」を香取社に持参し、披露。神官衆徒等申し合わせ、申状を作成。<br>(「田所」9号−(5)) |
| 同年<br>8月晦日 | 神人正判官代子三郎二郎・雑子又二郎が、「香取大神宮神官衆徒等申状」の正文を守護所に持参。(「田所」9号−(5)) |
| 同年 | 下総国守護代円城寺蓮一奉書案 |

| | |
|---|---|
| 9月3日 | ・御徳政に依るの事<br>・社家に披露し、下知せらるべし。<br>・宛所＝香取政所殿留守所　（「田所」9号－(7)） |
| 同年<br>9月4日 | 巳時(10時)：上記の奉書、香取社に到来。<br>午剋(12時)：政所御留守に付け奉り了。<br>申剋(16時)：神人正判官代の沽地である酒田一反の作稲を買主の中村又三郎後家尼御前が、代官の大進房六郎二郎以下の人数輩をもって、苅り取るの間、制止の為に行き向かうの処、散々に刃傷狼藉致され了。<br>（「田所」9号－(7)） |
| 同年<br>9月5日 | ・訴えのために、神人正判官代子三郎二郎等が守護所に参る。<br>・買手等は、神敵に同心合力し、殊に後藤左衛門入道善心・三河房・大進房等が千葉に走り参り、<br>・掠め申すに依って、執事より買方の為に御書下を成され了。<br>（「田所」9号－(7)） |
| 同年<br>後日？ | ・次に神官等訴訟、聞き入れられざるの間、永仁法を以て、具書等を帯び之を申すと雖も、猶以て承引せず、<br>・返答の如くんば、京都に事由を注進せしむべし。<br>（「田所」9号－(7)） |
| 同年<br>10月24日 | ・神崎別当が香取社に持参した建武徳政の事書案文の書写。<br>（「田所」9号－(9)） |
| ？ | （花押）＝重書案の作成段階 |

・徳政令および神領興行法については、海津一朗『中世の変革と徳政－神領興行法の研究－』巻末の年表にもとづいて作成。出典などは同書を参照のこと。『千葉県の歴史　資料編中世2』からの出典は、「大宮」が香取大宮司家文書、「田所」が香取田所家文書である。

また、④正和五年四月十八日下総国守護奉行人奉書案は正和徳政令の香取社への適用例となろうか。正和徳政令の主旨も沽却神領の本主＝社家への返付であったのであり、正和徳政令の発布をうけて香取社神官真氏は三度目の提訴に踏み切ったとも考えられるのである。なお正和徳政令の発布された正和元年（一三一二）は、下総国守護の千葉介胤宗から貞胤へと代替わりした年でもあった。千葉介の代替わりによって、ふたたび無効となった「稲以下」の糺返を新守護の千葉介貞胤に認めさせたものが、④の下総国守護奉行人奉書案であった可能性もある。

香取社神官衆徒等の神領興行闘争は、弘安徳政令以来のものであり、建武徳政令以前の神領興行にかかわる幕府政所下知状案や遵行使の請文案、下総国守護奉行人奉書案などは、鎌倉時代の徳政令が香取社領においても適用されたことを証拠づけるものであった。そのため、これらの文書は、建武徳政令にかかわる事書案をはじめとする関連文書の案文とともに一連の重書案とされ、香取社への神領興行法適用の証拠として書記官役の香取田所家に記録・保存されたものと考えられるのである。

永仁徳政令が、康永四年（一三四五）九月山城国下久世庄名主百姓申状に添付された具書案として伝来したことはあまりにも有名であるが、建武徳政令の場合はこうして香取田所家文書内の重書案として伝来したのである。[25]

## おわりに――徳政令と地域社会

おわりに建武徳政令の意義について整理しておきたい。周知のように、建武徳政令をめぐっては、戦前の佐藤三郎による検討ののち、佐藤進一と黒田俊雄との論争をへて議論が展開してきたのであった。[26] 一連の議論をへるなかで、建武徳政令が建武政権の安堵政策の一環として理解されるべきことはほぼ共通認識となっているが、[27] 本稿では紙幅の関係もあり具体的な検討はできない。

すでに建武徳政令の構成・事書については、黒田によって香取田所家文書にもとづき復元されている(28)。ここでは黒田の復元と解釈によりつつ、鎌倉期の徳政令との対比から建武徳政令の性格について検討しておきたい。

徳政令は本主権の確認を本質とする法である。【年表】からもわかるように、弘安徳政令は、神領興行を趣旨とした徳政令であり、二十年当知行年紀法をも否定して寺社側の本主権を認めている。永仁徳政令では、御家人所領の本主権が確認されたのであるが、買主が非御家人の場合にかぎり二十年当知行年紀法は否定された。また、永仁徳政令では利銭出挙についても本主権が認められている。正安徳政令は、弘安徳政令の復活であった。正和徳政令も神領興行を目的としたもので、原則的に二十年当知行年紀法は否定されている。

そして、元弘三年六月令では、「本知行の仁」を沙汰居えるべきことが求められ、同年七月令では、六月令をさしおいて、北条高時与党以外は「当時知行」の地を一律に安堵したのであった。元弘三年六月令での「本知行の仁」を沙汰居えるとは、本主権の回復を意味し、七月令での北条高時与党以外への「当時知行」地の安堵は、当知行権の是認を意味したと考えるべきであろう。元弘三年の徳政政策は、本主権の回復と当知行の是認という二律背反の理念に右往左往したのである。

これにたいして建武徳政令では、負物ならびに本物返・質券田畠について、一律に本主権を回復するのではなく、これまでの「利倍法」(利は本銭〈元本〉一倍を過ぐべからず)にもとづいて(29)、利息が元本と同額になった時点で本主権が回復されるという原則を、「半倍」(本銭の半分の利息)によって本主権が回復されると改正し、年紀売りの場合に買主が得分を取っていないといっても十カ年を過ぎている場合は、本主権が回復されるというものであった。

また沽却地については、承久の乱以降の鎌倉幕府の「下文」(安堵)を全面的に否定したうえで、二十年当知行年紀法によらずに、買主が幕府方で滅亡していれば売主の本主権が一律に認められ、売主と買主の両方が後醍醐天皇方として軍忠があった場合は然るべく裁決すること。また、元徳三（元弘元、一三三一）年の元弘の乱以後については、幕府（北条氏）の下文による買主の立場を認めず、一律に本主権を保証するというものである。

黒田の評価は、永仁徳政令との対比から、建武徳政令は基本的には①「負物并本物返質券田畠」に限られており、②沽却地については一部特定条件のものに結果として徳政的効果を生む処置があったにすぎないというものである。しかしそうであろうか。①では、永仁徳政令においては「利銭出挙」のみに限定されていた債務の破棄が、「負物并本物返質券田畠」にひろげられ、しかも「半倍」規定によって徳政の内容は限定されながらも、その対象は飛躍的に拡大しているはずである。もちろん、沽却地にたいする措置は、非常に政治的なものであったが、実質的には二十年当知行年紀法を無視する形で立法されたものであり、ここに後醍醐天皇・建武政権の性格があらわれているのではないか。

徳政の対象が飛躍的に拡大された理由は、建武徳政令が「士卒」のみではなく、「民庶」の徳政要求をうけて発布されたためなのではないか。こうして建武徳政令は領主層のみならず、「士卒民庶」によって構成された地域社会にまで取り込まれ適用されていったのである。

最後に、もう一度、香取田所家文書の「建武徳政令につき重書案」にもどりたいと思う。冒頭の苅田事件から二ヶ月ちかくたった建武元（一三三四）年十月二十四日、香取社の摂社であった神崎社の別当がある物を香取社に持ち込んだ。そのある物とは、建武徳政令の事書案であった。(30) この案文は書写され、この重書案に書き継がれたのである。

この事書案と八月十五日に吉原検校が持ち来た「竹本より書伝」の事書案とを比べてみると、①「可停止諸国狼藉事」以下の部分が欠落し、②「沽却地事」の年号が「元弘元年」ではなく「元徳三年」とあること、そして③検非違使庁牒案の日下に「右衛門尉中原在判」とあるなど書式が整っていることなどの相違点がある。いったい吉原検校が持ち込んだ「竹本本」と「神崎本」の相違は何に由来するのであろうか。(31)

もちろんそれは、建武徳政令の事書案が別々のルートからもたらされたことに原因があろう。第一章で明らかにしたように、竹本本は在京の竹本氏の子息が「記録所壁書案」を千葉に送ったものが密かに書写されて香取社にもたらされたものであり、問題の年号は北朝年号の「元弘」が使用されているわけで、政治的な改変を一部受けている。これにたいして、神崎本は「可停止諸国狼藉事」以下は欠落しているが、年号は南朝年号の「元徳」が使用されており、「右衛門尉中原在判」とあるなど書式も整っており、ほとんど政治的な改変を受けていないようである。しかし残念ながら、神崎本の京都からの入手ルートは不明である。

竹本本は守護所の侍所によって入手されたものであり、建武徳政令＝事書の全文を入手することを前提に書写されたものと考えられる。これにたいして神崎本は、神崎社がたぶん寺社のネットワークを利用して事書案を入手した可能性がたかく、事書案の内容が「徳政」そのものに限られたのも、本主権の回復をもとめる寺社側の目的にそったものとみることができよう。神崎社が手に入れた事書案は、さらに国内の寺社のネットワーク（ここでは本社と摂社の関係であるが、国内の寺社のネットワークは存在したものであろう）によって香取社にもたらされたのである。(32)

中世香取社は、複数のルートから建武徳政令の事書を入手することができたのであり、独自に複数の情報ネットワークをもっていたのであった。こうして建武徳政令は地域社会にもちこまれたのである。

## 注

（1） 建武元年五月三日検非違使庁牒案（『千葉県の歴史　資料編中世2』香取田所家文書九号—（8）・（9）、以下「田所」九号—（8）・

（9）のように略す。）

（2） 建武元年九月三日沙彌蓮一奉書案（「田所」九号―（7））。なお、この奉書案のつぎには、「私云」として、つぎのような注記がなされている。

依之、同四日巳時到来、不日午剋奉付政所御留守了、同申剋神人正判官代沽地酒田一反作稲、買主中村又三郎後家尼御前、以代官大進房六郎二郎以下之人数輩、苅取之間、為制止行向之処、散々被致刃傷狼藉了、翌日ニ為訴申三郎二郎等参時、買手等令同心合力　神敵、殊後藤左衛門入道善心・三河房・大進房等走参于千葉、依掠申之、自執事又為買方被成御書下了、次神官等訴訟、不被聞入之間、後日以去永仁法、帯具書等雖申之、猶以不承引、如返答者、京都可令注進事由云々、

本文での以下の記述はこれにもとづく。

（3） 建武元年八月十五日香取社神官衆徒等申状等案（「田所」九号―（5））

（4） 吉原又四郎の吉原は、香取社領内の吉原村のことであり、吉原又四郎は神官＝神人としては吉原検校であったと推定される。

（5） 笠松宏至「中世の政治社会思想」（同『日本中世法史論』東京大学出版会、一九七九年。初出一九七六年）、同『徳政令―中世の法と慣習―』（岩波新書、一九八三年）など。

（6） 前川祐一郎「壁書・高札と室町幕府徳政令」（『史学雑誌』一〇四編一号、一九九五年）、同「『情報』としての徳政令」（『遙かな中世』一五号、一九九六年）、同「室町幕府法の蓄積と公布・受容」（『歴史学研究』七二九号、一九九九年）。なお中世の情報論に関しては、佐藤和彦『日本中世の内乱と民衆運動』（校倉書房、一九九六年）、酒井紀美『中世のうわさ―情報伝達のしくみ―』（吉川弘文館、一九九七年）、同『日本中世の在地社会』（同前、一九九九年）、西岡芳文「《情報史》の構図」（『歴史学研究』六二五号、一九九一年）、榎原雅治「損免要求と豊凶情報」（同前）、西岡「日本中世の〈情報〉と〈知識〉」（『歴史学研究』七一六号、一九九八年）、蔵持重裕「中世の村と情報」（同前）、松薗斉「王朝勢力と〈情報〉」（前掲『歴史学研究』七二九号）などを参照のこと。

（7） 『千葉県の歴史　資料編中世2』では、香取田所家文書に「徳政令につき香取文書具書案」（「田所」九号）として収載した。

（8）建武元年五月三日検非違使庁牒案（「田所」九号―(8)）

（9）金沢文庫文書、年月日未詳湛睿書状土代（『神奈川県史　資料編3　古代・中世(3上)』三八一二号）。なお、守護所侍所の竹本＝竹元氏については、松本一夫「千葉氏の下総支配の特質に関する一考察」（『千葉史学』三一号、一九九七年）がまとまった指摘をしている。他に竹元氏にふれた論考には、千野原靖方『千葉氏　鎌倉・南北朝編』崙書房、一九九五年）、伊藤一男「中世笹本郷の武士と村落」（『シンポジウムよみがえる笹本城跡』東総文化財センター、一九九五年）、遠山成一「栗山川水系の中世城館跡について」（同前）、同「内乱期下総国における寺領経営の一側面」（『千葉県の文書館』三号、一九九八年）、同「建武期千田庄動乱の再検討」（『千葉史学』三三号、一九九八年）などがある。

（10）ここでの理解が正しければ、下総国守護千葉氏の守護所は、下総国府の周辺ではなく千葉にあったことになる。また、守護所の構成一般については、後考をまつほかないが、守護所には奉行人がおり、侍所があったとすれば、後述する守護裁判権の傍証のひとつともなろう。

（11）千葉にいた妹は、守護所で仕えていたものか、あるいは竹本＝竹元氏との婚姻関係などによって守護所の内部にいたものであろうか。じつのところは不明であるが、妹がスパイ的な活動をしたことは確実である。

（12）年未詳八月十三日千葉貞胤書状案（「田所」九号―(6)）

（13）笠松宏至『日本中世法史論』（前掲）など。

（14）石井進『中世を読み解く―古文書入門―』（東京大学出版会、一九九〇年）、同「『日蓮遺文紙背文書』の世界―「双紙要文」紙背文書を中心に―」（小川信編『中世古文書の世界』吉川弘文館、一九九一年）、同「鎌倉時代中期の千葉氏―法橋長専の周辺―」（『千葉県史研究』創刊号、一九九三年）

（15）笠松宏至「中世在地裁判権の一考察」（前掲、同『日本中世法史論』。初出一九六七年）、石井進「一四世紀初頭における在地領主法の一形態―「正和二年宗像社事書条々」おぼえがき―」（同『日本中世国家史の研究』岩波書店、一九七〇年。初出一九五九年）、工藤勝彦「鎌倉時代における在地裁判権に関する一考察」（『古文書研究』三七号、一九九三年）

（16）裁判になれば、建武徳政令の事書案が香取社神官衆徒等申状に副えられたか、あるいは裁判の過程で証拠として香取社の側から提出されたであろう。
（17）註（2）の引用史料参照。
（18）正安五年三月廿二日平某等連署奉書案と正和五年四月十八日平某等連署奉書案（「田所」九号―（3）・（4））
（19）「田所」九号―（2）。なお『千葉県の歴史　資料編中世2』では、この下知状案を関東下知状案としたが、書判者の「前出羽守藤原朝臣」は、当該期に政所執事であった二階堂行藤であり、「幕府政所下知状案」とすべき文書であった。この点は、佐藤進一『鎌倉幕府訴訟制度の研究』（岩波書店、一九九三年、初出一九四三年）「附録鎌倉幕府職員表復原の試み」による。なお、これまで政所の雑務沙汰裁許状は佐藤によって一通紹介されているだけであり、この幕府政所下知状案は政所の雑務沙汰裁許状の二通めということになる。
（20）「田所」九号―（1）。ここには「胤宗之下知状」とみえるわけで、守護千葉介胤宗は下知状を発給できる主体であったのである。
（21）工藤勝彦「鎌倉時代における在地裁判権に関する一考察」（前掲）は、在地裁判権の重層性や、地頭代への提訴に際して裁決できなかった場合には関東へ訴えるように命じる事例を紹介し、在地裁判権と関東（幕府）裁判権との関係を下級審・上級審的関係から理解する可能性を示している。ここでの事例―下総での守護所の裁判権と建武政権（後醍醐綸旨）との関係も工藤の指摘にあてはまろう。
（22）鎌倉期の徳政令については、海津一朗『中世の変革と徳政―神領興行法の研究―』（吉川弘文館、一九九四年）の成果を前提としている。また村井章介「正和の神領興行をめぐって」（『日本古文書学論集　中世二』吉川弘文館、一九八七年）なども参照のこと。
（23）「田所」九号―（1）。
（24）海津一朗『蒙古襲来―対外戦争の社会史―』（吉川弘文館、一九九八年）一四二頁。

(25) 鈴木哲雄「香取大禰宜家文書のなかの重書案について」（『千葉県史編さん資料　香取文書総目録』千葉県、一九九九年）で検討・整理した香取大禰宜家文書内の具書案を含む重書案も、香取社への神領興行法の適用ともかかわっているかもしれないが、この点は今後の課題としたい。

(26) 佐藤三郎「建武元年の徳政に就いて」（『歴史学研究』五〇号、一九三八年）、赤松俊秀「室町幕府」（『体系日本史叢書1　政治史Ⅰ』山川出版社、一九六五年）、佐藤進一『日本の歴史9　南北朝の動乱』（中央公論社、一九六五年）、黒田俊雄「建武政権の所領安堵政策」（『黒田俊雄著作集　第七巻』法蔵館、一九九五年。初出一九七二年）、伊藤喜良「香取社領の土地売買について」（同『中世国家と東国・奥羽』校倉書房、一九九九年、初出一九九〇年）など。

(27) 近藤成一「本領安堵と当知行地安堵」（石井進編『都と鄙の中世史』吉川弘文館、一九九二年所収）、吉原弘道「建武政権の安堵に関する一考察」（『古文書研究』四〇号、一九九五年）

(28) 黒田俊雄「建武政権の所領安堵政策」（前掲）

(29) 笠松宏至『徳政令』（前掲）

(30) 「田所」九号―（9）。該当部分を掲げておく。

検非違使庁　牒諸国衙

　当国住人申、負物幷本物返質券田畠事

右、任（於カ）国任格制、令計成敗、有子細者可被注進之、者以牒、

　建武元年五月三日　　右衛門尉中原在判

負物半倍本銭返半▒[返]倍、依為其結解過半倍者、非取返田畠所過（課）用途、本主可返之、質券沽却年記沽却同前、

沽却地事

承久以来沽却、不可依御下文、買主滅亡者、本主可進退之、両方共参御方、致軍忠、且可有其沙汰候、
元徳三年以後、殊以本主可進退之、

建武元　十　廿四、神崎別当社参持之間、写之、
（花押）

最後の花押は、この重書案を作成した「私」のものであろうが、この花押＝「私」がだれなのかは、いまのところ不明である。

(31) 黒田は、前者を「海上本」、後者を「神崎本」と呼んだが、前者は「竹本本」と呼ぶにふさわしいと考える。

(32) 一宮と国内寺社のネットワークについては、榎原雅治「若狭三十三所と一宮」（『史学雑誌』九九編一号、一九九〇年）、同「中世後期の地域社会と村落祭祀」（『歴史学研究』六三八号、一九九二年）を参照。

# 足軽と応仁・文明の乱

小島　晃

## はじめに

足軽とは何か。国語辞典には「雑兵。歩卒。武士の発生とほぼ同時に現われたが、鉄砲の伝来により散兵戦が行われるようになると、戦国大名はいずれも大量に雇い入れ、鉄砲隊を組織し、足軽大将さえ設けた。江戸時代には諸藩で歩卒のことをいったが、士分とは区別された。（以下略）」と記されており、語源は中国の春秋・戦国時代の『呉子』に載る「軽足」（能ク走ル者の意）に相当するという。[1] 国語辞典という制約から甚だ簡略なまとめではあるが、我が国における足軽の登場は『平家物語』に遡り、『太平記』などにも描かれるなど、[2] 足軽の活動にはその時代ごとの特徴があったと考えられる。そしてその活動が最も顕著となるのは、応仁元年（一四六七）から文明九年（一四七七）にわたって京都を中心として起こった全国的な規模の内乱、すなわち応仁・文明の乱においてであった。

足軽について、早くに言及したのは三浦周行氏である。三浦氏は、我が国の自治体の起源を探るべく山城国一揆などの歴史事象を検討し、戦国時代を武士本位の社会階級が事実上崩壊に瀕し、武士以外の平民階級の覚醒が促された時期と規定している。そして武士階級の崩壊が戦乱を惹起し、軍紀の乱れた軍隊による下級人民に対する略奪行為が顕著となったと指摘する。このような状況下にあって、中世後期社会の広範な社会的武力を一種の民兵と規定し、民兵すなわち傭兵としての足軽が公認された時期を応仁・文明の乱としている。さらに武士・浪人などの侍階級に対する土民階級が足軽の最大多数を占めたと断じた。(3) また稲垣泰彦氏は、応仁・文明の乱当時の代官名主あるいは在地領主を頂点とする軍事組織に言及し、山城国久世荘などのケースを検討することから、騎馬＝公文、足軽＝侍分、人夫＝一般農民という武力構成を想定している。(4) そして近年武力論など多方面から注目を集めているのが、藤木久志氏の研究である。(5) 藤木氏は「食うための戦争」という認識から戦場を「生命維持装置（サバイバルシステム）」と規定し、戦時下での武力となった足軽をも含む「雑兵」（身分の低い兵卒）を指標として、英雄中心の伝統ある通俗戦場論に逆らって新たな戦国社会史論を展開している。その中で筆者が注目するのは、雑兵の構成員を、①武士に奉公する悴者・若党・足軽＝「侍」、②その下の中間・小者・あらしこ＝「下人」、③夫・夫丸＝村々から徴集された物を運ぶ「百姓」としている点である。ここには戦場論を語るにあたり、足軽をも含んだ「雑兵」を切り口とする広い視野があり、その叙述からは戦時下における諸階層の活動を史料に基づいて具体的に明らかにしようという積極的な姿勢が伺える。

しかしながら本稿では、藤木氏の「雑兵」を切り口とする戦国社会史把握の有効性を認めつつも、あえてそこから足軽を切り離し、足軽が応仁・文明の乱の過程で果たした歴史的役割について検討したいと考えている。その前提には当該期の足軽に時代的特徴を見出しうるとの見通しがある。その際、当時の足軽の供給源が山城国の西岡周辺（現在の京都市郊外南西部）などの土一揆の拠点と重なっており、大名が「惣」的勢力を歩兵部隊として編成しようとした動きにこそ足軽と称する契機があったとする勝俣鎮夫氏の指摘にも注目しておきたい。(6)

## 一　禁制に登場する足軽

『増補八坂神社文書』の「禁制」の項に、文明二年六月に京都祇園社（八坂神社）の金仏勧進所に宛てた畠山義就（当時の山城国守護）の禁制が載っている。

禁制

祇園社金仏勧進所

一盗取彼金像、打擢之、令沽却云々、同買之輩事

一就勧進聖身上、或号借物、或寄綷於左右、成其煩事

一軍勢以下足軽等濫妨狼籍（藉）事

右條々、堅令停止訖、若於違犯族者、可処重科也、仍下知如件、

文明貳年六月　日

右衛門佐（畠山義就）（花押）

同書の「禁制」の項には、ほかに至徳二年（一三八五）七月一三日の山名氏清から永正一七年（一五二〇）五月三日の細川高国に至る五通の禁制が掲載されている。ここで注目されるのは、「足軽」の呼称がみられるのは義就のもののみであって、他の五通で濫妨停止の対象となっているのが「軍勢」「甲乙人」であるという点である。乏しい管見ではあるが、戦国期に多数みられる禁制においても、軍勢や甲乙人の濫妨が禁止されているのが一般的形式であると思われる。同書中のただ一通の禁制ではあるが、そこにあえて「足軽」の呼称を加えなければならなかった要因が、当時

の社会情勢の中にあったのではなかろうか。

さて、ここに文明三年の「足軽禁制起請文」という端裏書をもつ東寺が発給した文書がある。(7)

再拝〻〻起請文事

右子細者、於寺家寺官幷御坊中〻居御力者小者境内百姓以下輩者、一切不可加所〻足軽衆者也、其謂者於寺家衆者、為伽藍守護公方足軽既御免上者、可加自余足軽事、堅所被禁制也、若有背御成敗輩者、堅可預御罪科者也、此等条〻雖為一事令違越者、

梵天帝釈四大天王惣而日本国中大小神祇天照太神八幡大菩薩稲荷五所大明神大師伽藍三宝両部諸尊御罰可罷蒙各身者也、仍起請文状如件、

文明三年辛卯正月廿四日

公文所（花押）　豊後　越前（花押）

上総（花押）　備後（花押）　美濃（花押）

岩見《ママ》（花押）　土佐（花押）　乗観（花押）

（以下、署名者省略）

この起請文には、東寺に奉仕する公文所をはじめとする一〇五人の署名があり、豊後・越前など国名を名乗る者一五人、小阿弥・招阿弥など阿弥号をもつ者六人が含まれている。そして署名者のうち四八人が花押、四五人が略押を加えている。それでは、なぜ東寺はこのような起請文を必要としたのだろうか。その背景には、京都八条付近で足軽を徴集する遍照心院（東寺の南にある現在の大通寺が寺基を継いだとみられる）領の足軽大将馬切衛門五郎の活動があっ

た。この徴集の動きに対して東寺側は、寺家衆、諸坊中に居住する力者・小者、さらに境内の百姓等に対して足軽に加わらない旨を東寺不動堂の前で起請させ、この起請文を作成したのである。しかしこの段階にあって、増長院に奉公する五郎次郎と宝輪院の力者である徳松らはすでに徴集に応じており、馬切らの足軽衆は東寺門前まで訴訟に訪れ、彼等の起請（五郎次郎は起請文に略押を加えていたが、徳松に至っては花押も略押も加えていない）を免除するよう迫った。こうした事態に直面しながら東寺側は無力であったため、起請の事実にもかかわらず両名の足軽への参加を特例として認めなければならなかった。(8) この事件は東寺の権威失墜を示すとともに、直接支配下にあるはずの諸坊の奉公人や境内百姓が、東寺の支配（隷属関係）から逃れようとしていた事実を如実に物語っている。そしてその一つの手段が足軽への参加であり、当時の足軽徴集は京都市中で頻繁に行われていたと想定され、洛中に居住する者すべてがその対象となっていたと考えられる。なお前述の起請文には、足軽への参加を認めない理由として「為伽藍守護公方足軽既御免上者」という文言がみえ、寺家衆は伽藍守護に専念するため「公方足軽」を免除されていたという。この場合の「公方足軽」は将軍家に仕える足軽を指すのかもしれないが、実体については不明である。

次に文明九年に東福寺に宛てて出された室町幕府奉行人連署奉書の案文をみてみたい。(9)

（端裏書）
「法性寺大路」

東福寺境内法性寺大路幷宇賀辻等事、如先〻為寺家可致検断、次寺家被官同門前住人以下、号足軽近年致悪張行云々、太無謂、於張本人者、処其科、至自今以後者、堅可被停止之、次御敵被官之族、有許容之輩者、就注進可被処厳科之由、所被仰出候也、仍執達如件、

文明九年十二月九日

（布施英基）
弾正忠在判

（飯尾元連）
大和守在判

当寺雑掌

東福寺は南北に伏見街道（奈良街道）が走る交通の要衝に位置し、当時その道は法性寺大路と称されていた。このような位置にある東福寺において、寺家の被官や門前の住人が足軽と号して悪行をはたらいていたという。そのため幕府は張本人の糾明を東福寺雑掌に命じ、これ以後の足軽停止を伝えている。

ところで文明九年という年は、九月に西軍の畠山義就が兵を収めて河内に下り、さらに大内政弘らの諸将が分国に帰国し、応仁・文明の乱が一応の終息をみた時期にあたる。このような状況下にあって、京都近郊の山科七郷では足軽による狼藉が問題化しており、同年九月二三日に山科七郷は惣郷として領主山科家に対して次のような要請を行っている。(10)

急度以折帋被申候、随而就世上無為、此方ニ御入部可為目出候、就其、足軽等狼籍（狼藉）子細候ハんするをハ堅御成敗奉憑候、

この要請に対し、山科家の雑掌大沢久守は同日の書状で次のように伝えている。(11)

自郷中御折帋委細承候、誠ニ世上之儀其事候、可然候子細候者、自是可申候、其方より注進以前、於此方所ゝへ承候分申候処、為上意、伊勢左京助・布施両使ニて諸大名被仰出候分、所ゝ辺土足軽等不可被出之由被仰出候間、目出度候、

これによると、この日以前に室町幕府（東幕府）は政所執事伊勢貞宗と政所執事代布施英基を使いとして、諸大名に対して足軽の出兵を禁じていた。残念ながら、この時の命令がどのような形式で行われたかは不明であるが、同月一〇日の室町幕府奉行人斎藤豊基・清貞秀が連署した東寺宛の禁制(12)が残されており、その一条目に「軍勢甲乙人幷足軽乱入狼籍（藉）事」と記されている。このように諸大名に足軽出兵停止命令が出された事実、および東寺に宛てられた禁制

の内容などからして、この時期の足軽問題は幕府にとって重要な懸案事項となっていたことが分かる。

では、当時の権力側は足軽の活動をどのようにみていたのだろう。この頃の記録として最も有名なものは、文明一二年に将軍足利義尚の諮問に応えるかたちで記された一条兼良の『樵談治要』(13)の記述で、「足がるといふ者長く停止せらるべき事。昔より天下の乱る丶ことは侍れど。足がるといふことは旧記などにもしるさゞる名目也。平家のかぶろといふ事をこそめづらしきためしに申侍れ。此たびはじめて出来れる足がるは超過したる悪党也。其故は洛中洛外の諸社。諸寺。五山十刹。公家。門跡の滅亡はかれらが所行也。かたきのたて籠たらん所にをきては力なし。さもなき所々を打やぶり。或は火をかけて財宝をみ《見》さくる事は。ひとへにひる強盗といふべし。か丶るためしは先代未聞のこと也」と記されている。兼良の描写からは、足軽の活動に対しての権力側の危機感の程が伺えるが、さらに興味深いのは後半部で、足軽を「いづれも主のなきものは有べからず。向後もか丶ることあらば。をの〳〵主々にかけられて糺明あるべし。又土民商人たらば。在地におほせ付られて罪科有べき制禁ををかれば。千に一もやむ事や侍べき」と論じている点である。この記述からは、諸将が足軽の徴集を行っていたであろうこと、(14)およびその徴集にあたって京都近郊の村落や洛中の商人までがその対象となっていたことが知られる。なお足軽の行動様式の特徴として、『応仁乱消息』(15)に「爰ニ人ノ中間小者相語而誇レ凱ニ。号二足軽ノ徒党一誑シレ人ノ心ヲ不レ寄レ思風度懸リレ敵合戦仕。(中略)懸事者自レ元所レ好逃事非レ恥辱ニ。前代未聞出来ノ者也」という記述がある。前述の『樵談治要』の記述と併せ、相手が強い場合には逃げることを恥ともせず、隙をみては襲いかかるという足軽の戦法は興味深い。(16)

本章では、足軽の供給源が山城国西岡などの土一揆の拠点、すなわち村落と重なっていたという前述の勝俣鎮夫氏の見解について検討してみたい。

## 二 足軽と村落

### 1 『碧山日録』に描かれた足軽

東福寺霊隠軒の軒主太極は、自らの日記『碧山日録』[17]応仁二年一一月三日条に次のように記している。

東陣疾足三百余人、詣宇治大廟、各持長矛・強弓、踏歌奔躍、頭或着金冑、或頂𥶡笠、或蒙赤毛、単衣細葛、其膚至於露見也、如寒以不恐者、蓋欲軽其身而疾走之如飛也、日録曰、雖有突出而得利、殆非制兵之法、惟細民奸猾、陵上之漸也、

そして翌日の条には、次のような記述がある。

疾足自宇治帰、其親族数百人、出迎於東崗、西兵従間道夾殺之、死者廿余人云、

ここに登場する「疾足」（はやあし）とは、その字義からして足軽のことであろう。この場合の三百余人からなる異形の集団としての疾足＝足軽の具体的な描写も興味深いが、ここでは「東崗」において疾足を親族数百人が出迎えたという状況に注目したい。峰岸純夫氏は疾足を農村から徴発（応募）された傭兵としての足軽の農民的集団と捉え、この時の状況を宇治参詣から戻った彼等をその家族が東崗（山城国西岡に対する呼称で、東福寺付近であろう）で出迎えたものと解釈している。[18]すなわち東軍に属した疾足三百余人が数百人の親族を抱え込んでいたという事実は、前述の馬

切衛門五郎の足軽取り立てにみられる一本釣り的な徴集ではなく、村落を単位とするような集団的な徴集があったことを推測させる。さらにその徴集の対象となった地域が、先にも述べた東福寺付近という交通の要衝であった点にも注目しておきたい。

東福寺付近が足軽の拠点とされていた点については、東崗での出来事より遡ること三ヶ月ほど前の八月六日条の次のような記述からも伺うことができる。

前門之民有御厨子、属義就之下、不事家業、而頗好勇悍、聚軽卒之徒、以塞東陣之路、東兵屯山科里、欲破(御脱)厨子、

この場合の「前門」とは、その筆者が東福寺霊隠軒の太極であることからして、当然東福寺の門前であろう。そして家業を放棄した足軽大将とみられる御厨子なる者が、西軍の畠山義就方に属して「軽卒之徒」＝足軽を率いて東軍の通路を塞いでいた。これらの事実は、当時の東福寺周辺が主要な足軽供給源となっていたことを物語っており、応仁・文明の乱の開始当初から足軽が主要な戦力となっていたことをも示している。

さらに応仁二年六月一五日条をみてみよう。

客云、東陣有精鋭之徒三百余人、号足軽、不擐甲不取戈、只持一剣突入敵軍、時々有俘馘之作、八日之夜、伺隙焼宗全之兵櫓六七間、勝元賞其徒云、

この記述からは、三百余人の足軽が東軍の精鋭部隊とみられていたことが分かる。その武装は半具足というはなはだ軽装なもので、西軍の隙を伺って山名宗全方の兵櫓を焼き討ちするというゲリラ戦を得意としていた。この場合の三百余人の足軽がどのような階層で構成されていたかは不明だが、あえて推測をたくましくするなら、「只一剣を持ちて敵軍に突入する」という表現からして、都市の下層民や村落の一般農民などを視野に入れることが可能ではなかろうか。前述のように、藤木久志氏は戦国大名による武力編成下で「百姓」を物資を運搬するなどの後方支援の主要部

隊と捉えているが、応仁・文明の乱にあっての「百姓」は戦闘時の主要部隊を形成していたのかもしれない。

## 2　足軽四分一済をめぐって

足軽は荘園村落の年貢算用状の中にも登場する。[19] 文明元年一二月に注進された東寺領山城国下久世荘年貢算用状[20]は、次のような内容となっている。

注進　東寺八幡宮御領下久世庄御年貢米散用状事
　合伍拾玖石伍斗柒合之内
　　除庄立用
参斗　　御神楽　　壹斗　　牛玉紙
壹斗　　御蔵付　　壹斗　　如法経
伍斗　　節料饗　　陸斗　　治部者田
（省）
陸斗　　散失　　貳石　　下司給
貳石　　公文給　　伍石　　足軽四分一
拾肆石　上郷方在庄下用分
　　已上貳拾陸石貳斗引之
残御年貢米卅三石三斗七合内
現納卅石一斗二升六合六夕七才
十二月廿七日マテノ御寺納分也

未進三石一斗八升三夕三才別紙ニ在之

右、散用状如件、

文明元年十二月　日　　弘成（花押）

この算用状では、年貢米五九石五斗七合のうち荘園の立用分として二六石二斗が除分とされており、その中に「伍石　足軽四分一」が含まれていた。では、なぜこのような除分が設定されたのだろう。その背景を記した記事が、「鎮守八幡宮供僧評定引付」文明元年一一月二日条[21]にみえる。

下久世公文上洛仕、西岡諸本所四分一、西岡之足軽ニ自守護被申付之間、当座四分一可給之由、昨夕来申、可為如何候哉、

これによると、山城国守護（畠山義就）が「西岡之足軽」に諸本所の年貢から四分の一を与えていた。そして同引付は同年一二月一三日条[22]に次のように記している。

下久世四分一事、公文以下自地下罷上、庄之五石可被下之由申之間、其分治定了、

ここにみられる「下久世四分一」の数字は五石で、前記の「伍石　足軽四分一」と対応する。そしてその給付対象となったのは、下久世荘の「公文以下」の者であった。したがって足軽四分一済は、守護による村落への軍勢催促の反対給付であったと考えられる。応仁元年、室町幕府が軍勢催促の目的をもって西岡地頭御家人に対して半済の給付を約束しているが、下京および西岡周辺を支配下におさめた畠山義就は、配下の「侍衆」に対して足軽四分一済を与えることによって、軍勢催促をより確実なものにしようとしたのであろう。[23]なお文明元年の下久世荘年貢算用状での足軽四分一済五石は、年貢米五九石五斗七合に対して四分の一になっていない。しかし文明二年一二月五日の年貢算用状[24]では、年貢米五九石五斗七合に対し一二石二斗三升九合二勺が足軽四分一済とされている。さらに同三年一二月

晦日の年貢算用状[25]では、年貢米五九石五斗七合から立用分七石二斗を引いた残米五二石三斗七合に対し、四分の一の一三石七升六合が引かれている。このように足軽四分一済は徐々に確実なものとなっていったようである。

一方、藤木久志氏は応仁・文明の乱初期における荘郷の動員の問題を、東軍方の山科七郷において検討している。[26]それによると、名主沙汰人中を中心とした山科七郷への室町幕府の軍事動員は応仁・文明の乱の初めという特異な非常事態に限られ、通常は原則として兵の徴発はなかったという。そして、当時の村の武力に求められた主な任務は通路制圧であり、山科七郷はその要請に難色を示しながらも、兵粮料を得ることを条件として応えていたことを明らかにした。通常の場合は原則として村落からの兵の徴発はなかったとする議論には賛同しかねるが、村落が武力動員にあたって兵粮料を得ていた点は注目される。なぜなら、前述の足軽四分一済は兵粮料の恒常化を目指したものと考えられ、その意味からも村の動員は無償ではありえなかったのである。

## 3　村落の身分と武力

当時の村落内の身分構成はどのようになっていたのであろうか。本来、中世の身分制は侍—凡下—下人を基本的な身分関係としていたが、ここでは稲葉継陽氏による村落の「侍分」の形成とその存在形態に関わる研究が検討の糸口となると思われる。[27]稲葉氏は、長禄三年（一四五九）九月二〇日に山城国上久世荘・下久世荘の荘民が提出した土一揆張本についての起請文の案文[28]の署名者から、村落内における「地下分」と区別された「侍分」という階層を抽出している。この場合の「侍分」は村落成員の二〇パーセント弱を占め、身分としての可視的指標は名字と実名の所持にあるとした。さらに「侍分」は「地下分」を人格的隷属下におくというよりも、村落内の横断的身分として存在していたと指摘している。この場合、村落内上層が「侍」身分として現出する要因は、既成武士団との被官関係＝主従関係、すなわち主に「侍う」ことにあったという。さらに「侍分」は百姓の武力とは別に「侍」の家として独自の武力（下人）を有していたことも指摘されている。したがって前述の足軽四分一済の給付対象となった「公文以下」とは、稲葉氏が指摘する「侍分」であったといえよう。こうした中、既成武士団と村落上層（「侍分」）、およびそれと村内百姓との被官関係は一元的なものではなく、きわめて錯綜し、かつ流動的・非固定的であった。このような指摘を前提として、「侍分」を中心として蓄積された村の武力は、応仁・文明の乱当時、足軽という呼称に名を借りて保持されていたと思われる。すなわち先に触れた稲垣泰彦氏が久世荘の場合で類型化した騎馬＝公文、足軽＝侍分、人夫＝一般農民という構成ではなく、足軽は「一般農民」をも含み込んでいたのである。足軽四分一済にみられる足軽は、正規の武士団による上からの軍事力編成の対象と捉えられるが、他方、こうした足軽の徴集が単に強権によって行われたのではなく、反対給付を伴って行われていたことは、在地に蓄積された武力の大きさを物語っている。こうした状況もまた、村落の「生命維持装置」といえよう。

さて、近衛政家の日記『後法興院記』(29)の応仁元年五月一六日条に、次のような興味深い記事がある。

降雨、未刻以後止、終日猶陰、入夜又雨下、世上雑説條々満耳、摂州国民池田令上洛細川被官者也、馬上十二騎、野武士千人許也、過門前間令見物了、

これは東軍の細川勝元の被官で摂津国池田城を居城とする国人池田氏の軍勢が上洛する様子を描写したものである。それによると、門前を通過する軍勢は、騎馬一二騎に対して一千人ばかりの野武士が従っていた(30)。政家の目に映った軍勢の主体は、その姿、武装などからか「野武士」と表現されている。したがって彼等は正規の軍隊ではなく、在地から徴集された足軽のような軍勢、すなわち下久世荘にみられた「侍分」を中心とする武力と同等だったのではなかろうか。関連史料を目にしていないため断言はできないが、先に応仁二年段階で東軍の「精鋭之徒三百余人」＝足軽

が山名宗全方の兵櫓を奇襲し細川勝元から賞されている事実などから推測して、一千人の「野武士」は足軽と同一視できると思われる。なおこの場合の軍勢が、足軽ではなく野武士と表現されている点については、次章で検討したい。

## 三 「足軽と号する」こと

一条兼良の息子である奈良興福寺の大乗院尋尊は、自らの日記『大乗院寺社雑事記』[31]文明四年二月一二日条に次のように記している。

京都・山城以下ヤセ侍共一党号足白、如土民之蜂起令一同、是近来土民等号足軽、任雅意故如此儀云々、所詮亡国之因縁不可過之、

この記述によると、当時の京都および山城国の「ヤセ侍」の一党が、「足白と号し」て「土民之蜂起」のように活動していたという。峰岸純夫氏は、この場合の「足白」を国一揆のようなものと捉えている。[32]峰岸氏が想定している国一揆がどのような概念の一揆を指しているのかは不明だが、「足白」の主体勢力が「ヤセ侍」と表現されていることからして、「足白」とは応仁・文明の乱の過程で産み出された牢人・没落武士などからなる集団の呼称とみるべきであろう。関連史料を欠くため、これ以上の推測は不可能であるが、この尋尊の記述においては、当時の土民の蜂起（土一揆か）が「足軽と号し」ていたこと、およびそれが「亡国之因縁」とみなされていたことに注目したい。そこで、本章では尋尊の記述にある「足軽と号す」という文言に焦点を絞って検討を加えてみたい。

すでに述べてきたように、『碧山日録』応仁二年六月一五日条の「東陣有精鋭之徒三百余人、号足軽」、文明九年一二月九日に東福寺雑掌に宛てて出された室町幕府奉行人奉書の案文の「号足軽近年致悪張行」、さらに『応仁乱消息』

に「爰ニ人ノ中間小者相語而誇レ凱ニ。号ニ足軽ノ徒党一誑シレ人ノ心」とあり、当時の史料に「足軽と号す」という文言がみえる。勝俣鎮夫氏は、「徳政と号する」という史料的表現に関連して、「……と号す」「……と称す」という主張の意味について検討を行っている(33)。それによると、「……と号す」という表現は、ある行為を違法行為や義務の不履行などとして咎められた際、または咎められると予期した場合、その行為者がそれに対して自己の行為の正当化を主張したのが一般的な使用法であるとしている。すなわち、「……と号する」主体者側に立ってみれば、自らの行為を何らかの根拠に基づいて相手に承認させようとする表現なのである。この前提に立てば、「足軽と号する」ことによって、応仁・文明の乱の中で権力側に「超過したる悪党」「ひる強盗」などと批判された集団が、自己の行為を正当化しようとしていたという時代の風潮を読み取ることができよう。

では、足軽という呼称には本当に自己の行為を正当化させうる利点、あるいは論拠が含まれていたのだろうか。その正当化のための論拠としてまず考えられるのが、足軽を身分的呼称とする既成武士団との被官関係である。応仁二年六月八日の夜、足軽と号した東軍の「精鋭之徒三百余人」が山名宗全方の兵櫓を焼き打ちし、この活動によって細川勝元から賞されたのは、やはり被官関係に基づくものであろう。しかしこうした被官関係は既成武士団内の主従関係と異なり、主人の成敗権が比較的微弱であったとみられる。なぜならば、応仁・文明の乱の開始とともに、東軍・西軍の両陣営は京都市中および近郊の荘園村落などから武力を徴集する必要に迫られ、これが足軽の発生を招く主要な要因となっていた。したがってその大部分は急拵えの武力であり、そのことによって被官関係は錯綜し、かつ流動的であったと考えられる。しかしこうした形骸的な被官関係であっても、足軽という被官の側にしてみれば、既成武士団によって身分的に保障されるという利点は多大なものであったであろう。

ところで「足軽と号する」背景にあった被官関係は、既成武士団とすべての者が結ぶ必要があるわけではない。なぜなら前述の馬切衛門五郎のような足軽大将は何らかの形で被官関係を結ぶかもしれないが、大部分の者は足軽大将に率いられた又被官的な存在として身分的な保障を得ていたと思われる。そこでやや寄り道になるが、足軽大将の著名な一例をみておこう。

『応仁記』(34)に次のような記述がある。

> 爰ニ目付ニ骨皮左衛門道源トテ。多賀豊後守。所司代之時走舞タルガ。手ノ者共京中山城脇ニ多カリケリ。申子細在ケレバ。勝元。呉服ノ織物。金作ノ太刀ナド給ケレバ。山科ヨリ稲荷へ打越テ。社務羽倉出羽守申合。イナリ山ノ上ノ社ニ陣ヲ取。伏見。小幡。藤ノ森。三栗。深草。淀。竹田。鳥羽。法性寺小路マデ手ノ下ニ見テ有ケレバ。大略郷人共降参シテ下京ハイカヾアルベキトオモヒケル処ニ。山名畠山諸勢差遣シ稲荷山ヲ責ケレバ。処々ノ悪党物取共ナリケレバ方々へ逃散ヌ。道源ハ板輿ニ乗。女ノ真似シテ後ノ山へ落ケルヲ。山名殿ノ河原ノ者。人シモコソアレ追懸テ討取ケリ。

これによると、当時侍所の所司代多賀豊後守高忠の「目付」に骨皮左衛門道源という者がおり、その手勢は京都の市中やその周辺に多かったという。そして、東軍の細川勝元から「呉服ノ織物。金作ノ太刀ナド」を与えられ、手勢をもって伏見稲荷に立て籠もり、下京付近の村落を一時制圧していた。しかし西軍の山名・畠山の諸勢に攻められて手勢は逃げ散り、道源自身も山名方の河原者によって討ち取られている。これは応仁二年三月の出来事で、ここに登場する骨皮道源は侍所所司代の「目付」と自称しているが、その行動様式からみて、いわゆる足軽大将であったと考えられる。道源についてはほかにも記録があるのでここでみておきたい。『碧山日録』応仁二年三月一五日（一六日か）条には「居獄吏之下、克知温賊之挙止者、号目附、其党魁、名道元、率其徒三百余人、而蝿集於稲荷、絶西軍之糧道」、『山科家礼記』同月二〇日条には「子細者細川殿(勝元)ヨリ今度道見(骨皮道賢)ト申目付ニ下京ヲヤカセラルヘキトテ、稲荷社取陣手衆五六百人在之、然処西方ヨリ道見所押寄合戦也」と記されている。さらに道源の名はみえないが、「目付」の呼称からして同じ事件を記述したとみられるのが『後法興院記』同月二一日条で、「京方有火事、後聞稲荷云々、自去十六日目付都鄙悪党等取陣稲荷之間、自西方山名推寄令放火云々」とある。以上の記述に足軽の呼称は登場しないが、「都鄙悪党」と称された道源（道元・道見・道賢）の手勢は三百余人ないしは五、六百人からなり、細川勝元の命を受けたその活動は「而蝿集於稲荷、絶西軍之糧道」と表現されるように、戦時に際しては鐘や法螺貝といった連絡器具を介してどこからともなく集まったようで、その際に指令を出したのが足軽大将であったと考えられる。(35) このような足軽の組織性は、南北朝の内乱を経て応仁・文明の乱の過程で基本的戦闘形態となる集団戦法の基盤として不可欠なもので、足軽大将を中心として積極的に強化されていったのであろう。

足軽大将についてもう一つ注目しておきたいのは、いわゆる名字の問題である。足軽大将とみられる者として「馬切衛門五郎」「御厨子」「骨皮左衛門道源」についてすでに触れたが、「馬切」「骨皮」は屠殺などに従事する賎民、「御厨子」は朝廷に御膳・酒肴を調進する御厨子所に奉仕する者に名字の由来があると推測できるかもしれない。しかしこの点については、横井清氏が従来の研究はその名字から職業を推理したものに過ぎず、何ら確証のないことを指摘しており、さらに彼等の足軽としての活動から「賎民＝盗賊」という図式を導き出すことの非歴史性を批判している。(36) したがってここでは彼等の名字の由来を問うことはせずに、彼等が名字を名乗る背景に稲葉継陽氏が「侍分」の一つの可視的指標とした名字の問題があった可能性を指摘し、足軽大将においても名字は不可欠なものであったと考えておきたい。

以上、いささか足軽大将に関わる問題に言及しすぎたきらいがあるが、再度、「足軽と号する」ことの正当性の論拠の問題について考えてみよう。時代はやや下るが、『大乗院寺社雑事記』文明一一年閏九月一七日条に次のような記述がある。

筒井沙汰ニ、手衆共召仕之、日々夜々奈良中於荒者也、此上者越智・古市各手衆共可召仕之由一決、然者日々夜々ニ足軽共自他罷出向ヘシ、可加扶持粮米等不可有之間、如京都ニ打破乱入事可許可之間、奈良中一切不可有条勿論々々、珍事〳〵、可歎々々、

これによると、応仁・文明の乱が一応の終息をみせたのちも、大和国においては国人間の戦乱が続き、東軍に属していた筒井氏は「手衆」を使って奈良市中を荒らしていた。これに対し、西軍に属していた越智・古市両氏も対抗手段として「手衆」の使用を決し、そのために足軽の活動が恒常化したという。すなわち大和国においては、有力国人の「手衆」が足軽として認識されていた。そしてここで注目されるのは、このような状況下にあって国人層に彼等を扶持すべき糧米等がなかったため、京都の例に習って「打破乱入事可許可」、すなわち家屋に押し入っての略奪を認めようとしたことである。この史料からのみ断言することはいささか憚られるが、京都の足軽は傭兵として雇われる代償として、略奪によって生計を立てることを上位者より許可されていたようである。

時代はさらに下るが、天正一八年の豊臣秀吉による小田原攻めの際、徳川家康は自軍に対して「下知なくして」の乱取り（戦場での人の略奪や物取り）を禁じており、同じ頃の加藤清正の軍法においても「御意なき以前」の乱取り禁止が定められている。藤木久志氏は、このような「下知なくして」「御意なき以前」という表現を裏返して解釈すれば、作戦や軍律を乱さぬ限り、敵地での乱取りは野放しであったとしている(37)。これは卓見であるが、先にみた『大乗院寺社雑事記』文明一一年閏九月一七日条の記述にあるように、乱取りの公許ともいうべき事態は、すでに応仁・文明の乱の段階で発生していたと考えられる。こうした「ひる強盗」的な足軽の活動は、戦時下において単に支配階級に向けられただけではなく、当然被支配階級である「人民」の生活までをも脅かしたであろう。そしてこのような足軽が

その内部に京都の都市民や周辺村落の農民を抱え込んでいたという事実には、鈴木良一氏が足軽＝「人民の敵」[38]という図式で表現した「人民」内部における矛盾の問題としての側面が含まれていたことも忘れてはならないだろう。

最後に、当時の足軽の呼称の発生という問題を考えておきたい。前述したように、文明二年六月日の畠山義就禁制に「軍勢以下足軽等濫妨狼籍(藉)事」という文言が登場することを指摘した。これに対し、応仁二年段階で細川勝元が山科東庄に立てた次のような制札が『山科家礼記』応仁二年正月二七日条に載っている。

禁制　山城国山科大宅里

右軍勢甲乙人等乱入狼藉事、堅令停止候訖、若於当手輩有違乱之族者、可処罪科者也、仍下知如件、

応仁弐年正月廿三日　右京大夫源朝臣(細川勝元)在判

ここでは、戦国期などにみられる「軍勢甲乙人等」の濫妨停止が述べられており、足軽の呼称はみえない。さらに『山科家礼記』応仁二年段階前半の記述には、しきりと「野伏」（のぶせり）の呼称が登場するが、同じく足軽の呼称はみえない。[39]この場合の野伏（野臥・野武士とも書き、「のぶし」とも読む）とは、鎌倉末期から南北朝期に畿内およびその近国におこり、全国に広がった地侍や農民の武装集団とされ、南北朝の内乱以後、領主は彼等を無視して戦闘を行うことが不可能になったといわれるほどの存在であった。

これに対し、応仁二年段階後半になると、『山科家礼記』七月三日条の「此方アシカル一族東山雙林寺辺ニて山名殿(持豊)馬マワリ一人召取、名字イホウツヨ□(弓カ)也」という記述をはじめとして、野伏とともに足軽の呼称がしきりと登場するようになる。[40]これは単に『山科家礼記』の傾向なのかもしれない。しかしあえて推測をするなら、同書のその後の記述の中に野伏の呼称がみられなくなること、および禁制の文言の中で軍勢・甲乙人に加えて足軽が特記されるようになることなどからして、足軽自体が内乱状況下で特別な存在として認められるようになる画期、すなわち彼等

が積極的に「足軽と号する」ようになる画期が応仁二年後半以降にあったと考えられはしないだろうか。(41)しかしその画期がどのような契機によってもたらされたかは、残念ながら不明である。

## おわりに

後世の『衣川百首』(『義経百首軍歌』などともいう)に「矢をも射ず逃るを恥と思ふなよ、かろくかへりていふは足軽」という歌が載っている。(42)これは相手が強いとみると逃げることを恥ともせず、隙をみては襲いかかるという前述の足軽の戦法を詠んだものである。これまでにみてきたように、権力側の日記などの記述にもこうした評価が多くみられ、その略奪行為などによって、足軽は「超過したる悪党」「ひる強盗」「亡国の因縁」などと酷評されている。他方、従来の足軽は戦国争乱の過程で戦国大名によって軽装歩兵として常備軍化されていった存在として一般的に認識されている嫌いもある。

本稿ではこうした評価をもつ足軽を、応仁・文明の乱の段階を中心に検討してきた。それでは、当該期の足軽とはいったい何だったのであろう。結論的に言うなら、それは既成武士団の武力編成に完全には組織されえなかった諸階層からなる武力に対しての呼称で、のちの戦国大名に奉公する「侍」身分として固定化された足軽とはその性格を異にしていた。そしてこの段階での足軽は、上級権力の庇護を受けることによって京都を中心とした畿内地域での権力闘争の武力的基盤となりえたが、その一方で主を主とも思わぬ行動によって支配階級自らを窮地に追い込んでいった。それに加え、内乱の長期化に伴って、都市や村落に対しての顕著な狼藉も目立ってくる。このうち狼藉が顕著となるという傾向を物語る一例が、前述した文明九年九月に足軽の取締を惣郷として要請した山科七郷の状況で、『山科家礼記』同年の記述には足軽の狼藉の様子が散見している。[43]

応仁・文明の乱は、これ以後に訪れる戦国大名による大名領国制への道と、合力関係にあった村々＝「地下」と在地領主が「地域社会」の秩序維持のために形成した惣国一揆[44]への道の分岐点であったといえよう。こうした状況下にあって、足軽の構成員には地下の「侍分」が含まれており、彼等は「足軽と号する」ことによって産み出される正当化の論拠に基づいて戦時状況を乗り切ってきたという側面がある。しかし応仁・文明の乱後も長期化する戦時状況は厭戦気分を向上させ、京都周辺および畿内では山城国一揆や乙訓郡一揆に代表される惣国一揆が形成されていく。すなわち既成武士団による上からの武力編成の枠を脱し、「地下」本来の武力による問題解決の道を選択していくのである。こうした過程において足軽もその姿をさらに変貌させ、最終的に主要な道となった戦国大名による武力編成の下で身分的に固定化されていったと考えられる。

以上のように、足軽は応仁・文明の乱という内乱下にあって、時代の要請として出現した存在といえよう。そしてこの時代の足軽がもつ特徴は、「足軽と号する」ことによって体現されていたと思われる。しかしながら、権力側の記録などに頼るという史料的制約上、足軽本来の活動の背景にあった意識や規範を十分に明らかにすることはできていない。近年盛んな「村の武力」の問題などと絡め、今後も検討が必要であろう。

## 注

（1）『日本国語大辞典』第一巻（小学館、一九七二年）。

（2）『平家物語』巻四（永僉議）に「足がる共四五百人さきだて、白河の在家に火をかけてやきあげば」、『太平記』巻七（吉野城軍事）に「物馴タランズル足軽ノ兵ヲ百五十人スグツテ歩立ニナシ、夜ニ紛レテ金峯山ヨリ忍ビ入」などとみえる。

（3）①「戦国時代の国民会議」（一九一二年）、②「土一揆」（一九一九年）〔のちともに三浦『日本史の研究』第一輯所収、岩波書店、一九二二年〕。なお本稿で使用した史料の多くは、②論文に学んでいる。
（4）「応仁・文明の乱」（旧版岩波講座『日本歴史』中世三、岩波書店、一九六三年、のち稲垣『日本中世社会史論』所収、東京大学出版会、一九八一年）。
（5）『雑兵たちの戦場』（朝日新聞社、一九九五年）に至る一連の研究。
（6）勝俣「足軽」（『国史大事典』第一巻、吉川弘文館、一九七九年）。
（7）東京大学史料編纂所影写本「武内文書」。峰岸純夫氏のご教示による。
（8）「廿一口方評定引付」文明三年正月二五日条（『大日本史料』八―五）。
（9）大日本古文書『東福寺文書』三―五〇八。
（10）史料纂集『山科家礼記』文明九年九月二四日条。
（11）同右。
（12）「東寺百合文書」ほ（『室町幕府奉行人奉書』上）。
（13）『群書類従』第二七輯・雑部。
（14）「主々にかけられて」という表現の中には、京都八条付近で足軽の徴集を行った馬切衛門五郎のような足軽大将の存在も含まれていたであろう。
（15）『続群書類従』第二〇輯上・合戦部。
（16）南北朝期の地誌である『峯相記』（『兵庫県史』史料編中世四など）には、播磨国の悪党の活動について「人目ヲ憚リ、恥恐ルル気色更ニ無シ、武士ヲハ腹切カ党、縦ヒヲノツカラ恥ヲハ知レトモ、軍陣ニヲイテハ、沙汰ノ外ト称誉スル間」と記されており、当該期の悪党と応仁・文明の乱の時代の足軽との間に共通の行動様式が見出せる。
（17）増補続史料大成。

(18) コラム「足軽物語」(『日本の歴史』八―室町幕府、研秀出版、一九七三年)。なおこの時の出迎えは、村境で社寺参詣などからの帰郷者を迎えて行う坂迎(境迎)の儀礼であったとみられる。
(19) 先学の研究として稲垣前掲注(四)論文、および上島有『京郊庄園村落の研究』(塙書房、一九七〇年)がある。
(20) 大日本古文書『東寺文書』三、へ―一五四。
(21) 「東寺百合文書」ね―一二。
(22) 同右。
(23) 上島前掲注(一九)書。
(24) 『教王護国寺文書』六―一八〇七。
(25) 大日本古文書『東寺文書』三、へ―一五七。
(26) 「村の動員」(永原慶二編『中世の発見』、吉川弘文館、一九九三年)。この中で藤木氏は、『山科家礼記』による限り、山科七郷における武力発動は地域の平和維持と生活防衛を目的とし、その範囲を超えては容易に動かなかったのが実情であったらしいと述べている。筆者も本稿の基になった東京学芸大学大学院教育学研究科提出の学位論文において、藤木氏の指摘するような村落の武力を「農民的武力」、足軽のような略奪を伴う武力を「足軽的武力」として区別した。しかし現時点では、村落内部にも足軽としての武力が存在していたと考えている。
(27) 「中世後期村落の侍身分と兵農分離」(『歴史評論』五二三、一九九三年、のち稲葉『戦国時代の荘園制と村落』所収、校倉書房、一九九八年)。
(28) 大日本古文書『東寺文書』六、を―三〇三。
(29) 増補続史料大成。中世民衆史研究会の報告の場での佐藤和彦氏のご教示による。
(30) 同種の記録が『経覚私要鈔』応仁元年五月二九日条(『大日本史料』八―一による)にもみられる。これは西軍方の大和国の国人越智家栄に関わる記述で、「又或者申云、越智弾正代官一族六人、甲百五十人分、人二千人計云々」と記されている。稲垣泰彦氏が久世荘で想定した武力構成は、こうした記録に基づいたものであろう。
(31) 増補続史料大成。
(32) 峰岸前掲注(18)コラム。
(33) 「地発と徳政一揆」(勝俣『戦国法成立史論』所収、東京大学出版会、一九七九年)。
(34) 『群書類従』第二〇輯・合戦部。
(35) 藤木久志氏は、前掲注(五)書の中で、『碧山日録』応仁二年三月一五日条の記述に注目し、ふだん獄吏の手下をしていた骨皮道源の存在から、獄吏—盗賊—足軽という繋がりの中に、検断に暴力を振るう乱妨衆と雇われて戦場で活躍する乱妨人との深い関わりがみえると述べている。なお同書同年一二月二四日条には「西疾足之徒、以暴貧相忤、乃分党相闘、其魁首皆死云」との記述がある。「暴貧をもって相い忤う」とは筆者太極の主観であろうが、「疾足」の「魁首」すなわち足軽大将が同じ西軍に属しながら相争うという状況は注目される。ここに登場する集団の具体的な内実は不明であるが、こうした状況に当時の軍事編成上の足軽把握の脆弱さが伺える。
(36) 「鈴木良一氏の『人民』『よけいもの』観についての感想」(『部落解放研究』三、一九七四年、のち横井『中世民衆の生活文化』所収、東京大学出版会、一九七五年)。これは、鈴木氏がその著書『応仁の乱』(岩波新書、一九七三年)の中で「戦争と人民」の問題として論じた足軽の評価に対して、横井氏が批判を加えた論点の一つである。のち横井・鈴木両氏は佐藤和彦・峰岸純夫両氏を交えた座談会をもち、互いの論点を深める討論を行っている(「中世の民衆像を求めて」『歴史公論』四、一九七六年)。ここではその論点の詳細についての紹介は省くが、鈴木氏が「人民の苦悩の現れ」として描こうとした足軽を、変革期の主体勢力であったか否かと問う視覚や、それが頽廃現象であったか否かとする問題とは別に、「人民」の具体的な日常的有り様の問題を足軽を介して究明すべきことこそが重要であると考えておきたい。このような考え方に立つにあたって、留意されるべきは藤木久志氏が提唱する「生命維持装置」としての戦場の役割と、その具体的な内容を追究する姿勢であろう。
(37) 藤木前掲注(5)書。

(38) 鈴木前掲注(36)書。

(39) 『山科家礼記』正月一九日条に「細川殿《勝元》ヨリ東西野伏カケ在之、軍勢用意也」、三月一九日条に「今日野伏在之、東西如此也」、同月晦日条に「御敵大内《政弘》勢此方へ野伏カケ候也」、四月一〇日条に「今日能常寺口シチクト申所此方ヨリ焼、竹木切取、舟岡山野伏在之」、同月一六日条に「御敵東方右衛門佐《義就》陣西楼《セイロウ》上候、事始在之、但西楼ヲハ大内《政弘》沙汰之由風聞也、先野伏ヲカケテ両方トリアヒテ其間ニ上候」、同月二二日条に「東西敵打出野伏在之、然処一宮殿あきちに火を付相図也、其火付とらへられ候てきりすてられ候也」、五月一日条に「御敵大内《政弘》・山名《持豊》屋形礼行、然処讃州《細川成之》構へ野伏カク、大内帰処ヲ讃州ヨリ出合、野伏事外也」などと記されている。

(40) 『山科家礼記』七月四日条に「此方アシカル吉田行向、頚取来」、同月一三日条に「今日御敵勢国下之由、此方足軽衆聞付ヲツカイ、既敵取合処、足軽無人之間、合力御勢可給之旨注進在之」、同月二五日条に「敵足軽可来之由候間、花山鳴鐘皆〻罷出候也」、同月二六日条に「足軽衆下、俊蔵主同道、頭六人長門守殿対面、代百疋被遣候也」などの記述がみられる。このうち七月二六日条には、山科家雑掌大沢久守が足軽の「頭」（足軽大将であろう）六人に対面し、報酬として代百疋を与えたことが記されている。足軽に対しての恩賞の問題からも興味深い。

(41) 文明二年七月、西軍の大内政弘らの攻勢によって京都近郊から南山城の東軍がことごとく制圧される。『大乗院寺社雑事記』同月二三日条は、のちに山城国一揆の中核部分を構成するといわれる細川方被官の十六人衆のうち一二人までが西軍に降参し、残りの木津・田辺・別所・狛も間もなく没落すると伝えている。筆者の尋尊はさらに続けて「然者山城事悉以可成西方、如今者奈良中事、足軽共数万人有之間、可乱入条不能左右、京都衆以下御座事也、（中略）東方様ハ只如籠中鳥也」と記している。「足軽共数万人」はいささか誇張を含む表現かもしれないが、応仁二年から二年後の奈良において、多数の足軽が防衛的武力として東軍の乱入をくい止めていたという事実は、足軽の組織性などの面から注目される。

(42) 前掲注（三）②論文。

(43) 『山科家礼記』三月二八日条に載る同月二四日付の山科七郷注進折紙案文に「仍此間郷中者山中へ罷出候処、如以前、御方之

足軽等たけの宮内三郎・寺内の三郎大郎、其外あまた罷出、今月初比御陵之者両人、同十七日ニ安祥寺者両人とらへ、（中略）迷惑千万候、鬪作なんともいまの分ニてハとまり候ハんする、旁以迷惑可有御察候」、五月七日条に載る同月四日付の同案文に「五月四日早朝北白川之新浄足軽共乱入仕候、かうさくの物ともすはい取行処を地下人出相候て、こと〳〵く人をハおい落候」、九月二八日条に「今朝郷中武田方足軽ヲカケラレ候、曲事候」、一〇月一八日条に「山科花山へ昨日御敵足軽出て、人五人・馬一疋とる之由注進候」、一一月一一日条に「御構へ足軽下京へ出、下京を放火候也」といった記述がみられる。

（44）歴史学研究会日本中世史部会運営委員会ワーキンググループ「『地域社会論』の視座と方法」（『歴史学研究』六七四、一九九五年）。

〔付記〕本稿は一九八二年一月に提出した東京学芸大学大学院教育学研究科学位論文「中世後期における『足軽』問題と村落」を改稿したものである。今回このような発表の場を与えていただいた中世民衆史研究会および当時の論文作成時およびそれ以降もご指導をいただいた佐藤和彦先生に、この場をお借りしてお礼を申し上げたい。

（一九九九年九月）

# 山城国西岡の「応仁の乱」

酒井紀美

## はじめに

山城国西岡といえば、桂川の用水系で結ばれ相論と合力をくりかえしながら強固な村落結合を生みだし、年貢減免要求を軸とする庄家の一揆を展開し、徳政と号する土一揆蜂起の際の重要な拠点となり、さらに応仁の乱後は惣国一揆の活動が顕著で、というように、中世後期の在地社会の姿を典型的に示す地域として注目されてきた。ただし、応仁の乱の時期についていえば、細川被官を中心とする侍衆の動きに関心が集まり、全体として西岡の地下人等がこの戦争の時期をどのように過ごしたのかが、ほとんど明らかにされてこなかった。応仁の乱に関する叙述のなかで彼等に言及する時も、戦乱に「おびやかされ」「あえぎ」「圧殺され」る存在として描かれがちであった。しかし、近年明らかにされてきたような自立し自力を行使し武力発向する村落のあり方を踏まえて考えれば、彼等がこの戦乱のなかで翻弄され、身をすくめ、ただ手をこまねいて過ごしたとは到底思えない。(1)

そこで、ここでは西岡という地域に視点をすえて応仁の乱の展開を追いかけ、戦乱のなかで「行動する」村落の地下人等の姿を明らかにしてみたい。

## 一　村の侍の軍忠状

まず最初に、西岡で「応仁の乱」がどのような経過をたどったのかを見るため、西岡の侍衆の一人である野田泰忠軍忠状(2)を取り上げる。この軍忠状には、応仁の乱のはじまる文正二年(一四六七=応仁元)正月から文明三年(一四七一)七月までの長い期間にわたる行動が三十三カ条にわたって列挙されており、細川の被官として東軍に加わって転戦していく侍衆の動きを具体的に示してくれる。

その内容は大きく三つの時期に分けることができる。

第一段階は、軍忠状の最初の十ケ条に記される文正二年(=応仁元年)一年間の動きである。この年は、年明け早々に京都の上御霊社で両畠山軍が衝突した。野田泰忠軍忠状の一条目には、

一、就文正二年正月十五日京都乱罷上、同十六日、属安富民部丞手、祇候安楽光院御構事、

とある。乱の勃発と共に京都に上った泰忠は、東軍の安富民部丞元綱の手に属して活動し始める。さらに本格的に東西両軍の合戦が始まった五月二十五日、泰忠は同じく安富元綱の指揮下に入り、将軍邸西門の警護にあたった。十カ条目では、

一、惣門之御構、六角殿御拘之処、就江州御敵蜂起下向之間、為西岡中脉之輩、可相固之由被仰付、霜月廿七日、其年中相拘之、

と、近江での西軍蜂起に対処するため帰国した六角勢に替わって、「西岡中脉之輩」が惣門の防御を引き継ぎ、この年いっぱいそれに励んだことを強調している。この時期、「西岡中脉衆」は京都でのこうした活動だけでなく、本拠地西岡で重要な役割を担っている。それはまず、敵方の軍勢が上洛するのを西岡でくい止めることである。六月には畠山次郎の率いる河内・紀伊の軍勢と物集女縄手で合戦し、山名教之の被官が備前国から上洛してくるのを久我縄手で迎え討ち、以後の戦況に大きな影響を与えることになる大内政弘の上洛に際しても、京都の西軍陣営から迎えがやってくるのに備え、これを押さえこむために摂津の神内山・芥川・入江に陣取り、忠節を尽くした。そして、もう一つの役割が、東軍方の軍勢上洛に際し、これを阻止しようと馳せ向かって来る敵方を押さえて、無事に京都まで送り届けるという役目である。敵方の在所に火を付けるなどの攻撃をかけながら、地理に不慣れな味方の軍勢を誘導する働きを、この軍忠状では「路次の案内者を仕る」と表現している。敵方の路次は「塞ぎ」、味方の路次は「案内する」というわけである。この十カ条に出てくる場所(3)を地図の上に落としたのが〔図1〕で、京都と西岡にまたがって活躍したこの時期の西岡衆の動きがよくわかる。

第二段階は、応仁二年(一四六八)から翌三年(=文明元年)四月頃までの時期である。この時期の始まりは、

一、同二年、西岡中脉之御被官在所於、自敵方可退支度依有其聞罷下、張陣秋田館上野処、八月廿七日、山名右馬助殿被陣取谷之堂、然間両陣之諸勢加一所致在陣、

という、大変緊迫したものであった。西岡の細川方被官衆の在所を敵方が攻撃してくるという情報が伝わったので、彼等は急ぎ下向して西岡で陣を張る。谷の堂に山名右馬助が陣取ったのでそれに合流して東軍の拠点を固めた。以後は、嵯峨に陣を張っている丹波勢から敵方の攻撃を受けて苦戦していると注進があったので合力に駆けつけたとか、谷の堂に京都から敵方が攻め下ってきたので合戦となったとか、西岡での両軍衝突の様を語る内容が続く。ここで注

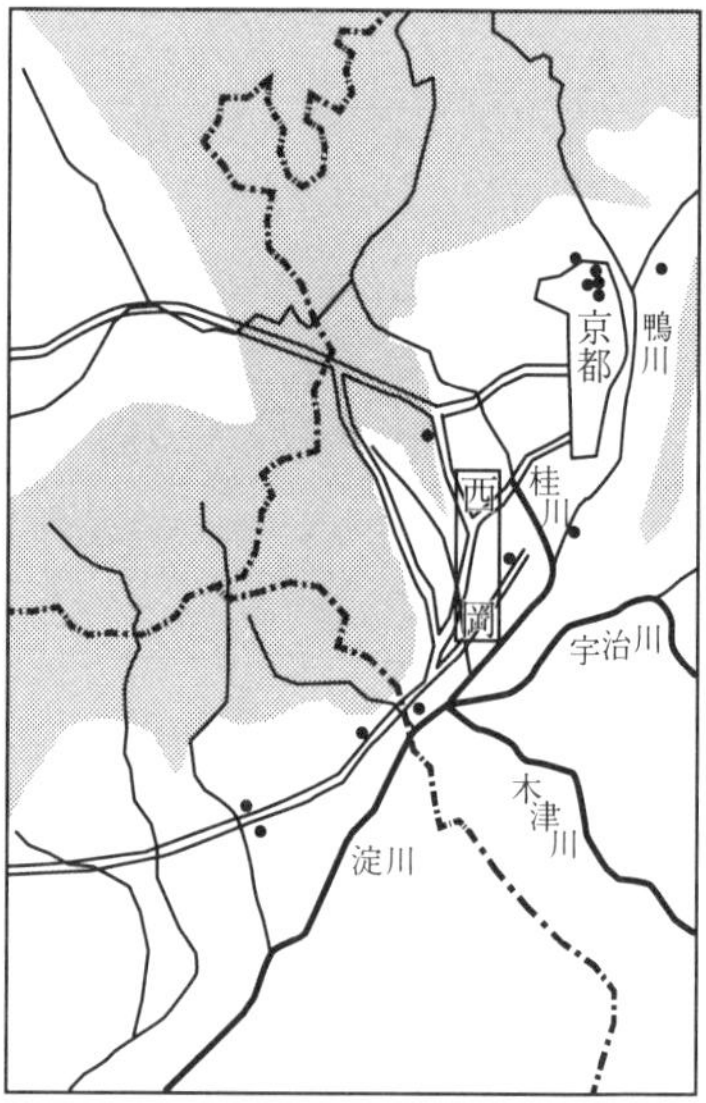

〔図1〕　第一段階

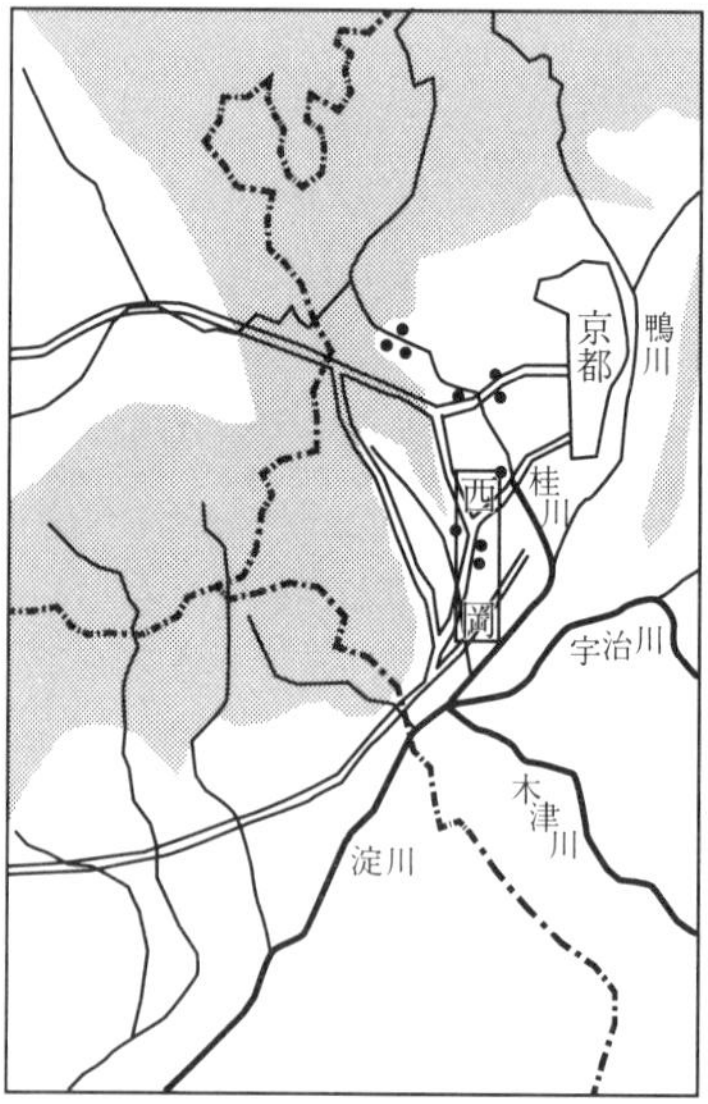

〔図2〕　第二段階

目されるのが、

一、同（応仁二年十月）廿二日、寒川新左衛門尉館上久世仁御敵切居処、自谷之陣着寄合戦仕、西岡衆者搦御敵鶏冠井城、陣取寺戸山、

という記事で、細川氏被官で上久世庄公文の寒川氏の館が敵方に押さえられたため谷の陣から押し寄せて攻撃を加え、敵方の鶏冠井城を搦めとろうと寺戸山に陣を構えたとあるように、西岡の侍衆はそれぞれの被官関係などによって東西両軍に分かれて攻撃しあっているのである。この軍忠状に「当国之御敵馳向」とか「西岡中脉之御敵」とあるのは、この時期に西軍方に与した西岡の侍衆のことで、彼等は畠山次郎や大内政弘の西軍方軍勢が上洛する際は「路次の案内」をし、香川や安富や細川一門守護等の東軍勢上洛に対しては阻止する動きに出たに違いない。路次を「塞ぐ」といい「案内する」といっても、西岡の東西両勢力にとっては互いにメダルの表と裏のような関係になっていた。そして、二手に分かれた西岡衆に、東軍方と西軍方の双方から有力な諸勢が加わり、西岡を舞台として両軍が全面的に衝突することとなった。その決戦は、

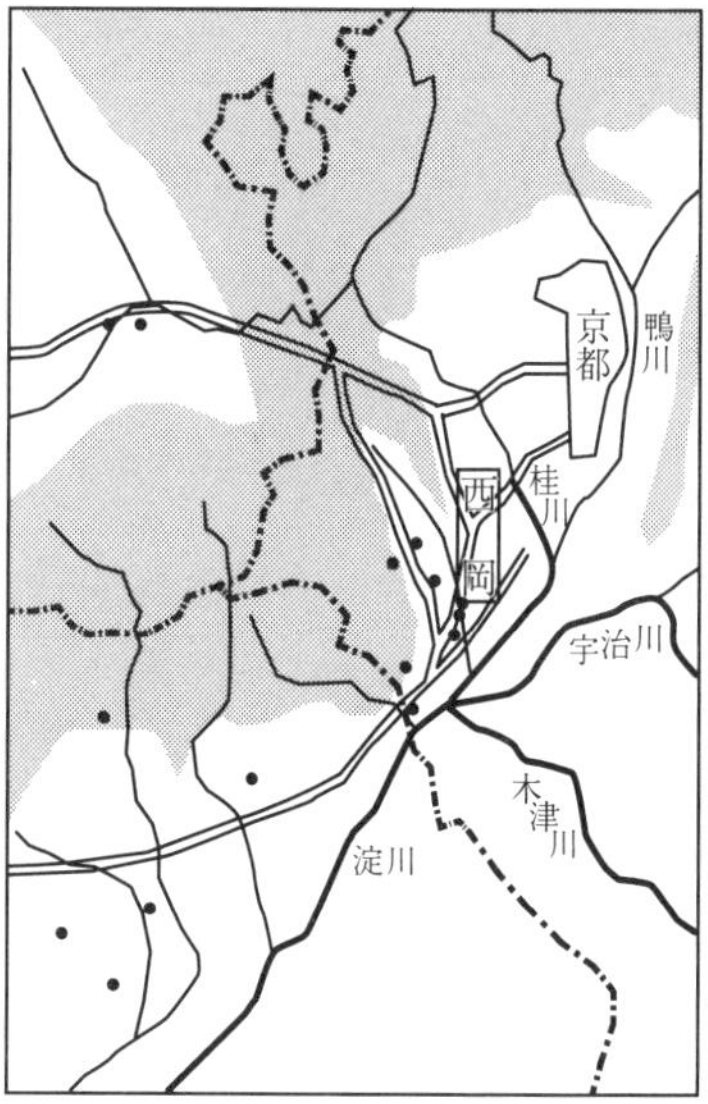


〔図3〕 第三段階

一、同（応仁三年四月）廿二日、相催京都之御敵并当国摂州中嶋十七ケ所之諸勢、着寄谷陣、雖合戦仕、破一陣、不可諸口、彼城没落仕、引退丹州穴太畢、

と、京都・山城・摂津の軍勢を結集して谷陣に猛攻をかけてきた西軍方、敗北し丹波穴太へと敗走する東軍方という結果になった。この時期の激しい攻防の地点は西岡とその周辺に限られている（〔図2〕参照）。

第三段階は、応仁三年（一四六九＝文明元年）夏から文明三年（一四七一）七月の勝龍寺合戦までの時期で、この間の動きは軍忠状の後半十五ケ条に述べられている。本拠地からの撤退を余儀なくされた東軍方の西岡衆は、丹波から摂津へと転戦していく。文明元年十二月には、敵方が山崎に陣取ると聞き伝えて、山名是豊と共に山崎に着陣し、さらに鳥取尾山に在陣した。ここにやっと、西岡のそれも西端の地に陣を構えることができたのだが、ここから西軍の拠点である勝龍寺や「西岡御敵の在所」である上里・石見・井内などを攻撃し火を放つ。しかし、軍忠状の最後に記されている文明三年七月二十三日の勝龍寺合戦に至るまで、東軍方の西岡衆は一度も西岡地域の中心部に陣所を構えることがない（〔図3〕参照）。この点からも、この段階は西軍勢力がいかに強固にこの地を掌握していたかがうかがえる。

このように西岡における応仁の乱は、東軍優位の第一段階、東西両軍が拮抗し激しい合戦となる第二段階、そして東軍の敗退と西軍支配の浸透する第三段階という経緯をたどる。そのなかで具体的にはどのような事態が進行していたのか、次節以下で詳しくそれを見ていくことにしたい。

## 二　路次をはばむ寺領地下人等

第一段階のポイントとなる事件は、応仁元年六月十七日に起こった。野田泰忠の軍忠状は、それについて次のように述べている。

一、相催畠山次郎殿河内紀伊之勢参洛之時、可相支之由被仰付、西岡中脉之輩罷下、六月六日馳向、同十七日物集女縄手合戦仕、御敵数輩討捕、御感状在之、

京都で参戦していた西岡衆に、西軍の畠山次郎（義就の猶子）が河内・紀伊の軍勢を結集して京都に向かっているので、それを阻止せよ、という命令が下された。「西岡中脉之輩」は急いで在所に馳せ帰り、六月十七日に上洛してきた軍勢と西岡の物集女縄手で合戦、敵方数人を討ち取ったという。(4) これに先立ち、東軍では十三日に次のような奉書を出している。

畠山右衛門佐以下凶徒事、差塞通路討捕之、参御方可致忠節之由、被仰出候也、仍執達如件、

応仁元
六月十三日　　忠郷
　　　　　　　貞基

西岡中脉地頭御家人中(5)

これに呼応して、西岡衆の多くは西軍方の軍勢と合戦に及んだのである。

ところが一方の西軍からは、当時の管領で西軍方に属する斯波義廉から東寺に対して次のような下知状が出されて

いる。

今月十七日、自河州上洛軍勢、於西岡、寺領地下人等相支路次及合戦之条、太不可然、所詮一段為寺家可被行罪科、若無其成敗者、申付別人可致其沙汰者也、仍下知如件、

応仁元年六月廿一日　　左兵衛佐（花押）

東寺衆徒御中(6)

東軍に対する忠節は、当然西軍にとっては敵対行為である。しかも西岡で「路次を相支え合戦に及んだ」のが地頭御家人等だけでなく、寺領の地下人等も加わっていたという。管領斯波義廉は領主である東寺に対し、東軍に味方するこのような行為に出た地下人等を厳しく処罰するよう求めてきたのである。東寺では六月二十三日に鎮守供僧等の評議でこれを協議し、「早召上上下庄公文、可被相尋子細之由評議畢」(7)と、まずは上久世・下久世両庄の公文を呼んで詳細を尋ねようということになった。上久世庄からは、公文の寒川ではなく、年寄衆の性善・中務の両人が参洛してきた。寒川は細川氏の被官であり東軍方に与して参戦している、という事情があったからかもしれない。供僧等は評定して、

自河州上洛軍勢、於西岡依相支、自管領寺家江御教書被成之間、寺家之大事也、然間、寺領并地下人等無為候様仁、惣庄致談合、於自今以後者、可然様可為沙汰之由、被下知畢、(8)

と上洛してきた両人に下知している。西の方から上洛してくる東西両軍の多くが西岡を通るという地理的位置を考えると、戦争の始まりによって西岡がそれに深く関わり、戦況に左右されることは避けられないことであった。侍衆はそれぞれの被官関係などを軸にして、東西両勢力に組織されて動き出す。他の郷民等も、自分たちの在所であるからには無関係ではいられない。これまでも在所全体に関わる危機に直面した時は、必ず惣庄で談合し、どう行動すべき

かを決定してきた。西岡で「路次を相支え」るという動きに出たのも西軍と合戦に及んだのも、侍衆だけの行動ではなかった。それゆえ東寺としては、以後も「惣庄談合」して、然るべき寺方向を選ぶようにと下知したのである。

応仁の乱の最初の段階では、東軍が先手を打っていた。六月十六日付で久世上下庄宛に東軍方の禁制も出されている。(9) 西岡には従来から細川方被官も数多くおり、全体的には東軍方に傾いていた。この管領斯波義廉下知状には、西岡を自軍に組織できず、通路を押さえられ大きな打撃を蒙った西軍側の実情がよくあらわれている。

## 三　兵粮米と半済

八月末に東西両陣営は、この年に収穫される年貢米をめぐって、ほぼ同時に動き出す。まず西軍方の動きが、九月二日に寺領からの注進として東寺に伝えられてきた。

一、自山名金吾、〔去二日注進之〕兵粮米被懸久世上下庄配符、注進之、

〔配符案〕
当方御陣中兵粮米之事

合

右、寺社本所領并散在地等事、当年貢借用可申候、来晦日已前ニ可有沙汰候、〔若〕令日限延引者、以野伏、堅可被催促候也、

〔応仁元〕
八月廿二日　　左衛門尉判
　　　　　　　左衛門尉判

上の久世
名主沙汰人御中
瑞　蔭　判

下久世配符同前、此趣令披露畢、

免除案

東寺領山城国植松・上野両庄并久世上下庄・拝師・女御田及散在所々田地等兵粮米事、不混自余寺社等之間、所被免除也、然者方々綺堅可被停止之由、依仰、免除之状如件、

応仁元
九月三日
垣屋二郎左衛門
豊遠判

東寺雑掌

制札案

禁制　　東寺境内并寺領

一、軍勢甲乙人等、不可致濫妨狼藉之事、
一、竹木不可切取之事、
一、田畠作毛不可苅取事、
右条々堅令停止畢、若方々軍勢甲乙人等、於令違犯輩之者、速可処厳科者也、仍下知如件、

応仁元年九月　日
山名金吾
沙弥判

今度之儀、植松方奉行、悉皆取沙汰之間、会釈以下巨細、可有彼引付者也、(10)

西軍方の山名宗全は、寺社本所領の当年の年貢を自軍の兵粮米に借り受けたいと主張し、このような配符を寺社本所領に入れた。その表現は一見すると「借用」などという穏やかなものであるが、日限を過ぎても納入しない在所には「野伏」をもって催促するぞという、まさに力づくでの要求である。八月晦日という期限を過ぎ、いつ「野伏」をかけられるかもしれないという事態になって、久世上下庄から九月二日に注進があった。領主東寺は直ちに動いて、九月三日付で山名宗全奉行人垣屋豊遠の奉書によって免除を得、さらに山名宗全の禁制をも入手して万全を期した。この引付の最後に、これらを取り計らったのは植松方供僧の年預であり、西軍方との交渉に要した費用などの詳細は植松方引付にあると記されている。おそらく多額の会釈を要したものと思われるが、ともかくも西軍による兵粮米徴収はこうして避けられることになった。

一方、東軍方も八月二十七日に次のような奉書を出している。

山城国西岡中脉所々散在寺社本所領半済分除賀茂・八幡・春日・北野領等事、就今度忩劇、細河右京兆被申請之訖、早参御方、各可被抽軍功、然者随忠節深浅、可有恩賞之由、所被仰下也、仍執達如件、

応仁元年八月廿七日　（貼紙）「斎藤民部大輔」散位

（貼紙）「布施」下野守

中脉地頭御家人中(11)

西岡中脉の寺社本所領年貢の半分を、細川勝元が将軍の許可を得てもらい受けた。これを恩賞として与えるから、この地域の地頭御家人等は東軍方に属して忠節に励むようにというのである。この旨は同日付の奉書で山城守護山名是

豊にも伝えられ、「若又有及異議之族者、云本所、云交名、随注進可被処罪科之由、被仰出候也」(12)と厳しい姿勢で臨んでいる。「半済」を恩賞に宛て軍勢を組織するのは南北朝内乱期に多く取られた政策で、半済給付権は守護の掌握するところであった。それゆえこれは、将軍を取り込み山城守護も自軍の側にあるという東軍だからこそできた措置であり、同じく寺社本所領の年貢を押さえるのでも、西軍山名宗全方はそれを「兵粮米」と称さざるをえなかったのである。これを受けて究済を命じる配符が久世上下庄にも入れられ、両庄からの注進を受けた東寺は東軍方の動きを知ることになる。

一、自久世上下庄注進申云、細川方之西岡輩所々半済申給云々、仍上下庄ェ配符入由披露之処、可被歎申　公方様、但巨細以内談可有沙汰之旨、衆儀治定畢、

当国所々散在寺社本所領年貢半済米事、

合

右、去月廿七日任御奉書之旨、来廿四日以前可有究済、若令難渋者、以譴責之使、堅可有催促者也、仍配符如件、

応仁元年九月廿一日　判

判

上久世

下久世同前(13)

西岡の寺社本所領の半済を恩賞として与えると約束した八月廿七日の奉書に呼応して参戦し、軍功をたてた「細川方の西岡輩」が半済米を要求してきたのである。難渋の在所は、譴責使をもって厳しく催促するという。

この「細川方の西岡輩」による半済米徴収は実行された。十月になって、西軍方の管領斯波義廉から呼び出された東寺雑掌は、次のように厳重な抗議を受けた。

西岡郷民等、細川陣兵粮入之云々、甚不可然、堅相触寺領可被停止、若無承引者、可有罪科云々、

西岡郷民等が細川方の陣に兵粮米を運び入れている。西軍方への兵粮米納入については免除状を得て回避しながら、敵方の陣所へのこの動きは許し難い。寺領の者に厳命して、この動きを中止させよ。斯波義廉はこのように厳命してきた。ここに、「細川方の西岡輩」が「西岡郷民等」の協力をとりつけ、自らの陣所への「半済米」納入を実現していたことが明らかである。地下人等と東軍方西岡輩との緊密な関係は、さらに次の動きによってもうかがうことができる。

一、久世以下半済事、以支証案文暦応二・同三年并会釈二千疋分、為地下人両三人井上入道・利倉二郎左衛門・岡弾正致口入可成無為之由、先日被仰之処、昨日廿二日両三人参申云、先日寺家御意趣、雖申衆中、不可叶云々、此上者、早速仁被申公方様、可被召奉書之由、衆儀治定了、[14]

久世庄に懸けられてきた半済の免除を得るため東寺が取った措置は、久世上下庄の地下人である井上・利倉・岡の三人に、南北朝期に半済免除を得た証拠となる文書案と二十貫文の会釈料を渡して、東軍方西岡衆と交渉させようというものである。三人は久世庄の年寄衆であり侍衆であり、「西岡地頭御家人中」と称される面々と緊密な関係をもっている。寺領の地下人等が一体となって路次を塞いだ時も、彼等が中心となって動いたにちがいない。それゆえ、東寺は彼等に期待を寄せ、支証案文と交渉費用を託した。しかし結果は「衆中に申すといえども、叶うべからず」というもので、細川陣に結集している西岡輩（＝「衆中」）はこれを拒否した。ここで西岡輩が「衆中」と呼ばれる組織を形成している点は、後の惣国一揆とのかかわりからも注目されるところである。

それならば、将軍の方と交渉して免除の奉書を得るほかはないと東寺は動きだし、斎藤民部・飯尾肥前・清和泉などの奉行人に会釈を送って、

山城国久世上下庄事、為東寺八幡宮領之処、違乱云々、早加下知、可被止其妨之由候也、仍執達如件、

応仁元
十月廿六日
(貼紙)「斎藤民部大輔」
親基（花押）
(貼紙)「布施下野守」
貞基（花押）

西岡面々中[15]

との奉書を得る。しかし十二月になっても、半済を給付された西岡輩は奉書による免除命令をきかずに違乱を続けた。[16]東寺は「久世庄半済事、地下人等依口入、五千疋分ニテ」[17]と、再度地下人等の口入を得て衆中との交渉を試み、五十貫文で半済免除を了承させようと動く。

一、今度半済入足等注文、令披露之処、被遣庄家五千疋分者、沽却当年貢之内、可遣之、其外之於遣足分者、造営を被借用、来年可有返弁云々、[18]

庄家に遣わした五十貫文には、応仁元年の久世庄年貢米売却分を充て、それで足りない分は寺内の造営方から借りて来年返弁するという方針がとられた。交渉に当たった地下人五人には、「粉骨分」として各百疋が遣わされていることから、この交渉は成功したものと思われるが、半済免除の見返りに年貢分から五十貫文を割き与えたことになる。この年の光明講方年貢算用状[19]には、「一、上野庄　壱段六十歩（中略）六斗八升一合　半済之由申」「一、兵庫寮御年貢代事（中略）合五百文内百文　軍勢苅田□□」などとあって、寺領の多くで半済が実施され、軍勢による苅田狼藉が行われている。

## 四　東西両軍による半済催促

第二段階に入った応仁二年（一四六八）も、東軍方西岡衆による半済収取の動きは止まらなかった。

東寺雑掌申、山城国上野庄・拝師、并東西九条・植松庄等半済事、非西岡中脉云々、然者可被止催促之由候也、仍執達如件、

応仁二
三月四日　　　　　　　　　永隆（花押）

神足孫左衛門尉殿
高橋勘解由左衛門尉殿
寒河越中入道殿
石原弾正左衛門尉殿[20]

と細川勝元奉行人奉書にあるように、細川勝元の認めた西岡中脉の地域を越えて半済催促が強行されている。東寺はこの事態に強く抗議し、勝元はそれを受けて、西岡衆が西岡中脉地域を越えて半済催促する動きを禁止している。この神足・高橋・寒川・石原等は野田泰忠などと同じく、東軍方西岡衆の中心勢力であった。さらに東軍方は、山城・近江・伊勢三カ国の寺社本所領半済を、この乱中は幕府御料所にするという動きをみせる。[21] 将軍を自軍に掌握している優位性を誇示するかのようである。

他方西軍も、東軍に対抗するために自らの正当性を強く打ち出す。その一つが、畠山義就は山城国守護であるとい

うもの、(22)もう一つは、応仁二年七月の細川勝元管領就任後も、斯波義廉が引き続き管領として行動し文書を発給することであった。(23)

柳原折紙案

一、自右衛門佐方、被入半済之折紙於柳原之間、披露之由申候、

当国守護職事、任先例御成敗之間、柳原之内東寺領年貢、早々可収納者也、若及異儀者、堅可譴責之由、被仰出候也、仍下知如件、

応仁弐
八月十五日

木沢兵庫　助秀判
斎藤新右衛門　宗時判
遊佐越中　盛貞判
誉田　就康判
遊佐　就家判

柳原之内
東寺領百姓中(24)

奉書中に半済の文字はないが、山城守護としての成敗を宣言した奉書を受け取った側は、これを「半済の折紙」と位置づけている。

この応仁二年の前半に「当国半済」といえば、それは東軍方による半済であった。ところが五月頃からは、山城守護であると宣言した畠山義就が「当国寺領半済」の実施主体として名乗りをあげる。(25)半済と半済のぶつかりあいであ

る。ただ、これらの文書の表面上からは、東西両軍が互いに正当性を主張し合って半済の実現を目指す、穏やかな応酬であるかのように見える。しかし、実はその基底部で激しい対立と戦闘を生み出していた。応仁二年の収穫期をむかえた八月の西岡は、東軍方西岡衆の在所を西軍方が攻撃すべく準備しているとの報が伝わり、急ぎ本拠地に帰ってきた侍衆が陣を張るに及んで、一挙に緊張を深める。東寺領下久世庄には、東軍方から大将として山名右馬助が陣を構えるとの風聞があり、東寺にその旨が注進されてきた。急いで東寺は「侘事」をしてそれを回避しようと、駿河・乗観の二人が宮仕・門指を供に下久世に向かうが、

已着陣之上者、不及是非罷帰了、一向当公文之所行也、言語道断之由申処ニ、更以不存知之由、色々返答、此趣為御心得披露畢、(26)

とあるように、すでに軍勢は着陣していた。仕方なく東寺に帰った彼等は、「このような事態を招いたのは公文の所行に違いない。言語道断のことだ」と申したのですが、「このように軍勢が着陣するなど全く我々も預かり知らぬことで」というのが公文等の返答でした、と状況を説明している。しかし、彼等の同意が無ければ、何の抵抗も受けずに下久世に着陣できるはずがない。「一向当公文之所行」とする上使の判断は誤りではなかった。しかし、東寺はこの事態を受け容れるしかない。

着陣した右馬助は、直ちにこの地域の所々に配符を入れ、戦闘に備えて兵粮米の確保をはかる。久世上下庄にも「半済残分年貢諸公事以下、可致取沙汰」との配符が入ったと注進があった。これへの対処を相談するため東寺は寺領の公文や年寄衆を呼び出すが、誰一人として上洛してはこない。(27) 庄に下向した東寺の使者と地下人等とのあいだで、次のようなやりとりが交わされている。

半済并兵粮米配符之事、如注進之者、一向寺納不可有之、然者伽藍滅亡又神用悉退転之条勿論歟、言語道断曲事

之趣申処ニ、大将右馬助殿為成敗之間、於地下人者、更不存知之由申了、(28)

「これでは今年の年貢は全く寺納されないことになり、伽藍滅亡神用退転に陥るのは必至である」と訴える寺家の使者に対し、「大将右馬助殿の成敗によるもので、地下人としては何とも手の打ちようがない」と答えている。しかし、それに加えて「でも、もし大将右馬助方に寺家として侘言するというのなら、その使いには我々が立ってもいい」と地下人等は言う。(29)彼等は、半済や兵粮米は大将右馬助殿の成敗によるもので我々には打つ手がないとして、全く東寺には年貢を納めない。しかし、使者に立つというからには右馬助方との密接なつながりを保持していたはずである。よく見てみると、東西いずれの勢力が及んできても、地下人の中に侘言の使者に立とうかと申し出てくる者がいる。これは東西両軍にとって「地下の案内者」を確保することは必要であったし、在地の側でも東西それぞれとのパイプを保持しておくことが、「無為」を目指すうえで不可欠だったからである。

十月は激しい戦闘が続いた。東軍方への旗色が明らかな細川被官寒川が公文である上久世庄は、西軍からは敵方在所として攻撃目標にされる。「去九日、上久世庄足軽衆乱入而放火畢、寒川并利倉両人自焼云々」(30)、「就軍勢乱入、苅田」(31)、「十月九日、上久世庄エ軍勢乱入之時、大略田地稲苅取」(32)と、西方軍勢が乱入し家々に火を放ち、田の稲はほとんど苅り取られ、東軍方西岡衆である寒川や利倉は自焼して退却した。この時、乱入してきた「足軽衆」「軍勢」の中には、公文職相論で寒川に敗れ上久世を出ていった前公文真板（舞田）がいて、「真板地下入部仕之間、為御礼参公文所」(33)と東寺の公文所まで挨拶に来ている。野田軍忠状(34)に「寒川新左衛門館上久世仁、御敵切居」とある「御敵」とは、西方に加わって攻撃してきた真板氏であった。その後、十月二十二日に東軍は谷の陣から押し寄せ、逆に真板を追い出して寒川が「地下入部」を果たす。

一、今月二十二日、退真板於寒川地下入部、敵方井上子・松本・見原以下討死了、在家少々放火、(35)

とあるように、真板方に加わっていた上久世の侍衆井上の子・松本・見原（三原）などが討ち死にし、在家も少々焼けたという。(36)

ところで、上久世に西方軍勢が乱入し放火や苅田を行った十月九日、下久世庄は、東方大将右馬助の軍勢がつい先ごろまで在陣していた在所だというのに、その攻撃を免れている。それは何故か。

一、（中略）自下久世庄、中尾彦六申云、畠山殿御内仁・大内殿御内仁、色々申合、地下無為仕候、然間、年貢半済分、彼面々粉骨ニ可引給之由、折紙於進、披露之処ニ、沙汰外之間、不可及御返事衆儀了、(37)

上久世へ西軍攻撃がかけられた直後、下久世庄の中尾彦六から届いた折紙には、東寺の予想を越えた内容が記されていた。この戦乱の中で下久世庄が「地下無為」に終始したのは、畠山義就や大内政弘の内者等と下久世庄地下人等が色々申し合わせた結果である。ついては、彼等に「粉骨分」として下久世年貢の半分を給付してもらえないだろうか。このような中尾からの折紙の内容が披露されると、供僧等はとんでもないことだと憤慨している。しかし、下久世庄が「地下無為」を貫けたのは、地下に抱え込んだ年貢を切り札にして、公文以下が西方の面々と交渉し、その年貢分の半済をめぐって取引をした結果である。すぐに、下久世からは「右衛門佐殿、当国守護之間、可有知行之由」の奉書が注進されてきた。西方からの半済催促については寺家として免除状も得ているから、ともかく年貢分を早々寺納するようにと東寺は再度使者を送って申し付けたけれど、(38) 下久世庄地下人等は応じない。

軍勢の乱入・放火・苅田という事態に直面した上久世庄、「地下無為」にこれを乗り切った下久世庄、東寺領の両庄は応仁二年の秋冬を対照的な状況で過ごすことになった。しかし、この年の東寺への年貢納入は、両庄そろって「一向未進」に終わっている。(39)

## 五　直納と指出

応仁三年（一四六九＝文明元年）四月二十二日に、東軍の谷陣に西軍の大軍が押し寄せ、敗北した東軍方は西岡から丹波国などに退去する。先に見たように、ここから西岡の応仁の乱は第三段階に入る。ここでは西軍方が西岡をほぼ掌握している。

一、守護方自五人奉行方、以寺家人夫、西岡所々之竹木可切進之由、成奉書之間、以雑掌可有詫言(40)

一、久世上下庄、植松庄、為三ヶ所之庄掘之事、早々可掘立之由、守護方より地下衆ニ被申付(41)

というように、「守護」畠山義就は寺家に対しても寺領地下衆に対しても、軍勢のための竹木を切り出せ、陣所の防御のために急いで庄のまわりに堀を掘れ、などと言ってくる。

一、下久世人夫十五人、河州下向陣夫、自守護被懸之、為地下可致沙汰候、又寺家如此候(42)

義就はまた、河内に下向する陣夫として下久世に人夫十五人を懸けてきた。「為地下可沙汰候、又寺家如此」という引付の記事には、寺領のことは地下人等で、寺中のことは寺家で何とかするしかないという寺僧等の気持ちがよく現れている。

地下人等は「惣庄談合」で切り抜けるしか術がなかった。ここにあげたすべての史料に「自守護」と明記されており、畠山義就はこの時期この地域で、「山城守護」として受けとめられ承認されている。

文明元年の年貢米をめぐって、「守護」畠山義就が動く。

一、下久世公文上洛仕、西岡諸本所四分一、西岡之足軽ニ自守護被申付之間、当庄四分一可給之由、昨夕申候、可

為如何様哉、[43]

十一月一日に上洛してきた下久世公文久世弘成によれば、西岡にある諸本所領の年貢の四分の一を「西岡足軽」に与えると「守護」からの命令があったので、下久世庄の年貢四分の一を頂きたいという。「可給」というのは自分達が貰うという意味である。この「西岡足軽」への「四分一」給付について、稲垣泰彦氏はこの史料から下久世の公文以下何人かの侍分に与えられたものとされ、公文—侍分—一般農民という農民的軍隊がこの時期の郷村の軍事的組織であったと結論づけている。[44] けれども公文—侍分—一般農民という組織が軍事的に動いたのであれば、当然それへの恩賞も組織全体に対して与えられたはずである。私は「村の武力」が動き、それへの恩賞として「守護」は本所分年貢の四分一を給分として与えたと考えている。この文明元年の「西岡之足軽」への四分一済は、下久世庄年貢米算用状[45]では「庄立用」として前もって庄家で差し引くかたちで、公文の久世弘成が算用状を作成している。「西岡之足軽」への四分一済は、翌文明二年（一四七〇）も引き続き行われた。[46]

文明元年十一月には、上久世庄からも次のような注進があった。

一、上久世注進状案

去晦日和仁方へ可罷上之由被申候間、罷出候之処ニ、御本所諸公事等前々儀直納申候哉如何之由、御尋候之間、直納之由慥申候之処、然者一向〔行歟〕可仕之由被申候之間、如此仕候て進之候、此外者、一切なにも約言之子細不申候、則被一向〔行歟〕之案文進上申候、恐惶謹言、

十一月四日

道長　判
正善　判
道林　判

上使御房まいる

彼案文云

畏申上

東寺領本年貢米之事、御百姓直納申て候、もし地下未進候へハ、公文殿より未進てうふを東寺へ御出候て、東寺の定使さいそく申□、御年貢米なり候へハ、公文方より惣散用状を本所へ上申され候、諸公事同事にて候、

十月晦日　道長

正善

道林(47)

守護方から呼び出されて、本所へ年貢を納入する方法は直納だったのかどうかを尋ねられた。年寄衆三人が直納だと答えると、それを文書にして差し出せという。そこで、このような内容の文書を提出してきたのだが、これ以外には一切何も守護方とは約束などしていない。上久世庄からこのように注進してきた。同時に送られてきた文書の案文には、年貢は御百姓が直納し、未進があれば公文が未進徴符を東寺に提出し、東寺から定使が催促にやってくること、年貢が納められれば公文が惣算用状を本所に進上すること、諸公事の納入もこれと同じだということ、などが記されていた。年貢納入のやり方を直接地下人等に尋ねて実態を把握したのは、「御百姓直納」に依拠して、在地から直接納入させようというねらいがあったようで、これ以後、応仁の乱中、上久世庄は東寺の手を離れる。(48)

文明三年(一四七一)八月、畠山義就は「当国所々寺領、当年悉可借用」(49)という方針を打ち出した。河内や紀伊国が「無正躰」という状態ゆえ、山城国寺社本所領への賦課を強化するのだという。しかも、今度は各所領の「指出」を要求してくる。これを「迷惑之次第」としつつも拒否できずに、東寺は「以算用状寺納分可注進」と衆議して、次のよ

うな「指出」を注進することにした。

注進　東寺八幡宮領下久世庄年貢米事

合参拾九石者寺納分廿一度神供米也、

右、注進如件、

文明三年八月廿九日　　　　納所乗珎　判(50)

しかし、閏八月になって下久世庄から公文等が上洛してきて言うことには、守護方は直接に庄家の公文を召し出し、下久世庄指出を注進せよと厳しく命じられたので提出したが、その指出三通の案文を持参してきた、とのことであった。「引付」(51)には、公文の持参してきた指出案文三通の要点が次のように記されている。

米五十弐石三斗七合此内足軽四分一引之　□四町六反半

残定米三十九石二斗三升二合

畠年貢四石六斗二升同四分一引之　七町一反六十歩

八幡御供御雑用十五貫四百五十文四分一アルマシ

已上　文明三閏八月二日

この公文が出した指出では、下久世庄の年貢米は五十二石三斗七合となっている。そこから足軽四分一を引いた定米分が寺からの指出に記された三十九石とほぼ同じになっている。しかし、これまで下久世の四分一として東寺が認めてきたのは文明元・二年とも五石であった。ところが、守護の要請を受けて公文が出した指出には五十二石余の四分一を引くべきだと記されている。それは五石を大きく越える数字になる。ここに、地下の指出の最も主張したい点があったのではないかと考えられる。実際、文明三年の下久世庄年貢算用状(52)には「四分一拾参石漆升六合引之」と公文弘成によって記載されており、五十二石余の四分一にあたる十三石余が「庄立用」として差し引かれている。

さらにこの年、守護方が打ち出したのは「今度寺領可半済」という方針であった。全寺領の指出を出させた上で、半済を実施しようというのである。「一寺滅亡重事不可過之間、此間鎮守・西院ニテ一七ヶ日祈禱有之」(53)と、東寺では大変な危機感を持ち、守護方にはたらきかけて免除を得ようと画策するが、

無承引、以前寺家年貢注進奸曲之間、不可叶(54)

という結果におわった。「寺家年貢注進奸曲」と守護方が指摘できたのは、東寺からも地下からも指出を注進させたうえで、それを照合させた結果である。文明三年の畠山義就による半済は、在地から年貢の納入方法を注進させたり、指出を出させたりして、状況を的確に把握しながら実施された。

## おわりに

以上、応仁の乱の展開を、西岡という地域に視点をおいて追いかけてきた。乱の始まりとともに侍衆が京都の合戦に参加していくなかで、西岡の地下人等は、その置かれた地理的条件からも、否応なく戦乱とかかわっていく。当初、東軍優位の戦況下では、「衆中」を構成する西岡侍衆と連携して上洛してくる西軍方軍勢の路次を塞ぎ、戦闘に加わる。恩賞として「衆中」が「半済」を認められると、年貢米を陣中に運び入れ、積極的にそれを支持する。その行動は「惣庄談合」を軸にした合意の上に成り立っていた。この東軍優位が維持されれば、京都をはさんだ東側で同じような条件下にあった山科七郷のように、郷民等が一揆して軍忠に励み、その見返りに「半済」を得るという事態を迎えることになったと思われる(55)が、西岡では、応仁二年から三年前半まで東西両軍が互いに半済を確保するため激しい

戦闘をくりかえし、結局、東軍の敗退、西軍の支配確立へと向かう。

ここでの「半済」の実現は、「御百姓直納」という地下請の達成を基盤に在地に年貢米を確保している地下との、交渉のゆくえにかかっていた。乱中の交渉は、もちろん常に武力を背後に背負って為される。地下人等にとっても、激しい戦闘が続くなかで、「地下無為」を貫く切り札は「御百姓直納」であり、要請に応えて「地下指出」を出すことであった。「村の軍勢」が軍忠を尽くしたのなら、それに対する恩賞があって当然だとする認識は、こうした動きのなかから生み出されてくる。

## 注

(1) 藤木久志『豊臣平和令と戦国社会』(東京大学出版会、一九八五年)、同『戦国の村を行く』(朝日新聞社、一九九七年)、拙著『日本中世の在地社会』(吉川弘文館、一九九九年)

(2) 文明六年三月日　野田泰忠軍忠状(尊経閣古文書纂編年文書二八/東京大学史料編纂所架蔵写真帳による。)

(3) 場所の比定については、『長岡京市史　本文編一』図161を参考にさせていただいた。

(4) 『大乗院寺社雑事記』応仁元年六月十九日条には、「十七日、畠山次郎、自せト／渡、経山崎テ上洛之処、於西岡致合戦、手者少々打死云々、於荷共者、大略取落之歟云々」とあり、畠山次郎の率いる軍勢が山崎を経て上洛する途中、西岡で攻撃を受けたことが奈良にまで伝えられている。

(5) 室町幕府奉行人奉書案(東寺百合文書ト函一二三、以下「東百」と略す)

(6) 室町幕府管領斯波義廉下知状(東百里函一〇〇)

(7) 「鎮守供僧評定引付」応仁元年六月二十三日条(東百ね函九)

(8) 「同」六月二十六日条

(9) 室町幕府禁制案(東百ゐ函七七)
(10) 「鎮守供僧評定引付」応仁元年九月四日条(東百ね函十)、この時に久世上下庄から注進されてきた配符の正文は、東百そ函六九・ウ函一〇六に残されている。また『久我家文書』二五〇号、九月十日付の「山名宗全奉行人連署奉書」は、同じ奉行三人の連署で久我本庄・本久世(大藪)・東久世(築山)に対する「兵粮借米」を免除する旨、久我庄名主沙汰人に伝えている。なお、垣屋豊遠奉書の正文も東百ヲ函九五にある。
(11) 室町幕府奉行人連署奉書案(東百イ函一〇五―一)
(12) 室町幕府奉行人連署奉書案(同イ函一〇五―二)
(13) 「鎮守供僧評定引付」九月廿七日条(東百ね函十)、正文は東百そ函七〇・七一にある。この半済について、田端泰子「戦国期山城の村落と権力」(『東寺文書にみる中世社会』東京堂出版、一九九九年)では、「東軍の応仁元年の半済令こそが、文明十七、八年の山城国一揆が要求した半済の直接の前提であった」と指摘されている。
(14) 「同」十月廿八日条
(15) 室町幕府奉行人連署奉書(東百京函一一三)、なお同日付奉行人奉書(東百ヲ函九五)は同じく「西岡面々中」宛で、「東寺領山城国上野庄・拝師・東西九条・植松庄等事、混西岡半済類違乱云々、太不可然」と、西岡での半済と混同させて西岡以外の東寺領で半済徴収をしている西岡輩の、活動停止を命じている。
(16) 応仁元年十二月十四日 室町幕府奉行人連署奉書(東百京函一一四)に、「東寺領当国所々事、混半済類違乱之間、被成奉書之処、猶以難渋云々」とあって、東寺領の半済免除をなお承引しない西岡輩の動きが示されている。
(17) 「鎮守供僧評定引付」応仁元年十二月八日条(東百ね函十)
(18) 「同」十二月廿六日条
(19) 応仁元年十二月廿六日 光明講方年貢米算用状(東百遍函一一八)
(20) 永隆奉書(東百ヲ函九八)、この奉書の奉者永隆は細川勝元の奉行人と考えられる。高橋敏子氏のご教示によれば、その姓は「高安」である。

(21)『後法興院記』応仁二年五月十一日条に「当国・近江・伊勢此三ヶ国寺社本所、乱中武家可被成料所之由有沙汰云々」、「東寺鎮守供僧評定引付」応仁二年五月十八日条にも「自三宝院殿、被成奉書、当国半済可被成御料所之由、有其沙汰云々」(東百ね函十)とあり、『山科家礼記』応仁二年五月一日条に「今度、江州・勢州・当国三ヶ国御料所被成候処、当参之公家御方者御料所之儀御免之由候」と記されている。

(22)本来の山城守護は山名是豊である。しかし、この応仁二年夏以後、東軍方には管領細川勝元、山城守護山名是豊が、西軍方には管領斯波義廉、山城守護畠山義就がいるというように、幕府組織の完全な分裂が起こっている。

(23)『大乗院日記目録』応仁二年七月十日条に「細川為管領云々、於西方者以義廉称管領者也」とあり、『大乗院寺社雑事記』文明二年五月廿四日条に「西方管領斯波治部大輔義廉」とあって、西方では一貫して管領は斯波義廉だとしている。また斯波義廉は、次のような応仁二年七月廿三日付の管領奉書(東百を函二四六)をもって、山城国寺領半済の免除を認めている。

東寺々領山城国所々并洛中屋地等事、任当知行旨、方々被停止綺、弥可被全寺務之由候也、仍執達如件、

応仁弐
七月廿四日　　(飯尾)豊清(花押)
　　　　　　　(甲斐)久春(花押)

東寺雑掌

この奉書は、『大日本古文書』『東寺百合文書目録』ともに管領細川勝元奉行人奉書としているがこれは、斯波義廉の家臣である朝倉孝景が東寺との仲介役をしている(「鎮守供僧評定引付」応仁二年八月十六日条　東百ね函十一)ところから考えても、西方管領斯波義廉奉行人奉書である。

(24)「最勝光院方評定引付」応仁二年八月廿四日条(東百け函二一)。『山科家礼記』応仁二年六月十三日条に、同じ五人の連署で「当国守護職事、任先例可有御成敗之間、近日御代官可入部也」という五月十四日付「山科沙汰人御中」宛の奉書が書写されている。この時期、畠山義就は山城国内各所の「沙汰人御中」「百姓御中」に宛てて、自分が山城守護として国内の成敗を行う旨を通

達していた。なおこの奉書の正文は、東百え函四八にある。
(25) 応仁二年十月廿九日付で同じ五人の奉行人が連署した奉書（東百ヲ函九九）では、義就側も「東寺領半済事」と明記している。
(26) 「鎮守供僧評定引付」応仁二年八月廿五日条（東百ね函十一）
(27) 「同」九月廿一日条（同）
(28) 「同」九月廿七日条（同）
(29) 「同」十月九日条（同）
(30) 「同」十月十日条（同）
(31) 「同」十月十六日条（同）
(32) 「同」閏十月八日条（同）
(33) 「同」十月十六日条（同）
(34) 注(2)参照
(35) 真板は、応仁三年四月には再び上久世庄への入部を果たしている。東寺にその補任状を要求しに来たのは、この時に討ち死にした井上の一族である（「鎮守供僧評定引付」応仁三年四月二十三日条　東百ね函十一）。上久世の侍たちは、十月九日に寒川と共に自焼した利倉が東軍方、十月二十二日に討ち死にした井上・松本・三原などが西軍方というように分裂をみせている。
(36) 「同」十月二十七日条（同）
(37) 「同」十月十日条（同）
(38) 「同」閏十月五日条（同）
(39) 「同」十一月二十二日条（同）。また上野庄も「当年庄家焼失間、一向無之」（応仁二年分光明講方年貢算用状　東百遍一一九）と、戦乱によって庄家が焼失し年貢皆未進になっている。
(40) 「廿一口方評定引付」応仁三年四月廿五日条（東百天地三七）

(41)「鎮守供僧評定引付」文明元年六月二十七日条（東百ね函十一）
(42)「同」文明元年十月十三日条（東百ね函十二）
(43)「同」十一月二日条（同）
(44)稲垣泰彦「応仁・文明の乱」（『岩波講座日本歴史　中世三』一九七六年／のち『日本中世社会史論』東京大学出版会、一九八一年）。なお、「廿一口方評定引付」文明元年十二月廿日条（東百天地三七）によれば、上野庄でも四分一のことで百姓等が東寺に「列参訴訟」し、東寺は「段別一斗宛」を認め、残る分は未進分として厳しく催促することを決定している。百姓等の「列参訴訟」は、年貢減免要求の際の典型的な姿である。「西岡足軽」への四分一給付が、実質的には上野庄百姓等にとっては年貢減免であったと考えられる。畠山義就の半済については、川崎千鶴「室町幕府の崩壊過程―応仁乱後における山城国の半済を中心に―」（『日本史研究』一〇八、一九六九年、のち『戦国大名論集5　近畿大名の研究』〈吉川弘文館、一九八六年〉に再録）で論じられている。
(45)東百遍函一二二
(46)「鎮守供僧評定引付」文明二年十一月十日条（東百ね函十三）、文明二年分下久世庄年貢算用状（『教王護国寺文書』一八〇七）
(47)「鎮守供僧評定引付」十一月六日条（東百ね函十二）
(48)上島有『京郊庄園村落の研究』第八章第一節（塙書房、一九七〇年）
(49)「廿一口方評定引付」文明三年八月十六日条（東百天地三八）
(50)「鎮守供僧評定引付」文明三年八月廿八日条（東百ね函十四）や「廿一口方評定引付」文明三年八月廿八日条（東百天地三八）によれば、この時は「自守護方、寺領悉指出可有沙汰」と厳しく要請があり、拝師庄・女御田・教令院・寺務方水田・上野庄、そして東寺境内に至るまで、全寺領の指出を斉藤新衛門や木沢など義就の奉行人に届けている。ただし上久世庄についてはまったく言及されていない。上島有「応仁・文明の乱と久世上下庄」（『京郊庄園村落の研究』塙書房、一九七〇年）が言うように、上久世庄は既に守護畠山義就方が直接押さえていたからであろう。

（51）「鎮守供僧評定引付」文明三年閏八月四日条（東百ね函十四）
（52）東百遍函一二四、
（53）「同」閏八月八日条（同）
（54）「廿一口方評定引付」九月五日条（東百天地三八）
（55）拙稿「応仁の乱と在地社会」（『講座日本荘園史　4荘園の解体』吉川弘文館、一九九九年）

# 戦国期の領国間通行と大名権力

則竹雄一

## はじめに

大名領国制の研究は、個々の大名領国の構造と諸政策の解明にその主眼が置かれてきた。そこでは戦国大名間の関係掌握は不十分であり、従来は外交政策や争乱における領土拡大からの視点で研究が行われてきた。この中にあって近年の国分論は戦国争乱の本質を中世の自力救済の特質から解明するものであり、戦国全体を見通すひとつの視角として重要な位置を占める。(1) しかし、ここでも戦争という非常時における大名領国のあり方を解明するに過ぎない。領土拡大戦に対する同盟関係・政治過程論からの視角であり、境界相論の帰結としての国分協定を分析したものである。狭義の「国分」は領国境界線を確定することで和平を回復する点にあるが、和平時での領国間の日常をどのように規定するのかを問う必要があるのではないだろうか。戦国大名研究のひとつの課題は、個別大名研究をどのように克服することができるかにあるといえ、個別大名領国構造論ではなく領国関係論の視点が必要ではないだろうか。大名領国の比較ではない領国関係、また、相互の領土奪取過程ではなく和平時での関係に注目することが重要な視点のひとつであると考える。

このことから本稿は、今川・武田・北条の東国戦国大名を素材の中心として境界領域での通行の様相と大名領国間の関係を大名の伝馬制度を中心とする交通政策の面から考察することを課題としたい。

渡辺世祐・相田二郎以来、(2)北条・武田・今川三氏の伝馬制度の研究は深められてきたが、それぞれの制度の特徴を整理すると次のようになろう。

伝馬制度は道路上に連絡する宿郷が順次に駄馬・乗馬を仕立てる仕組みで、これがひとつの役として整備され、大名から発行された伝馬手形を所持する者が使用を許可された制度である。後北条氏では、①大永年間の氏綱時代に伝馬制度が推進され、②宿への伝馬役は一日あたり三疋～五疋であり、公用の駄賃＝口付銭は一疋あたり一里一銭であった、③永禄元年から伝馬手形に印文「常調」朱印が使用された。(3)武田氏では、①伝馬制度は天文九年の信虎印判状に遡れるが、②制度的な確立は天正三・四年の伝馬定書の制定であり、宿負担は一日四疋、口付銭は一里六銭・一里一銭の場合があった、③伝馬手形印は家印である竜朱印が使用されたが、永禄六年から伝馬専用印の「伝馬」朱印が竜朱印と併用され、勝頼時代の天正期から固定された。(4)今川氏では、①天文十九～二十三年での今川氏の三河平定・尾張侵攻のなかで確立され、②宿負担は一日五疋、口付銭一里十銭であり、③守護公権を背景に整備され、東海道筋の基幹道路に限定された大綱的なものであった。(5)

ここでの伝馬制度研究の特徴も、個別大名の制度を明らかにすることを課題としてきた。小和田哲男氏も(6)「東国戦国大名トータルとしての研究はほとんど手がつけられていない状況である」と指摘している。さらに、小和田氏は、柴辻氏の武田氏の伝馬制度が初期においては今川氏との、元亀二年以降は北条氏との接続面を強調されている点を受けて、伝馬制度は北条氏が最初に制度化に成功し武田・今川氏が追随する形であったことを確認した。さらに、武田・今川氏の制度化が天文年間であったことの理由を甲駿相三国同盟の締結に求めるという注目すべき指摘を行い、同盟関係下における国境を越えた伝馬の実例を明らかにしている。このような個別大名を越えた関係的視点は重視されるべきであろう。

## 一　領国を越える伝馬

最初に小和田氏が明らかにした大名領国を越える伝馬の事例を伝馬手形から見てみよう。伝馬手形は公用伝馬の使用を大名が許可したことを示す証文で、大名によって異同はあるが使用許可宿・駄賃有無・疋数・使用目的などが記載されている点は共通している。北条氏では五九通、武田氏では一九通（小山田氏一通、穴山氏二通を含む）、今川氏では五通が確認されている。

**【史料1】** 武田家伝馬手形（柳沢文庫所蔵成慶院文書『静岡県史』資料編7中世三所収二三三〇号文書　以下静三―二三三〇と略す）

伝馬壱疋無相違可出者也、仍如件、
（弘治二年）
丙辰（朱印、印文「晴信」）
四月十二日（竜朱印）

駿州江　　市川七郎右衛門尉

**【史料2】** 今川義元伝馬手形（柳沢文庫所蔵成慶院文書　静三―二三三二）

（伝馬）（朱印、印文「如律令」）弐疋無相違可出也、仍如件

弘治二年

四月（廿）□三日

駿遠三宿々中

成慶院は重要文化財伝武田信玄像があるように武田氏とは関係の深い高野山の支院である。成慶院の僧侶が甲州から高野山への帰途に駿州往還を通り甲府から駿河までの伝馬使用を武田信玄に認められ、その後、これに接続する形で、駿河の今川領国に入り三河までの東海道沿いの宿々で伝馬使用を認めたれた伝馬手形を今川義元からもらっている。甲斐と駿河を結ぶルートはいくつかあるが、ここでは天文二〇年の時の成慶院使僧の高野山への帰路の事例から見ると、(7) 甲州から駿州への穴山（河内）領を通る富士川添いを下るルートのことであると考えられる。このルートは天正八年八月十四日付け穴山信君伝馬手形写（静四―一三三三）には、江尻・興津・由比・内房・万沢・南部・下山・岩間・甲府と江尻から甲府までの宿が記載されている。内房（静岡県芝川町）と万沢（山梨県富沢町）との間に駿河甲斐国境線がある。「駿河口」・「万沢口」ともよばれ万沢郷は駿州への宿場町であった。「駿州江」と記載される武田氏の伝馬手形のによる仕立ての範囲はどこまでであったのだろうか。甲斐領国内だけとすれば万沢までとなり、これでも実際のところ義元の手形を所持すれば内房以降の今川領国も伝馬の仕立てに支障はなかったと考えられるが、武田氏の

伝馬手形の有効範囲は駿河国内の駿府まではあったと考えられることは次の事例からわかる。

**【史料3】** 武田家伝馬手形（柳沢文書所蔵成慶院文書　静三―三三九六）

（朱印、印文「伝馬」）
伝馬三疋無異儀過出之、高野山成慶院之使僧被遣者也、仍如件、

（永禄十年）
丁卯
五月十四日　　市川備後守
　　　　　　　　奉之
黒沢口駿府迄
　宿中

これも高野山に帰る成慶院使僧に武田信玄から発行された伝馬手形である。これに接続する今川氏の伝馬手形は残されていない。宛名によれば使用範囲は「黒沢口駿府迄宿中」とある。黒沢は現在山梨県市川大門町の大字で富士川添いの駿州往還の宿の一つである。このときも使僧は富士川添いルートを南下して駿河に出たと考えられる。史料1と違っているのは単に「駿州江」ではなく駿府迄宿中とあることである。国境の万沢口を越えて駿府までの今川領国内での伝馬使用も認められていることを示している。領国外であっても特定の地点までの伝馬仕立てが実施できる効力を伝馬手形が有していたと考えられるのである。

**【史料4】** 北条家伝馬手形写（相州文書所収海蔵寺文書　『神奈川県史』資料編3古代中世3下所収七六〇五号文書　以下

神七六〇五と略す）

伝馬五疋、無相違可出之、海蔵寺被遣、相州御分国中者、可除一里一銭者也、仍如件、

（永禄十一年）
辰
七月（「常調」伝馬朱印）
九日　岩本
奉

自小田原甲府迄関東透宿中

【史料5】武田家伝馬手形写（相州文書所収海蔵寺文書　神七六〇八）

（「伝馬」朱印）
伝馬七疋無異儀可出之、海蔵寺江被進之者也、仍如件、

（永禄十一年）
戊辰
七月十三日

信州木曽通宿中

次は北条氏と武田氏の関係を示す事例である。伝馬使用を許可された海蔵寺は小田原市早川に所在する曹洞宗の古刹であり、永禄十一年七月五日では北条氏から上洛路銭をもらっているなど、北条氏の使僧としての役割を果たした(8)。北条氏伝馬手形では、伝馬使用の起点と終点を「自小田原甲府迄関東透宿中」と小田原から甲府までとしているが、本文には「相州御分国中」とあるので実際には甲斐国郡内領まで使用が認められたと考えられる。では甲斐の武田領国に入り郡内から甲府までは伝馬使用が認められなかったのだろうか。これに接続する武田氏の伝馬手形では、甲府

から木曽福島までの伝馬使用が認められたことから、郡内から甲府まで伝馬が使用できなかったとは考えられない。ここでは「除一里一銭」という無賃伝馬使用が北条領国の「相州御分国」で認められたもので、甲斐国内は勿論北条氏の公用伝馬として駄賃の免除が認められるはずなく、駄賃を支払って武田領国の伝馬を使用したと解釈される。つまり、有賃ながら伝馬使用が甲府までの武田領国の中でも承認されたのであり、ここでも北条氏の伝馬手形の有効性は領国外に及んでいたことを示していると考えられる。その後、海蔵寺僧は武田氏によって甲府から木曽福島までの伝馬使用が認められたが、無賃伝馬の仕立てでなく、一疋当たりの駄賃規定が海蔵寺に示されている。(9)

**【史料6】** 北条家伝馬手形写（集古文書　『戦国遺文』後北条氏編一九一七号文書　以下戦一九一七と略す）

伝馬弐疋可出之、高野へ使僧ニ被下、可除一里一銭者也、仍如件、

辰
六月一日（「常調」伝馬朱印）

自小田原駿州迄宿中

北条氏は高野山への使僧に対して無賃伝馬の使用を認めた。丑五月廿七日付け高野高室院宛の北条家臣岡本長秀書状（高室院文書　戦一九一六）によれば逆修のため徳蔵院を高野山に派遣するが、伝馬は使僧徳蔵院が使用したものと考えられる。ここでは「駿州迄宿中」とあり、当時の武田・北条領国の国境線は駿東郡黄瀬川あり、国境を越えての最初の宿は沼津であるが、この手形は駿府までの使用を示していたのである。

【史料7】武田家伝馬手形（小島文書　静四―一一一五）

「伝馬」朱印

従瀬名（朱印、印文「伝馬」）至于小田原伝馬一疋、無異儀可出之者也、

御肴召遣
御用

（朱印、印文「伝馬」）

（天正六年）
戊寅
正月

右宿中

武田氏が小島氏に対して庵原郡瀬名郷（静岡市）から小田原まで一疋の伝馬使用を認めている。これは「御肴召遣御用」とあるように肴を運送するためであった。年頭に際しての武田氏から北条氏への祝肴であったのではないだろうか。武田氏の伝馬手形による北条領国での伝馬使用の事例である。

【史料8】北条家伝馬手形写（静四―一七五四北口本宮浅間神社文書）

伝馬壱疋無相違可出也、可除一里一銭者也、仍如件、

（天正一二年）
申十月六日（「常調」伝馬朱印）

江雪斎
奉之

自小田原甲州迄竹下通宿中

【史料9】北条家伝馬手形写（模写古文書　戦三七六六）

伝馬参疋可出之、牧ニ被下、可除一里一銭者也、仍如件、

（天正一二年）
申
三月廿三日（「常調」伝馬朱印）　山角奉之

小田原より安城迄宿中

【史料10】北条家伝馬手形写（雑録追加　戦三七六九）

伝馬壱疋可出之、自信州之飛脚ニ被下、可除一里一銭者也、仍如件、

（天正一三年）
酉
九月六日（「常調」伝馬朱印）　山角紀伊守奉之

半田より信州迄宿中

【史料11】北条家伝馬手形写（集古文書　戦三〇七二）

伝馬四疋可出之、高野山高室院之使僧両人被下、可除一里一銭者也、仍如件、

（天正十五年）
丁亥
三月廿九日（「常調」伝馬朱印）　江雪奉之

小田原より遠州迄宿中

四つの事例はいずれも北条氏の伝馬手形で甲州・遠州・信州といった領国外への伝馬使用を認めたものである。これらは全て天正十年の武田滅亡後に徳川領国となった地域である。特徴的なのは「除一里一銭」と記載されていることである。前述の海蔵寺の事例とは違い北条領国内との限定がされていないことから、北条領国を越えた領域でも無賃伝馬が北条氏の伝馬手形で認められていることを示している。

以上のように伝馬手形から見た伝馬は、武田↓今川、北条↓武田、武田↓北条、北条↓徳川といったようにそれぞれの領国範囲を越えての使用が承認されているとともに、接続する領国での伝馬手形の発行により遠隔地への連続した伝馬使用が行われていたことがわかる。

当該時期の四大名の関係はどのようなものであったのだろうか。天文五年（一五三六）に今川義元が家督を継承し六年二月に武田信虎の娘が義元に嫁ぎ、甲駿同盟が成立した。これにより従来、今川・北条対武田の対立の構図が、今川・武田対北条と変化した。六年二月二十六日に北条氏綱は駿河に出陣して抗争が始まる。いわゆる「河東一乱」である。六月には終了し北条氏が駿河半国を確保する。天文一三年十二月から「駿豆再乱」＝「第二次河東の乱」で義元の反撃が始まり、十月二十二日には和議が成立した。北条氏は駿河から撤退し、天文二二年に駿甲同盟、天文二三年に相駿・甲相同盟が婚姻を媒介に成立した（いわゆる三国同盟である）。永禄一一年（一五六八）十二月、武田信玄は徳川家康と盟約を結び十三日駿府を攻略する。いわゆる「駿州錯乱」であり、北条と武田の抗争が始まった。永禄十二年五月に今川氏真は、北条氏を頼り遠州掛川城から沼津に移り戦国大名今川氏は滅亡した。元亀二年正月の深沢城の落城で甲相同盟が成立した。天正十年（一五八二）三月に武田氏は滅亡し、東海五ケ国は徳川家康の領国となり徳川と北条の遠相同盟が締結された。(10)

すでに小和田氏が伝馬制度の確立と三国同盟の関係を指摘したように、政治動向と伝馬使用の事例を合わせて考えると次のようになり、無関係ではないことがわかる。史料1・2での弘治二年の武田と今川家伝馬手形、史料3の武田伝馬手形の駿府まで使用の事例は、天文年間から永禄十一年までの武田氏と今川氏が同盟関係にある時期にあたる。史料4・5の永禄一一年七月の北条家伝馬手形による甲府まで、さらに武田家伝馬手形による木曽福島までの使用事例も甲相同盟の時期にあたる。史料6武田領国の駿府まで北条家伝馬手形、史料7の小田原までの武田家伝馬手形の発給は、甲相同盟成立後の時点である。それ以降の史料8・9・10・11の北条家伝馬手形は徳川と北条の同盟の時期にあたる。

以上のように領国を越える伝馬の事例はすべて武田・北条・今川・徳川の四戦国大名が同盟関係にあり、抗争状況にない時期に当たることが再確認される。当然のことではあるが、和睦による領国間の秩序形成が領域を越えた伝馬使用を可能にしたと考えられる。すでに国分協定と人返規定の実施が関係していたことは、天正十年の北条・徳川同盟の成立を事例に述べたことがあるが、(11) 領国間通行のための伝馬制度の整備も国分協定(=和平協定)と関係するといえよう。次には伝馬掟書の分析から領国間関係を見てみたい。

## 二　領国間協定としての伝馬掟書

次の史料は、武田氏の伝馬制度の原則を示すものとして有名な天正三年から四年にかけて駿東・富士・蒲原郡域に発給された武田家伝馬掟書のひとつで沼津郷に出されたものである。

**【史料12】** 武田家伝馬掟書写(駿河志料沼津駅家文書　静四―九六二一)

定

一、自今以後公用之御伝馬之御印判者、御朱印弐ツあるへし、為私用申請伝馬之御印判者、　御朱印壱ツあるへきの事、

一、御伝馬惣而、一日四疋宛可出之、此外一切被停止之事、

付、無拠火急之公用にをひてハ、至其時可被加御下知之事、

一、為私用申請伝馬、自今以後一里一銭之口付銭、可請取之事、

一、於口付銭有難渋之族者、宿中之貴賎令一統、不撰人不肖不可出伝馬之事、

一、伝馬不相勤輩、以密々駄賃をつくる事、一円被禁之事、

一、伝馬勤仕之輩、御普請役御免許之事、

一、自小田原之伝馬、無異儀可出之事、

右条々、向後努不可有御相違之由、有御下知者也、仍如件、

天正四年丙子二月十四日　釣閑斎奉之

家数三十間沼津郷

これとほぼ同文の掟書が沼津郷以外に蒲原（蒲原町）・根原郷（富士宮市）・厚原郷（富士市）・棠沢郷（御殿場市）・竹下郷（小山町）の五ヶ所に出されていることが知られている。[12] この時期は、前述したように元亀二年の甲相同盟の成立で、駿豆国境域での領土紛争に決着が付き、武田氏による駿河支配が整備・展開しつつある時期である。武田氏伝馬制度の新領土駿河への導入と、これを契機とした新伝馬制度の確立が図れたことを示している。

ここで注目されるのは七ヶ条目の「自小田原之伝馬、無異儀可出之事」という規定である。「小田原之伝馬」とは小田原北条氏からの申請または許可による伝馬の仕立のことであり、武田領国となった駿東郡域で北条氏の発給した伝馬手形を持つ伝馬使用者がいた場合に沼津郷(宿)での伝馬使用を規定したのである。例えば前述の史料6で紀伊高野山への使僧に北条氏が伝馬手形を発給しているが、「自小田原駿州迄宿中」とあり、東海道を上れば沼津郷を通ることになり、伝馬継を行ったと考えられるが、この規定により問題なく北条の伝馬手形での使用が行われたのであろう。

六通の掟書はほぼ同文であるが大きく相違する点がある。注目した第七条の「小田原之伝馬」規定は六通の内、駿東郡域の沼津郷・棠沢郷・竹下郷宛の三ヶ所にしか見えないのである。残りの三ヶ所蒲原・根原郷・厚原郷は富士・蒲原郡域で六ヶ条までしかなく七ヶ条目は規定されていない。しかも私用伝馬の使用駄賃が駿東郡三ヶ所では「一里一銭」にあるのに対して、富士・蒲原郡三ヶ所では「一里六銭」となっているのである。北条領国に伊豆・相模に接する駿東郡は、直接的な領国境界領域として特別な規定がされたのであろうか。柴辻氏は、武田氏の「一里一銭」規定の採用から天正期の武田伝馬制度が北条氏の制度との接続を指摘しているが、(13)制度そのものの影響関係というよりも領国を接する地域での特殊な関係であり、北条氏の「一里一銭」規定を隣接域での伝馬使用にも転用することで、境界域での伝馬使用の便宜を図ったのではないだろうか。おそらくこのことは北条・武田両氏の協定によって決定されたと考えられ、これを武田領内の宿郷に伝達したものが伝馬掟書であるといえよう。

この武田伝馬掟書に対応するような北条領国での史料は残っていないが、この規定が武田領国側のみを規定したものでないことは、前述の史料7で示した武田家伝馬手形で推定できる。これは天正期の掟書に従って武田氏の「伝馬」朱印を二つ捺した手形であり、利用範囲は瀬名(静岡市)から小田原とある。武田氏伝馬手形が北条領国の小田原までの宿中での使用が認められていたことを示しているのであり、領国を越えた伝馬使用の相互規定があったこと物語っている。

このような伝馬相互協定が、天正年間以前にも存在したと考えられる事例がある。駿東郡域の国人領主葛山氏が神山宿（御殿場市）伝馬をめぐる公事への裁許状である。

【史料13】葛山氏元印判状（武藤文書　静三―三〇五八）

神山宿伝馬之儀付而、去未年以来、散在之者与伝馬屋敷相拘之者、依有申事、今度遂裁許上、先年苅谷・笠寺出陣之時如相定、彼役屋敷拘来七間之者半分、散在之者半分充、打合可勤之、府中・小田原其外近辺所用之儀茂、如年来可相勤、於向後有難渋之族者、可加成敗之旨、可被申付之状如件、

永禄五壬戌年
八月五日（印文「万歳」）
神山代官
名主武藤新左衛門尉殿

葛山氏により伝馬役の負担を神山宿伝馬屋敷拘者と散在者で折半し相談して行うこととの裁許が行われた。伝馬役負担のあり方を示す史料として周知の史料である。注目されるのは伝馬役の中に「府中・小田原其外近辺所用之儀茂、如年来可相勤」と「府中」（＝駿府）つまり今川氏と「小田原」つまり北条氏の両方の所用での伝馬役負担を規定していることである。当時の葛山氏の位置づけをどのように考えるか難しいところであるが、今川氏の三河・尾張侵攻に

参加するなど当時は今川家臣として行動している。このことから、小田原伝馬の仕立は、おそらく今川・北条両氏と協定に基づくものであったのではないかと推定される。また、わざわざこのような確認をしなければいけないことは、駿東郡の境界領域としての特徴を示している。また、「如年来」とあるように永禄五年を遡る規定であったことがわかり、先年の苅谷・笠寺出陣が天文二〇年代と考えられることから、[14] 駿相甲三国同盟の成立との関係が考えられよう。同盟協定そのものに規定があったかは別として、領国間秩序の安定化とともに領国を越えた伝馬制度が整備されたことは間違いないだろう。

**【史料14】**武田家印判状写（諸州古文書　静三―一九三〇）

（竜朱印）
従駿河合力衆荷物之事、任今川殿印判、当陣中伝馬可出、若至于無沙汰之族者、可加成敗者也、

天文十八年八月一日

ふつせき
あしかわ
かけはし

天文一八年は今川・武田は同盟関係にあった時期である。天文十八年には武田信玄が、七月に伊那郡箕輪城の普請を行い、八月に佐久郡に入り、九月に平原城（小諸市）に放火して甲府に帰陣している。[15] 信濃計略の真っ最中であった。「当陣中」はこのことを指しているのであろう。今川氏から武田氏への合力荷物の駿河から陣中への運搬に際して伝馬が利用されたのである。「今川殿印判」による今川氏の伝馬手形が発行されたが、その手形によって武田領国内で

ある古関（上一色村）・芦川（芦川村）・梯（上一色村）での伝馬仕立を無沙汰なく仕立てることを武田氏が命じている。いずれも駿河吉原から本栖を通り甲府へ抜ける駿州中道往還の郷村である。これは合戦の支援に際しての臨時的な措置か、恒常的な協定による伝馬使用なのか判断しかねるところではあるが、領国外の伝馬手形での伝馬仕立てを承認して、領国を越えた伝馬継使用が天文年間で行われていたことは注目されよう。今川と武田両氏の間でも伝馬使用の領国間相互協定があったことが推定できる。

以上のように国分協定による同盟・和平の実現は、単に国境線の確定化だけでなく領国間の通行協定を内包していたのではないだろうか。一時的であれ争乱の収束は領国間の通行を盛んとし、これにいかに応えるかが大名権力の課題となったのである。武田氏に見られるような伝馬掟書は、領国内の制度整備だけでなく領国間協定の役割を担っていたと考えられる。駿東郡といった境界地域に対しては協定に基づく通行実現のために伝馬を仕立てることが期待されていたのである。

## 三　浦伝制と船掟書

北条領国では陸上の伝馬制度に対応して、海上では浦伝制が存在していたことが知られている。(16)伝馬手形に相当する次のような史料が存在する。

**【史料15】**北条家印判状（古文書纂　静四―一九一六）

船壱艘舟方乗組、浦伝ニ出之、近藤孫六荷物此一廻、下田より小田原迄可漕届旨、被仰出者也、仍如件、

亥
七月廿四日（虎印）　奉之
　　　　　　　　　宗甫
下田より小田原迄
浦伝舟持中

【史料16】北条家印判状（新井氏所蔵文書　静四―二三三九）
浦伝ニ船壱艘出之、清水衆八木下田迄此一廻可漕届者也、仍如件、
庚寅
二月十二日（虎印）　奉之
　　　　　　　　　宗悦
自小田原浦伝下田迄船持中

史料15では近藤孫六の荷物を船一艘に漕ぎ手である船方を乗り込ませ下田から小田原まで浦伝に届けることを認めている。史料16では清水衆の一人である八木氏を小田原から下田まで届けることを認めている。宛名が船を仕立てるルートに当たる地名が記載されている点は伝馬手形に共通する。ルートにあたる各浦の船持中に、この印判状を提示することで船の継ぎ立てが保証されたことを示している。ただ、印章は北条家印である虎印が押印されており、伝馬手形専用の印文「常調」印にあたる専用印判は使用されなかった。また、伝馬仕立の場合は、駄賃として一里一銭という公用基準的使用料が決められていたが、これに対応する使用料があったかは二通の史料に何も記載されていないことから不明である。むしろ、この場合に限れば記載のないことから、使用料が支払われるものではなかったと考えられよう。ただし、船持中を徴発しての荷物運送においては「舟方公用」の請け取りが記載されることから[17]、全く使

用料が支払われなかったとするのは早計であろう。

浦伝の民間運送が一般的にどの程度展開していたかは史料の制約があって明らかにできないが、北条氏による浦伝制の整備は、天正一五・一八年という年代を考えると、豊臣秀吉との対立を背景としながら天正末期に急速に実施されたものであろう。また現在のところ、浦伝制は伊豆半島沿岸や相模湾の北条領国の沿岸地域にのみに確認されるだけであり、浦伝輸送体制が領国境界を越えて存在したかどうかは不明である。しかしながら、領国を越える通行は、もちろん陸上交通に限ることではない。次に海上通行での領国相互関係を見てみよう。

**【史料17】** 北条家印判状（植松文書　静四―六四三）

法度　口野五ケ村

一当浦出船之時、便船之人堅令停止候、無相違者ハ、以虎印判可被仰出間、能々相改可乗之事

一他国船於着岸者、不撰大小、何船成共、人数・荷物等相改押置、即刻可及注進、無其儀従脇至于聞届者、代官・名主可処罪科事

一万乙号商売、敵地へ罷越者有之者、則可有披露、兼而可被制事

以上

右条々、厳密ニ可被申付、若妄被申付候者、領主之可処越度、仍後日状如件、

（元亀四年）癸酉三月十六日（印文「禄寿応穏」）

幸田大蔵丞奉之

四郎殿

これと同文の史料が口野五か村（沼津市）以外に江梨五か村（沼津市）、田子（西伊豆町）宛のものが残されており、[18]天正元年（一五七三）に武田領との境界となる西伊豆地域の郷村に一斉に発給された北条氏の法度であると考えられる。従来から伊豆半島が海運の起点として重要な位置にあった内実を物語る史料として位置づけられている。[19]元亀二年の甲相同盟成立直後の時期、西伊豆地域への発給という点を考えれば、駿河湾を挟んで駿河を支配する武田氏を意識しての法度であるといえよう。

内容は、①当浦から出航する船への便船の禁止。便船を認める者は虎印判状で許可を与えているので、よく調べて乗船させること。ここでの便船許可書としての虎印判状が、前述の虎印判状による浦伝手形を指すものであれば、天正元年には浦伝制が成立していたと考えられる。あくまでも便船の許可制であり、船方の海上通行を全面的に規制するものではなかった。②他国船が浦に着岸したときは、船の大小に関係なく人数と荷物を調べて押さえ置き、直ぐに北条氏に報告すること。報告がなく別の所からあった場合は代官・名主を処罰する。他国がどこを指すのか確定はできないが、船の大小をあることから、小船による沿岸の浦伝的な海上交通と大型船の遠海航行を含めていることがわかる。③万一商売と称して敵地へ行こうとするものが居たならば、北条氏に報告し止めること。ここでは敵地への商売が規制されたのであり、通行全体が規制されたものではない。問題は敵地での敵は誰を指しているのであろうかという点である。元亀二年には甲相同盟が成立していることを考慮すれば武田氏とは考えにくく、武田氏と遠江をめぐる抗争を展開している徳川氏または江戸湾を挟んで北条氏と敵対する里見氏を指すとも考えられようが、ただ西伊豆地域への発給であることを重視すれば、やはり武田氏を指していると考えることができよう。甲相同盟の成立は直ちに領国間の自由通行を認めることではなかったのであり、駿東・富士郡への伝馬掟書の発給も天正四年であり、同盟の成立と通行協定の時期には多少のずれがあると考えれば、ここで武田氏を敵としていても問題はないのではないだろうか。

しかし、その後には厳しい規制の中で武田氏の船舶は特別な扱いをされることになる。これが次の北条家印判状による「船手判」規定である。[20]

【史料18】北条家印判状（植松文書　静四―七八五）

（貼紙、朱印、印文「船」）
自甲州到来之船手判也、

右、手判駿州船之手験、従甲州令到来者也、然而彼印判於持来船者、不可有異儀、若紛者不審様子有之者、船を相押可有注進、猶以自今以後、於駿州浦之船者、右手判可持来者也、仍如件、

（天正二年）
甲戌
七月十日（印文「禄寿応穏」）

四郎殿　口野五ヶ村

これは北条領国での船改めの際に、証左とするための手形に捺印されるべき印判の見本を示したものである。印文「船」朱印を捺印した料紙を方形に切って取り扱いを記した料紙に貼り付けたもので、相田二郎氏は「この手判を多数捺した料紙を甲斐から小田原に送り、小田原に於てさらに之を切って貼付したものか、或は甲斐から初めから切った料紙にこの手判を捺したものを送ってきたものであろう」としている。[21]いずれにしても武田氏が承認した「駿州浦之船」ということを表すための印判である。史料16では他国船は全て船改めの対象とされているが、この印判を持つ船

船は「不可有異儀」として船改めが省略され特別扱いされたことを示している。つまり、印判を持つ限り武田領の船舶の西伊豆への自由往来を北条氏が認めたことを表している。この前提には武田・北条領国の境界領域としての駿河湾の船舶通行を認めた両大名の協定があったのであろう。

## 注

（1）藤木久志「戦国大名の和与と国分」（『月刊百科』二四八、一九八三年のち『豊臣平和令と戦国社会』東京大学出版会、一九八五年）

（2）戦前における伝馬制度の研究は、渡辺世祐「後北条氏伝馬の制」（『日本交通史論』一九二五年）、相田二郎「駿河駿東郡御厨地方の中世交通史料」（『歴史地理』五〇―六、一九二七年）、同「戦国時代に於ける東国地方の宿・問屋・伝馬」（『歴史地理』五一―五・六、一九二八年）、同「伝馬人足の手形」（『交通文化』六、一九三九年、以上のち『中世の関所』畝傍書房、一九四三年所収）、新城常三『戦国時代の交通』（畝傍書房、一九四三年）などがある。新城氏はすでに「諸侯間の駅制の聯絡制度」の存在を指摘しており、「戦国諸侯は飛脚・使節の往来、特にその国外交通に伴う諸々の困難を沿道の諸侯との締約によって臨時的に或は恒常的に除去せんとしたのである。しかも、かかる幾つかの例によっても窺はれる如く、一諸侯と他の諸侯又は豪族等との親善関係の成立が相互の武力援助といふ軍事的期待の外に多分に政治交通の円滑化といふ諸侯の要請に基く事実は留意すべきである」と述べている。

（3）北条氏の伝馬制度については、下山治久「後北条氏の伝馬制度」（『年報後北条氏研究』創刊号、一九七二年）、池上裕子「伝馬役と新宿」（『戦国史研究』八、一九八四年）、野澤隆一「後北条氏の伝馬制度に関する一試論」（『国史学』一二七、一九八五年）を参照。

（4）武田氏の伝馬制度については、柴辻俊六「甲斐武田氏の伝馬制度」（『信濃』二六―一、一九七五年）、柴辻俊六「戦国期武田氏

の交通政策と商品流通」（『甲府盆地』雄山閣、一九八四年）、柴辻俊六「武田氏の伝馬制度補考」（『甲斐路』五六、一九八六年）

（5）今川氏の伝馬制度については、有光有学「今川領国における伝馬制」（『歴史公論』一一五、一九八五年）を参照。

（6）小和田哲男「戦国期東海道周辺の宿と伝馬役」（静岡県地域史研究会編『東海道交通史の研究』清文堂出版、一九九六年）、小和田哲男「戦国期駿遠の交通と今川権力」（『地域をめぐる自然と人間の接点』一九八五年）

（7）柳沢文庫所蔵成慶院文書には駿河口諸役所中宛の天文二〇年三月二三日付け穴山信友過書（静三―二〇三九）と、これに接続する天文二〇年三月二七日付け今川義元伝馬手形（静三―二〇四一）があり、駿河口が穴山領を通るルートであったことがわかる。また、義元伝馬手形には「下山御申」との記載があり、今川氏の伝馬手形の発行に下山を本拠とする穴山氏の申請があったことを示している。明らかに手形発行が、使用者のみの申請ではなく接続する領域支配者間の関係において実施されている文言として重要である。柴辻前掲論文参照。

（8）岩本太郎左衛門尉宛北条家印判状写（相州文書所収海蔵寺文書　戦一〇八四）

（9）永禄一一年七月一四日付け武田家印判状写（相州文書所収海蔵寺文書　神七六一一）。「馬壱疋之口付銭之事」ではじまり甲府から木曽福島までの宿駅間の駄賃が記載されている。府中↓臺原↓蔦木↓青柳↓上原↓下諏訪↓塩尻↓洗馬↓贄川↓奈良井↓屋小屋↓福嶋と伝馬継の宿駅とその間の口付銭があり、「青柳より上原へ　十四文」に「七り也」との注記があり一里二文であることがわかる。また、同じく武田氏と北条氏との関係を示す事例としては、甲州へ宿中宛の丑（天正五年）十二月十四日付け北条家伝馬手形（小山田文書　戦一九六〇）がある。上杉氏と武田氏の関係を示す史料として次のものがある（郷戸文書『信濃史料』第十四巻四六三頁）。

此印判於有之者、伝馬宿送可調之候、但、自甲州之印判有之者、関山迄可送之者也、仍如件、

天正八年正月五日　（上杉景勝朱印）

田切地下人江

（10）駿河国を中心とする政治状況は、『静岡県史』通史編中世を参照。個別論文としては、池上裕子「戦国期における相駿関係の推移と西側国境問題」（『小田原市郷土文化館研究報告』二七、一九九一年）、前田利久「武田信玄の駿河侵攻と諸城」（『地方史静岡』二二、一九九四年）、黒田基樹「北条氏の駿河防衛と諸城」（『武田氏研究』一七、一九九六年）、同「天正期の甲・相関係」（『武田氏研究』七、一九九一年）、則竹雄一「戦国期駿豆境界領域の大名権力と民衆」（『沼津市史研究』八、一九九九年）などがある。

（11）前掲拙稿で、境界地域での人返について、大名間の協定が欠落を抑圧することを天正十年の遠相同盟を事例に述べた。

（12）沼津郷宛て以外の伝馬定書は、次の事例がある。
天正三年十月一六日　蒲原三十六間伝馬衆中宛（草ケ谷文書　静四―九三七）
天正四年二月一四日　家数廿五間棠沢郷宛（芹沢文書　静四―九六一）
天正四年二月一四日　家数五拾間竹下之郷宛（鈴木文書　静四―九六三）
天正四年三月二一日　家数弐十間根原之郷宛（富士根原村文書　静四―九七四）
天正四年三月二一日　家数廿五間厚原郷惣司宛（植松文書　静四―九七五）

（13）前掲柴辻論文。相田二郎氏は、「東国地方に於ける一里の長さが、時と場所によつて区々であった」とされ、天文末から永禄初頭の駿河中部以西では六十町一里、天文末以来北条領国では六町一里、武田領国では六町一里、天正初年駿河国駿東郡では六町一里・富士蒲原郡では三十六町一里と一里の長さが相違することを指摘している（前掲相田『中世の関所』）。

（14）前掲有光論文。

（15）磯貝正義『武田信玄』新人物往来社（一九七〇年）など参照。

（16）浦伝制については、佐脇栄智「後北条氏の船方役と船役と網度役と」（後北条氏研究会編『関東戦国史の研究』名著出版、一九七六年）、綿貫友子「戦国期東国の太平洋海運」（『中世東国の太平洋海運』東京大学出版会、一九九八年）を参照。

（17）須賀郷代官船持中宛て午七月二十日付け北条家印判状写（相州文書　静四―一五五一）には「麦百卅俵、自須賀熱海迄可相届、

船之方乗組、富士代・依田代ニ可渡之、舟方公用従宰領前速可請取之者也」とあり、船方に「舟方公用」の請取が保証されている。

(18) 同文の北条家印判状が、田子(山本文書　静四―六四四)、江梨五ケ村(江梨鈴木文書　静四―六四五)に出されている。

(19) 前掲綿貫論文

(20) 同文北条家印判状が、鈴木丹後殿江梨宛(江梨鈴木文書、静四―七八六)、八木殿子浦宛(松崎文書、静四―八七七)に出されている。

(21) 相田二郎「武田氏の印判に関する研究」(『歴史地理』第七一巻三・五号、一九三八年のち『戦国大名の印章』名著出版、一九七六年所収)、柴辻・綿貫前掲論文を参照。

# 戦国期大友氏と「方角衆」・「方角之儀」

三重野　誠

## はじめに

戦国期の大友領国下において、「方角衆」という結合体があり、「方角之儀」と称される在地領主間の助言作用が機能していたことを、藤木久志氏が明らかにされた。(1)

藤木氏は「方角之儀」が表れる史料の類似性に着目され、次のような見解を出された。「こようないずれも似通った文脈をもつ『方角之儀』の用例は、この語法が一定の意味を持つ場合の多いことを示唆するが、その特徴は『方角之儀候条』が『添心』の趣旨をいわば、添句的な形で伴なっている点にある。この慣用句の意味を先の『方角』の語義とあわせ考えるならば『其許の方面に関わる問題化である以上、助力あるべきは当然』という、『近所之儀』の発想と論拠を一にする。」

そして、史料上に見られる「方角衆」は以下のように位置づけられている。「『方角衆』の例を見ると、その表現は定まらない漠たる表現が目立ち、高い組織性をもつものとして把えられている例に乏しい。（中略）多くは、ある地域の不特定多数の在地領主群の一括呼称とみられるとともに、方角衆と呼ばれるものの相互間における申談、相談、添心、助言など、方角之儀・相互之儀関係を成立させ、それに拘束され、それによって緩やかな関係に結ばれた、在地領主層の地域的結集の一形態としての性格を検出することができる。」

また、木村忠夫氏も[(2)]、藤木氏の研究に依拠しつつ方角衆に対して検討され、大友氏関係の史料上に見える「衆」を、「方角衆」と「郡衆」に分類され、方角衆の構成人員を鎌倉期の地頭御家人の系譜を持つ在地領主、もしくはそれに準ずる国人領主とされ、方角衆は大友権力によって平時に使用されたとしている。一方、郡衆は一郡の国人領主層によって構成されており、それが大友権力によって軍事面において使用されたとしている。そして方角衆が平時、郡衆が軍事に使用されていることから、方角衆と郡衆は別組織と考えるより、同一組織の別称と考えたほうがよいと推測されている。

確かに、木村氏の考察されたように方角衆と他の衆は区分して考えられるべきものであるが、方角衆として位置付けられた人物の出自及び系譜の根拠[(3)]や、方角衆の具体的機能は不明なままである。

藤木氏によって、先述したように位置付けられた「方角之儀」「方角衆」であるが、近所之儀・相互之儀など、個々の大名領国内の問題を越えた総合的な戦国大名制における構造的な位置づけを目指されていたために、大友大名権力といかなる関係を保って、在地に存在し、また大友権力がそれを如何に活用したのかという点については、具体的な像が余り見えてこない。

そのため、本稿においては、藤木氏が明らかにされた「方角之儀」及び「方角衆」を参考にしつつ、史料の分析を通して、「方角衆」を構成する人員の問題や、彼らと大友氏との関係、また「方角之儀」が適用されるケースについて、当時の領国内情勢などを見地に入れて考察を行い、戦国期の大友氏における「方角之儀」及び「方角衆」の具体的様相を見ることを通して、その意義を考えていきたい。

## 一　「方角衆」

では、まず「方角衆」について見ていくことにする。「方角衆」もしくは、「方角」が使用される集合体を指す史料は次の表①の通りであり、「方角」が使用される集合体を指した事例は、大友一七代の材親（義右）が明応年間頃に、日向国高知尾に向けて進行している軍勢の、応援を依頼するために志賀親泰に宛てて出した、五月七日の書状（表①No.1）に見えるのが、管見の限りでは初見であると思われる。そして、当初は「方角の者共」（表①No.1）や「方角之忰者寄々衆」（表①No.2）「彼方角者共」（表①No.3）「至方角寄々衆」（表①No.4）など、定まらない漠然たる表現が見られ、ある地域の漠然とした集合体を指しているように思われる。

しかし、天文初年の頃と思われる大友塩法師書状（表①No.5）に「方角衆」という用語が初めて見えるようになると、永禄年間以降「方角衆」という用語が、大友家督や加判衆が出す書状に散見されるようになる。これらのうち、永禄から天正にかけて出された書状に見える「方角衆」は、「申談」を伴って「無油断覚悟」「励粉骨」「励馳走」など、合戦時における談合と軍忠を、合戦地域に展開する特定集団へ要請すべく出されたものであることが多い。(4) このことは先に木村氏が平時における「方角衆」と規定したものと全く逆の状況を示していると考えられる。

また、表①で、地域と記している箇所は、史料の中で何らかの係争地域として表れている地域であり、「方角衆」が関与している地域である。これによると、豊後国内では国東郡関係が圧倒的に多い、これは後に検討するが、方角衆

## 表① 「方角衆」表記史料一覧

| № | 記述事項 | 年　月日 | 発給 | 受取 | 地域 | 出典 |
|---|---|---|---|---|---|---|
| 1 | 方角の者共まかり立へき由申付候 | 年未詳　5/ 7 | 大友材親 | 志賀親泰 | 日向 | 12-405 |
| 2 | 方角之忰者寄々衆頼申す候て | 年未詳　7/23 | 臼杵長景 | 勝光寺 | 国境 | ＊ア |
| 3 | 彼方角者共被申候て調可然候 | 年未詳　7/25 | 大友義鑑 | 臼杵民部少輔 | 速見 | 18-486 |
| 4 | 至方角寄々衆茂可被申付候 | 年未詳　12/29 | 大友義鑑 | 雄城若狭守 | 国東 | 18-537 |
| 5 | 杣取之事者至方角衆中申付候 | 年未詳　10/15 | 大友塩法師 | 岐部能登守 | 国東 | 17-127 |
| 6 | 方角衆被相遣弥可被励忠義事肝要候 | 永禄 4　3/ 2 | 吉岡長増 | 佐田隆居 | 豊前 | 21- 84 |
| 7 | 方角衆名代出張候処 | 年未詳　2/ 5 | 戸次鑑連 | 五条 | 筑後 | 21-185 |
| 8 | 方角衆多分出張之由専一候 | 永禄 5　9/18 | 戸次鑑連外2名 | 安心院興生外 | 豊前 | 21-224 |
| 9 | 御方角衆中被任指南無事之儀 | 年未詳　7/10 | 奈多鑑基 | 田染少宮司 | 国東 | 22- 37 |
| 10 | 御方角衆中御助言専要第一 | 永禄 9　7/10 | 奈多鑑基 | 吉弘休円外4名 | 国東 | 22- 38 |
| 11 | 御方角衆被仰談弥御忠心 | 永禄12　5/ 8 | 戸次鑑連 | 相良 | 肥後 | 22-355 |
| 12 | 此方角衆申談可致一行覚悟候 | 年未詳　10/ 7 | 黒木鎮連 | 横岳 | 肥前 | 22-469 |
| 13 | 其方角衆筑後上下衆一致於申談者 | 元亀 1　8/25 | 大友宗麟 | 横岳鎮貞 | 肥前 | 23- 93 |
| 14 | 対方角衆無事之助言肝要之通 | 年未詳　4/ 2 | 大友宗麟 | 横岳鎮貞 | 肥前 | ＊イ |
| 15 | 方角衆へも龍隆相動候者貴家へ添心 | 年未詳　10/20 | 蒲池鑑広 | 横岳鎮貞 | 肥前 | ＊ウ |
| 16 | 方角衆被申合其国永々静謐之御才覚 | 天正 1　3/23 | 臼杵鑑速外4名 | 松浦肥前入道 | 肥前 | 23-202 |
| 17 | 其方角衆依不相進動等不事成之由 | 年未詳　8/19 | 田原親賢外3名 | 横岳鎮貞 | 肥前 | 23-344 |
| 18 | 方角衆被申談弥無油断覚悟 | 年未詳　1/17 | 大友宗麟 | 問注所統景 | 筑後 | ＊エ |
| 19 | 方角衆被申談鞍懸之儀急度被挫肝要 | 天正 8　2/29 | 大友義統 | 吉弘統運 | 国東 | 24-431 |
| 20 | 方角衆被申談可励粉骨之事簡要候 | 天正 8　3/ 5 | 大友義統 | 久保鎮量 | 国東 | 25- 8 |
| 21 | 去年至方角衆等裁許候 | 天正 8　閏3/7 | 大友義統 | 五条 | 筑後 | 25- 44 |
| 22 | 方角衆被申談至鞍懸被取懸 | 天正 8閏3/16 | 大友義統 | 吉弘統運 | 国東 | 25- 53 |
| 23 | 方角衆之事此節別而可被馳走之由候 | 天正 8　5/16 | 大友義統 | 志賀兵庫頭 | 直入 | 25-135 |
| 24 | 方角衆之事茂聽而其堺江可被差寄候歟 | 天正 8　6/ 4 | 大友円斎 | 志賀道雲 | 直入 | 25-147 |
| 25 | 方角之衆申談別而励馳走之由 | 天正 8　10/14 | 大友義統 | 田染恵立 | 国東 | 25-278 |
| 26 | 方角衆中無二可被申談事肝要候 | 天正 9　7/20 | 大友義統 | 吉弘統運 | 国東 | 25-452 |
| 27 | 至方角衆茂銘々以状申候 | 天正11　4/24 | 大友義統 | 志賀道雲 | 肥後 | 26-276 |
| 28 | 方角衆之事毛頭無気仕様 | 天正11　7/15 | 大友府蘭 | 佐田鎮綱 | 豊前 | 26-295 |
| 29 | 方角衆被申合以心懸可討果事頼存候 | 天正11　9/16 | 大友義統 | 佐田鎮綱 | 豊前 | 26-321 |
| 30 | 至方角寄々衆へ者加下知候条 | 年未詳　1/12 | 大友義統 | 五条 | 筑後 | 26-404 |

史料の出典は原則として、田北学編『増補訂正編年大友史料』によっており、「巻数-番号」を記してある。また、『増補訂正編年大友史料』以外の史料で、＊アは『大分県史料』11巻340号、＊イは『佐賀県史料集成』6巻-横岳文書152号、＊ウは『佐賀県史料集成』6巻-横岳文書110号、＊エは東京大学史料編纂所所蔵写真帳「松田問注所文書」(6171.91-39)によった。

が関与した田染荘を巡る一連の相論史料が現存していることと、田原親貫が籠もる鞍懸城を巡って合戦が展開された折りの関係史料が残っていることによる。豊後国東郡の史料以外では、肥前の横岳、筑後の五条、豊前の佐田に宛てられた史料内に「方角衆」の用例が見られるが、多くは、肥前・筑後・豊前等で合戦が勃発した折りに、もしくは一触即発の状態になった際に、その方面の衆中、いわゆる方角衆と談合し軍忠をつくすことを要請したものである。

しかしながら、これら「方角衆」に関する史料のうち、合戦時以外に「方角衆」の用例が表れたものがある。それが、先に述べた田染荘の相論関係史料である。

この相論の起こりは、田染荘政所である古庄鎮光が(5)、その職務権限の一つとして、検断機能を行使しようとした田染荘内の科人を、田染少宮司建栄が神領御免許を盾に処罰し、その妻子と雑物を没収しようとした事に起因する。そして、古庄鎮光・田染建栄ともに、寄親である上級権力者の奈多鑑基に訴え、その訴訟を奈多鑑基が裁決する。ではこれから、その裁決を行う過程における、相論当事者・裁定者・方角衆といった三者の関連及び、相論裁決システムを考察することによって、合戦時以外の方角衆の機能を位置付けていく。

急度令申候、仍古右(古庄鎮光)・其方公事出来之由其聞候、為如何題目候哉、於諸沙汰之儀者、松山陣之刻、両所江令助言成就候、于今再来無心元候、兎角鎮光(古庄)・建栄(田染)之事、鑑基(奈多)同心之方と申、第一御弓箭半候条、相互被失外聞候共、此節御方角衆中被任指南、無事之儀、被対御国家御忠儀と可存候、恐々謹言、

七月十日　　鑑基(奈多)（花押）

田染少宮司殿御宿所(6)

この奈多鑑基書状によると、古庄鎮光と田染少宮司が相論を展開したが、丁度、大友宗麟が、豊前国神田松山城をめぐって毛利軍と合戦を展開していた時（永禄五年）だったので、両所へ助言し程なく成就せしめたが、今に再発したことを嘆いていることがわかる。

そして、相論を展開して古庄鎮光と田染建栄は、共に奈多鑑基の「同心之方」、いわゆる軍事においては鑑基と寄親・寄子の関係であり、この関係上から鑑基へ相論の裁決が委ねられたと考えられる。しかし、その裁定に至るまで「此節御方角衆中、被任指南」とあるように、方角衆による指南といった、調停方式が成立していることが理解できる。また、「無事之儀被対　御国家御忠儀と可存候」に見られるように、平和的解決が、国家（大友大名権力）に対して忠儀であり、一番望ましい解決であるとされている。

つまりこの史料より、在地における紛争解決においては、上位裁判権による裁決の前に、方角衆と称された人物たちの連合による調停方式が存在し、大友大名権力が望む平和的解決を行わせようとしているのであろう。

このような調停方式の一環に、位置付けられている方角衆は、次の史料に見られるような調停を行う。

（端裏書）
「鑑基へ注進案」

能捧一通候、仍古庄右馬助方・田染少宮司方間、多年被申結候題目付而、諸成敗之儀、互入組之被申事共候条、鑑基雖難斗御気色候、彼衆申談、至両人令助言候趣者、男女之間ニ一人□□何色にても候へかし、一種被相加役所被致存知、其外雑物以下者、少宮司可被任存分之由、申渡候、此条両人共ミニ、鑑基於御同心者、可任御意之由、被申事候、さてハ御内意示給、一著之扱可申候、此由可然様ニ御申、可目出候、恐惶謹言、

衆中（7）

疋田織部殿

右の「衆中書状案」は年月日未詳となっているが、古庄・田染間の相論の一貫として永禄九年頃に発給されたものと思われる。

これによると、諸成敗の儀が互いに入り組んでおり、相論の裁決を委ねられた奈多鑑基が困惑しているので、彼衆（いわゆる方角衆）が互いに談合し、古庄・田染の「至両人令助言」した。そして助言による調停案は、検断得分の分配となるが、男女どちらでも一人を、役所（田染荘政所）である古庄が引き取り、その外の雑物以下は全て田染の方へ引き渡すといった内容となっている。この調停案をうけた古庄・田染両氏は、「（奈多）鑑基於御同心者、可任御意之由」とあるように、鑑基の裁決に委ねると申してきた。そのため、方角衆としては鑑基に対して「さてハ御内意示給、一著之扱可申候」と、彼の意向をうかがったのであろう。

また、この史料については、文書形式上から興味を引くところがある。というのも、この史料の宛所は疋田織部になっており、そのうえ、差出である衆中と同じ行に記されている。しかし端裏書には「鑑基へ注進案」と記述されており、史料の内容は、先に見てきたように、相論当事者である古庄・田染の両氏へ提示した調停内容、及びそれを受けて両氏が裁決を奈多鑑基に委ね、鑑基の意向を伺うものとなっている。

これらのことを整理して考えるならば、宛所の疋田織部は、この書状の差出である方角衆中と同様に、この相論に関与している人物であり方角衆と何らかの関係をもっているものと思われる。加えて、鑑基へ取り次ぎを行う役目も担っていたという推測を行うことができるのではないだろうか。ゆえに、方角衆は、奈多鑑基に提出するための調停内容及び経緯を記した文書案を作成し、この文書案でよいか疋田へ問い合わせたのではあるまいか。そのため、この史料の端裏書には「鑑基へ注進案」と記され、また史料内において方角衆中は、自らを指して「彼衆」という三人称的な語法を用いるとともに、結びの言葉に「恐惶謹言」を使用したと思われる。そして、その後、疋田から改めて奈多鑑基へ、この注進案と同様の書状が進められ、彼の意向を伺うという手続きが存在したものと思われる。
つまり、この「衆中書状案」より、在地における「入組」んだ紛争に関しては、方角衆が「助言」を行うなどして、調停を行った後に、相論当事者が「同心」している上位権力の奈多鑑基から最終的な裁決が下されるという、在地における一つの紛争解決システムをうかがい知ることが可能である。

それでは、これら方角衆からの調停内容及び経緯をうかがった鑑基は、いかなる裁定をしようとしたのか。この点についてかなり長文になるが次の史料を検討してみる。

御懇書大慶候、仍古庄右馬助(鎮光)方・田染少宮司(建栄)方題目之儀、松山陣之時被申結候、鎮光(古庄)者公儀役内之条、田染領地成敗可仕との儀候、又建栄(田染)者御免許候之間、其身諸成敗可被申付之由候、両方之道理非之邪正一円雖不存候、永々可為実儀事、笑止存、為無事之拵、拙者申候ハヽ、田染領内之仁、緩怠顕然候て、鎮光追捕候ハヽ、科人内外へ人畜数多、又ハ雑物過分候共、科人成敗候ハヽ、古右(古庄鎮光)被任存分、男女之間、一人被引取、相残人畜雑物、鎮光(田染建栄)無残少宮司江可被進事干要候、人畜無之候ハヽ、雑物何にても候へ、役所一種被任存分、相残建栄可被付之由、令申候キ、又牛馬数多候共、一疋鎮光被任存分、其残ハ田染方へ可被付之通、申定候、両方共ニ此上者無申事候との儀候、既以口上申候、建栄社家之儀候条、成敗者ハ懸共武家衆へこそ誂可被申と、其刻申候、是又尤候、只役所江成敗者少宮司何ヶ度モ誂申迄之由、互入魂候、田染方事茂両人息或契約、或与力候、遼(マヽ)者鎮光田染方同前儀候条、弥有熟談無異儀被申合様、御方角衆中御助言専要第一者、被対鑑基(奈多)可為大慶候、尚期後音候、恐々謹言、

(永禄九年カ)七月十日　鑑基(奈多)

吉弘長門入道殿

都甲長門入道殿
吉弘掃部助殿
疋田織部助殿
古庄伊豆入道殿　御報(8)

この「奈多鑑基書状」によると、まず、古庄・田染双方の主張が記されている。それによると、古庄鎮光は、田染荘政所としての「公儀役之条」を理由に、一方の田染建栄は神領「御免許」を理由に、各々が検断権の行使とそれに伴う検断得分の処分権を主張している。これら双方の主張に対して奈多鑑基は、「両方之道理非之邪正一円雖不存候」と互いの主張の正当性を認めながらも、「為無事之拵」として、以下の判決を言い渡しのである。

その判決によると、田染氏所領内の人物で緩怠を行う者があれば、古庄鎮光が検断権を行使し成敗を行う。そして、①その科人の他に人畜、雑物が多数存在したならば、まず古庄鎮光が存分に任せ、男女の内どちらか一人を引き取り、残りの人畜・雑物は田染建栄に全て引き渡すようにする。また、②人畜が無い場合は、雑物何れでも役所（田染荘政所＝古庄鎮光）が一種のみ存分に任せ、残りは田染建栄に付けるようにする。③牛馬が多数ある場合は、一匹のみ古庄鎮光が存分に任せ、残りは田染建栄へ付けるというように、三つのケースにわたって、事細かに定められている。

つまり、この裁定によると、検断権の行使と処分対象物の第一義的処分権は田染荘政所の古庄鎮光に付与されている。特に検断権の行使に関しては、相論の相手である田染建栄までも「建栄社家之儀候条、成敗者ハ懸共武家衆へこそ誂可被申」と、自己が社家であることを理由に、成敗という武力行使を武家である田染荘政所古庄鎮光へ求めている。しかしながら、神領「御免許」に対する大友氏の遠慮もあってか、実利的な得分は概ね田染建栄のものとなっている。

そして、この史料の末尾に「御方角衆中御助言専要第一者」とあり、そのことが「被対鑑基、可為大慶候」となっている。つまり、この相論を裁定する際において、方角衆の助言が非常に重要だったわけであり、先の「衆中書状案」に見ることができた方角衆の助言という調停手段が、相論の裁定者である奈多鑑基にとって益するところ大であったわけである。しかしながら、「弥有熟談無異儀被申合様」とあるように、鑑基は方角衆へ益々の熟談と申し合わせを要請しており、この相論は鑑基の裁定でもなかなか結審せず、引き続き展開されていったようである。(9)また、この末尾の文と関連して、宛所に記されている人物を推測すれば、吉弘長門入道、都甲長門入道、吉弘掃部助・疋田織部助、古庄伊豆入道の五名が、この一連の相論において、方角衆と称されてきた衆中に関係する人物ではないだろうか。

では、何故彼らが方角衆としてこの相論に関わったのであろうか。相論に関与し調停などを行う際において、その相論における第三者的で公平な判断を下せる立場になければならぬことは当然であり、また、相論地域の状況を速やかに把握できなければならない。このような点を踏まえるならば、方角衆は相論の展開されている地域の近辺に居住する在地領主層であると考えられる。この点をより確かにするために、宛所に記されている五名について見てみる。

まず、吉弘氏は国東郡武蔵郷吉弘が本貫の地であり、大友庶家田原氏の支族であるが、方角衆として名が見える長門入道と掃部助は、吉弘惣領家の系図(10)にはその名を見いだすことはできない。しかしながら、大友義鑑が山香郷鹿越に城誘を命じた文書(11)の宛所に、山香の他の在地領主と共に「吉弘長門守」の名が見えることから、少なくとも吉弘長門入道は、田染荘に隣接する山香郷の在地領主として存在したのではないかと思われる。また文禄元年の朝鮮出兵にあたり、その人員を記した「豊後侍着到記」(12)で、国東郡衆の中に惣領家とは別に吉弘姓を記した人物が数人見いだせることから、吉弘掃部助は田染荘が存在する国東郡内に居住していた在地領主である可能性も考えられる。

宛所に名が見える都甲長門入道は、豊後大神氏の一族で、鎌倉期から南北朝期にかけて国東郡都甲荘の地頭であった都甲氏の庶子家と思われる。そして、（天正七年）二月廿二日付け都甲長門入道後家宛て大友義統知行安堵状[13]によると、天正六年十一月に大友氏と島津氏の間で展開された日向高城合戦で都甲長門入道宗甫が戦死したことにより、田染荘糸永名内新開太郎丸居屋敷等が後家の存分に任されている。また、「豊後侍着到記」の国東郡衆・山香郷衆の中に都甲姓の人物が見いだせることから、都甲長門入道は田染もしくは山香に居住していた人物ではあるまいか。

残りの古庄伊豆入道と疋田織部助について見てみると、古庄伊豆入道は、相論当事者の古庄鎮光の一族であり、過去田染荘政所を勤めた古庄長方ではないかと考えられる。[14]また、疋田織部助については、如何なる地域に所在していた人物なのかは不明である。

以上のことから考えると、宛所に記されている五名の内、疋田を除く四名は、田染荘を取り巻く隣接荘・郷内に居住する人物たちと考えられる。このことからも、宛所に記されている人物の内、少なくとも疋田以外の四名は、自分の所在する地域の近辺で起こった相論の調停のため、方角衆として機能したのではないだろうか。そして、先の衆中書状案[15]が疋田に宛てて出されていることを考えれば、疋田は方角衆を取りまとめ、上位権力の奈多とのパイプ役を担っていた人物ではないかと思われる。

これまで、豊後国田染荘内における一連の検断権相論を見ていくことによって、地域における紛争の平和的解決の一つの形態として、紛争地域の近辺に存在している方角衆による助言・調停が存在することが分かったが、このように上位権力から「方角衆」として指南を任された人物たちの助言による紛争解決の方法は、大友領国内で、これまで見てきた史料以外にあまり見ることができない。[16]従来、戦国期の大友領国において、地域で紛争が発生した場合は、大友の直接的な地域支配機構である検使が現地において調査し、その上で奉行衆と相談し裁決が下されるという方法が採られていた。(17)しかし、この田染荘における紛争は、紛争の一方の当事者が大友の地域支配機構である政所古庄鎮光であり、もう一方の当事者が神領御免許を背景としてた宇佐宮社家の田染少宮司建栄であるといった、極めて難しい特異な相論になっていたと思われる。そのため、本来ならばタテの主従制的秩序によって解決しなければならない問題が、方角衆といったヨコの地域的結集形態の助力作用を組み込むことによってしか解決できなかったのではないかと考える。

このように見てくると、戦国期の大友権力は、方角衆といった在地の相互補助の論理に基づくヨコの結集形態に依存しなければ、特別な紛争解決をはかれなかった権力だったのかといった疑問が生じてくる。この場合、問題となるのは大友権力と方角衆との関係であろう。つまり、大友権力は方角衆に相論の調停を依存せざるを得なかったのか、依頼したのか、命じたのかといった違いであろう。

では、この田染荘内の検断権を巡る相論においては、どうだったのか。この問題を考える際に注目すべきは、先に見た奈多鑑基書状(18)に見える「此節御方角衆中被任指南、無事之儀、被対御国家御忠儀と可存候」といった文言である。これによると、方角衆中は指南を任されたのであり、指南を任せた主体は「無事之儀、被対御国家御忠儀」という内容から考えて大友権力であろう。そして、指南を任された方角衆は、これまで見てきたように田染荘近隣に所在する在地領主であり、奈多鑑基が、「弥有熟談無異儀被申合様、御方角衆中御助言専要第一者、被対鑑基可為大慶候」(19)と彼ら方角衆に述べていることからも、大友氏は不特定多数の近隣の衆中に調停を依存せざるをえなかったのでは無く、相論の調停に必要な人物を把握した上で、疋田を仲介役に立て方角衆として助言・指南を依頼したのではないだろうか。

つまり、大友権力は、毛利との対戦中であるという状況下において、大友の地域支配機構である政所と、「神領御免許」である宇佐宮社家とが争うといった特異な相論であったために、その相論を無事かつ緊急に決着させるためにも、方角衆といった在地のヨコの結集形態を把握した上で、彼らに助言・指南を依頼したのではあるまいか。いうなれば、この田染荘の相論は、その相論当事者及び相論展開時の領国情勢から、大友氏は権力の主従性的ヒエラルキーによるタテの一元的決定を避け、在地慣行に依頼した「無事」の解決を望んだと考えられる。

以上見てきたように田染荘に関しては、大友権力と方角衆は依頼に基づく関係と見なすことができると思われるが、次の史料によると、大友権力と方角衆の関係は命令に基づく関係ではないかと思われるのである。

材木所望候、給候者、杣取之事者、至方角衆中申付候、被申談、別而御馳走憑存候、恐々謹言、

十月十五日　塩法師(大友宗麟)

岐部能登守殿(20)

この十月十五日付け大友塩法師書状によると、塩法師が材木の調達を岐部能登守に命じており、調達すべき材木の杣取に関しては、方角衆中に申し付けたとある。つまり、大友氏は杣取を実施する方角衆、おそらく岐部能登守が居住する国見周辺の在地領主であろうが、彼らを把握しており、材木の切り出しに関して既に命じており、岐部が彼ら方角衆と申談じて、最終的に調進することを要請しているのである。

この史料は、先に見てきた田染荘の相論を巡る一連の文書とは、内容的に全く異なっているが、先の田染荘の場合が、大友氏と方角衆が依頼の関係にあるのに対して、これは命令の関係にある文書として位置付けられるのではないだろうか。

また、この史料と同様に、大友氏が方角衆という集団を不特定多数の集団ではなく、その構成人員を個々に把握できていたのではないかと推測しうる史料として、（天正十二年）卯月廿四日付け、志賀道雲宛て大友義統書状[21]もあげることができる。これには肥後表の鎮圧に際して大友義統の出立を定め、これを「至方角衆茂銘々以状申」したとあり、銘々に書状をもって申すということは、大友氏が方角衆と定めた構成員を個々に把握していなければ不可能である。

このように考えてくると、戦国期における大友権力と方角衆の関係は、従来より在地に存在する相互性の論理に基づくヨコの地域的結集形態による助力作用を、大友氏が領国制を強化していく際に、その地域支配の方法として組み込んで行こうとしていたのではないだろうか。そして、その地域支配の方法として取り込んでいく過程において、はじめて史料的に表面化してきたと考えられる。

## 二 「方角之儀」

これまでは、「方角衆」という用語が見られる史料について検討を加え、大友権力と「方角衆」との関係について考察してきた。

ここでは、藤木氏が「近所之儀」とともに在地の法秩序の発現として着目された「方角之儀」について、史料を通して考察を加えていきたい。

「方角之儀」という用語が見られる史料は次表②[22]の通りである。

これによると、何らかの理由により文書内で「方角之儀」が使用された地域は、吉弘統運が田染恵富に宛てたもの（表②No.11）以外は、全てが豊後本国以外に関係する地域であることがわかる。また、天正八年・九年にある程度まと

**表②「方角之儀」使用史料一覧**

| No. | 記　述　事　項 | 年　月日 | 発　給 | 受　取 | 地域 | 出典 |
|---|---|---|---|---|---|---|
| 1 | 方角之儀候被添心重々可被申候 | 永正13 11/19 | 大友親安 | 首藤清右衛門尉 | 日向 | ＊ア |
| 2 | 弥方角之儀被添心候事肝要候 | 天文2　10/13 | 大友義鑑 | 竹田津安芸守 | 肥後 | 16-176 |
| 3 | 方角之儀可承子細候者以息不閣入魂 | 天文19　3/18 | 大友義鎮 | 三原和泉入道 | 筑後 | 19- 38 |
| 4 | 方角之儀此時可被合手事肝心候 | 年月日未詳 | 毛利隆元 | 宗像氏貞 | 筑前 | 21- 59 |
| 5 | 方角之儀候条別而被添心事肝要候 | 永禄 9 閏8/2 | 臼杵鑑速外3名 | 麻生上野介 | 豊前 | 22- 44 |
| 6 | 方角之儀候条御奉公無余儀候歟 | 年未詳　6/16 | 惟茲・惟字 | 矢津田刑部少輔外 | 肥後 | 23-467 |
| 7 | 御方角之儀ニ付而従親賢懇ニ被申候 | 年未詳 10/20 | 蒲池鑑広 | 横岳鎮貞 | 肥前 | ＊イ |
| 8 | 方角之儀候間乍辛労夫丸之儀被申付 | 天正 4　1/11 | 大友宗麟 | 城蔵人大夫 | 肥後 | ＊ウ |
| 9 | 方角之儀候間別而可被添心事肝要候 | 天正 8　9/18 | 大友義統 | 佐田鎮綱 | 豊前 | 25-257 |
| 10 | 御方角之儀候条別而被添御心 | 年未詳　9/22 | 志賀道輝 | 五条 | 筑後 | 25-265 |
| 11 | 方角之儀候条相応之儀弥不可存心疎 | 天正 9　8/ 6 | 吉弘統運 | 田染統富 | 国東 | 25-460 |
| 12 | 方角之儀候条別而奔走専一候 | 天正 9 12/ 7 | 大友府蘭 | 問注所統景 | 筑後 | 26- 40 |
| 13 | 就今度出勢方角之儀口能一通 | 年未詳　9/26 | 大友義統 | 問注所統景 | 筑後 | ＊エ |

史料の出典は原則として、田北学編『増補訂正編年大友史料』によっており、「巻数-番号」を記してある。また、『増補訂正編年大友史料』以外の史料で、＊アは『大分県史料』13巻116号、＊イは『佐賀県史料集成』6巻-横岳文書110号、＊ウは『大分県先哲叢書大友宗麟資料集』5巻-1652号、＊エは東京大学史料編纂所所蔵写真帳「松田問注所文書」(6171.91-39)によった。

まって使用されており、この時期に「方角之儀」を使用した文書を宛てられた人物は佐田・五条・問注所など、個々の地域における有力国人層であると思われる。

では、これら「方角之儀」が使用された文書は、どのような内容が記述されているのであろうか。まず、「方角之儀」が最初に使用された（永正十三年）十一月十九日付け大友親安書状（表②No.1）によると、日向高知尾で合戦が展開されており、それを注進して来た首藤清右衛門尉に対して礼を述べるとともに「方角之儀候被添心重々可被申候」と述べている。注進者であり書状を宛てられた首藤は、高知尾とは祖母傾山系を挟んで隣接している緒方荘の在地領主であり、この隣接性から注進を行ったのであり、また大友親安から「方角之儀」に基づく「添心」を要請されたと考えられる。

このように、合戦勃発地域の隣接地域に居住する人物に「方角之儀」に基づく「添心」を要請した文書として、肥後の菊池義国が大友義鑑に反旗を翻した際に、豊後より義国に従って肥後へ入部した竹田津安芸守に宛てられた（天文二年）十月十三日付け大友義鑑書状（表②No.2）。また長野城（鹿本郡菊鹿町）に拠る隈部式部大輔と、隈府城（菊池市）に拠る赤星が黒木の一跡を巡って合戦した際に、肥筑山地国見山を挟んで筑後八女郡矢部に居住する五条氏に対して宛てられた九月廿二日付け志賀道輝書状（表②No.10）などをあげることができる。この際の「方角之儀」については、藤木氏の分析された「其許の方面に関わる問題化である以上、助力あるべきは当然」の訳語にあるように、近隣在地領主間の相互性の論理に依存したものであろうと思われる。

そして、「方角之儀」と「添心」がセットになっていない史料として、（天文十九年）三月十八日付け大友義鎮書状（表②No.3）に見られる「方角之儀可承子細候者、以息不閣入魂」は、筑後方面の状況について子細を承ったという、方面を指す単なる用語として使用されている。これと同様に方面のことを意味する「方角之儀」と思われるのが年月日未詳の毛利隆元書状案（表②No.4）や、九月廿六日付け問注所刑部少輔宛て大友義統書状（表②No.13）である。

以上、「方角之儀」が表れる史料の概略を見てみたが、「方角之儀」と「添心」がセットになった場合は、合戦勃発地域の隣接地域に居住する人物に「方角之儀」に基づく「添心」を要請した文書であるケースが多いことが分かった。また、「方角之儀」の後に「添心」が続かない場合は、「方角之儀」で「その方面のことについて」を表している場合があることも理解できた。しかしながら、これまで見たケースにあてはまらない「方角之儀」が記された史料もある。そこで、これらのケースに分類できない史料について、これから具体的に検討を行ってみたい。

まず、第一は大友家加判衆が連署して、麻生上野介に宛てた奉書を見てみる。

規矩郡之内石田郷四十町分之事、至野上治部少輔被　仰与候、方角之儀候条、別而可被添御心事肝要候、猶其労可被申候、恐々謹言、

（永禄九年）
閏八月廿二日

（臼杵）鑑速（花押影）
（吉弘）鑑理（花押影）
（戸次）鑑連（花押影）
（吉岡）宗歓（花押影）

麻生上野介殿(23)

この大友家加判衆連署奉書によると、豊前規矩郡内石田郷四十町分を野上治部少輔に与えたことに際し、麻生上野介に対して、「方角之儀」にもとづき、「添心」を求めていることが分かる。知行の預ヶ置や打渡の際において、「方角之儀」をもとに「添心」いわゆる助力を要請するこの史料は、非常に稀なケースであり、先に見たように合戦勃発時に近隣在地領主に助力を要請した史料には分類できないと考えられる。この稀な史料が出されたことにはそれ自体に意味があるのではないだろうか。それはつまり、野上治部少輔に与えられた土地と、その時期に要因があると思われる。

この史料が出された永禄九年は、豊前・筑前の覇権を巡って合戦を展開していた大友と毛利が、永禄七年に和睦し(24)て一旦平穏が訪れたように見える時期であったが、内実は、翌年に大友氏の軍勢が豊前の長野筑後守の城を攻めるな(25)どして、大友・毛利の直接的な合戦は展開されないまでも、依然と緊張状態が続いていたと考えられる。そのような、緊張状態のなかにおいて、しかも帰属が判然としない石田郷内の土地を与えられるという行為は、野上治部少輔にとっては、非常に不安定なものであったに違いない。そこで、大友氏は、不安定な状態をいくらかでも安定した状態として維持するために、麻生上野介に対して「方角之儀」をもとに「添心」を要請したのであろう。

では、加判衆から方角之儀を根拠に添心を求められた麻生上野介は誰なのであろうか。「方角之儀」が「近所之儀」と論理を一にするならば、規矩郡石田郷の近隣に所在する人物であることが推測できる。

規矩郡石田郷は、貫山系の北麓で紫川中流右岸の上流域に位置しており、長野氏の拠る長野荘や、麻生氏が勢力をのばしている遠賀郡や鞍手郡に隣接していた。この史料の宛所である麻生上野介は、この麻生氏の一族と思われるが、麻生氏系図内(26)で上野介を官途として使用している者はいないうえに、麻生氏は隆実が毛利氏と手を結び、大友氏と敵対している。

しかし、麻生氏系図の中で隆実と同時代の人物で、鑑益・鎮氏・鎮里といった大友義鑑・義鎮の一字を拝領したと思われる人名がある。その中で鑑益は官途が上総介となっており、系図には「雲取城主」とも見える。大友家加判衆から「方角之儀」にもとづく「添心」を依頼されている人物として、毛利氏に与しているとは考え難く、大友氏と何らかの関係をもっていると考えるのが当然である。となれば、系図の中に見える上総介鑑益が、宛所にある人物として想定できるのではないだろうか。仮に鑑益が宛所の麻生上野介とした場合、彼は雲取城主と系図に記されている。この雲取城は現在直方市東部にある雲取山頂に築かれた山城で、石田郷に近い距離にある。

つまり、大友家加判衆は、帰属が判然としない不安定な石田郷内の所領を、野上治部少輔に与えるにあたり、その不安定性を若干でも払拭するために、石田郷近辺の雲取山頂に城を構える麻生鑑益に対して、「方角之儀」にもとづく「添心」を要請したのではないだろうか。そのため、従来の知行預ヶ置や打渡の史料にはない、この特異な内容の史料が出されたものと考えられる。

では、次に佐田弾正忠鎮綱に宛てた、大友義統書状を見てみよう。一見すると、この史料も従来のように、合戦勃発時の近隣の在地領主に宛てた「方角之儀」にもとづく「添心」要請文書のように思える。

鶴原淡路入道事、至御許在山之儀申付候、方角之儀候間、別而可被添心事肝要候、殊今度貞心之覚悟深重之由、
乍案中、祝着候、倍田原近江入道被申談、可被励馳走事専一候、恐々謹言、
（天正八年カ）九月十八日　（大友）義統（花押）
佐田弾正忠殿(27)

これによると、大友義統は、宇佐郡の御許山（宇佐市・山香町）に在山を命じられた鶴原淡路入道宗叱への「添心」を、佐田弾正忠鎮綱へ「方角之義」を理由に要請している。この史料がだされたと思われる天正八年は、一昨年の天正六年に日向高城で大友氏が島津氏に大敗して以降、豊後本国で田原氏・田北氏らが、また筑後方面では黒木氏・秋月氏、肥前では龍造寺氏らが一斉に大友氏に対して反旗を翻した時期であった。

中でも、大友一族で最大勢力の一つである田原宗亀・親貫父子が天正七年から八年にかけて国東郡で起こした反乱は、大友領国内を揺るがした。反乱の内容は、天正六年末に田原宗亀が、大友氏に暇を乞わずに自領の国東郷へ「不図御帰宅」を行った(28)。大友氏はこの行動に驚き、かつて宗亀から召し上げ田原紹忍に与えた所領を再び宗亀に返還し(29)、一応の決着を見たように思えた。しかし天正七年九月に宗亀が急死し、跡を継いだ養子親貫が、翌八年二月に安岐郷の安岐城と来縄郷の鞍懸城の二つの城郭を拠点として、再び反乱を起こした。これに対し、大友宗麟は次子の親家を国東郷に派遣し、雄渡牟礼城に入れて田原氏を継がせ(30)、嫡子義統とともに速見まで兵を進め(31)、親家と義統とで安岐城と鞍懸城を挟撃するように体制を整えた。その後、大友氏による再三の攻撃を受けて、安岐城は十月六日頃までには落去し(32)、その数日後には鞍懸城も落城した。反乱の首謀者である田原親貫は、豊前方面に逃れる途中に討たれたと伝えられている(33)。

このような状況下で、この大友義統書状は出されたのである。大友義統は、田原親貫が拠る鞍懸城と、豊前・豊後の境界を挟んで豊前側に対峙する御許山に、鶴原宗叱を大将として派遣し、御許山の南麓に広がる佐田荘に居住する佐田鎮綱に対して、「方角之儀」による鶴原宗叱への助力を求めたのである。つまり、合戦が展開されるかもしれない御許山をメルクマールとして、その南麓の佐田荘に本貫をおく佐田だから「方角之儀」を根拠として「添心」を要請したのであり、ここでは、鶴原宗叱と佐田鎮綱という人と人との繋がりでは無く、御許山と佐田荘という地縁的な繋がりが重要視されている。

ただ、ここで注意しなければならないのが、佐田鎮綱は「方角之儀」で、御許山に登り鶴原宗叱のもとでの軍役動員を求められたのではない。史料内に「倍田原近江入道被申談、可被励馳走事専一候」と見えるように、また（天正八年）九月九日付け佐田鎮綱宛て大友円斎書状[34]にも「紹忍・鎮綱被申合、才覚可入砌候之間」とあるように、当時佐田鎮綱は、田原紹忍とともに、豊前で蜂起し宇佐郡内に攻め込んできた城井・長野らと対戦中であり、御許山に籠城することはできない。

つまり、この史料に見える「方角之儀」による「添心」は、田原親貫の鞍懸城へ豊前方面からの備えとして、御許山に鶴原宗叱を入れたので、御許山の南麓に居住する佐田鎮綱としては、万が一の際には、「方角之儀」にもとづき何かしらの助力を願いたい、といった意味合いで大友義統から出されたものであり、従来の合戦勃発時に近隣の在地領主に対して「方角之儀」にもとづく「添心」を要請したものではなく。「方角之儀」に関係なく既に合戦に従事している佐田に対して、万が一、いわゆる非常事態においては、軍役と同じくいやそれ以上に近隣の論理を重視することを要請した史料ではないだろうか。

次に、（天正九年）十二月七日付け大友府蘭書状について分析を行う。

為当城糧料、銀子壱貫五百目差遣候、親類家中之人等弥被申進、可被励馳走事肝要候、殊両城差搦、就中長岩・白石両城為覚悟、高位岳城誘従昨日加下知候、方角之儀候条、別而奔走専一候、将又下目到来之趣、銘々預入魂候、被添心候次第案中候、倍被聞合示給可得其意候、猶重々可申候、恐々謹言、

（天正九年）十二月七日　府蘭（大友宗麟）（朱印）

問注所刑部大輔殿(35)

この史料によると、問注所統景は、大友府蘭から城の糧料として銀子一貫五百目を送られ馳走を励むことを命じられるとともに、長岩（浮羽郡浮羽町）・白石（八女郡星野村）城の覚悟のために築城が命じられた高位岳（日田市）城について、方角之儀による奔走が要請されている。

この史料が発給された天正九年は、先にも述べたように、大友領国内で諸将の離反が相次いで起こっている時期で、問注所が所在する筑後国内では、肥前の龍造寺隆信が天正六年以降度々筑後へ出陣し、筑後国内の大友方在地領主へ攻撃を加えていた。このような状況下にあって、浮羽郡の問注所統景は、終始大友方として龍造寺に与同する軍勢と戦っており、(36)天正八年九月三日付け大友円斎書状(37)によると、三ヶ年にわたって長岩城に篭城し、「万端不如意」に陥り、「于今在城難事成」となったことを大友氏に報告している。大友氏としても当時は先述した田原親貫の乱に対応しており、とても筑後まで手が回らなかったため、大友円斎は、浦部表の儀（田原親貫の反乱）が落去次第、日田郡まで発足する事を約すとともに、「糧料之事、先々少分差遣」わすことを義統へ命じると述べている。そして、天正八年十月に田原親貫の討伐を完了した大友氏は、翌九年以降、諸将に命じて筑後・肥後への攻撃を展開している。

以上のような状況下で、この史料は出されたのであり、これに見える「当城糧料、銀子壱貫五百目差遣候」は、前

年の差し遣わすことを命じた糧料であろう。そして、問注所統景が拠る長岩城と、その長岩城の支城の白石城の覚悟として高位岳の城誘を命じており、問注所に対しても「方角之儀候条、別而奔走専一候」と、城誘における助力を要請している。長岩・白石の両城は、豊後と筑後の境界を挟んで筑後側に所在する境界の城であり、この天正九年の段階において、大友領国内の筑後側の防衛ライン的役割を担っていたものと思われる。そのため、大友氏としては、その防衛ラインをより強固にするためにも、筑後と豊後の境界線上に位置する高位岳に城誘を命じたのである。つまり、龍造寺ら肥・筑の諸将の造反の最中にあって、大友氏は自己の最終防衛ライン堅持のために、緊急に高位岳城誘を行う必要あり、高位岳に隣接する浮羽に居住する問注所に対して、方角之儀を媒介とした助力を要請する必要があったのではあるまいか。

本来ならば、在城を命じられた領主らが「以在城」という当事者負担の原則によって実施されるべき「城誘」[38]が、「方角之儀」を媒介とした助力要請をしてまでも早急なる実施を必要とされたのは、大友領国の防衛ラインが突破されかけていた緊急性・危険性によるものであろうと思われる。

以上見てきた三点の史料は、ともに大友領国内において、危険性・緊急性を伴った状況下において、「方角之儀」にもとづく助力を要請するため、関係地域の近隣の在地領主に対して発給されたものであり、「方角之儀」が「添心」などの助力要請を伴って表れる史料は、このようなある一種の緊張状態においてのみ、地域の助力を必要として発給された可能性が高いと思われる。

# おわりに

これまで、「方角衆」「方角之儀」について、次のようなことが言えるのではないかと思われる。

まず、「方角衆」についてであるが、明応年間頃より「方角」の集合体を指す用語が史料上に現れ始めたが、当初は特定の人物達の集合体を指すものではなく、関係地域の漠然たる不特定多数の集合体を指していた。しかしながら、天文年間以降「方角衆」という呼称が史料に表れてくると、係争地域の特定の集団を指してくるようになる。また、元亀・天正年間にかけて出された書状に見える「方角衆」は、合戦時おける談合と軍忠を要請するための合戦地域の特定集団を指しており、軍時における特定集団掌握を意味しているものである。

そして、合戦時以外に「方角衆」が使用された田染荘の相論関係史料を見てみると、大友と毛利との合戦という緊張状態の最中にあって、大友氏の地域支配機構である政所と、宇佐宮社家とが争うといった特異な相論であったがゆえに、大友氏は、相論の「無事」解決の手段として、相論対象地の近隣に居住する在地領主を疋田を通じて「方角衆」として把握し、彼らに調停を依頼した。そしてその調停案をうけて上位裁判権の奈多が裁定を下していったものと思われる。つまり、権力の主従制的ヒエラルキーによるタテの一元的支配の限界において、大友氏は、在地慣行に根ざしたヨコの結集形態に依頼するという形をとりながら、そのヨコの結集形態を支配形態の中に取り込もうとしていたのではないだろうか。そのため、天文以前まで「方角の者共」など漠然たる用語使用であったものが、「方角衆」という一定の語いに変化するとともに、彼らを特定把握し、杣取を命じたり、銘々に書状を遣わすようになっていったのではないかと思われる。

次に、「方角之儀」については、添句に「添心」を伴う場合は、主として合戦勃発地域の隣接地域の在地領主に「方角之儀」にもとづく助力を要請した文書として発給されており、藤木氏が明らかにされたように「其許の方面に関わる問題化である以上、助力あるべきは当然」の訳語であろうと思われる。

また、合戦勃発以外で、添句に「添心」が伴う「方角之儀」も、直接的な合戦の発生を示してはいないが、いつそのような状況下におかれてもおかしくない、危険性・緊急性を伴った一種の緊張状態のもとで発給されている。そのことは、領国内の社会秩序を安定的に維持し続けるという責務を負った大友権力が、緊張状態を緩和するための方策として、在地の慣行に根ざした「方角之儀」を梃子として近隣在地領主の助力作用を利用していったことに他ならない。

最後に、「方角」及び「方角衆」の用語が使われた史料の関係する地域と、宛てられた人物を見てみると、豊後本国内での国東十件、速見一件、直入二件、日向二件、豊前六件、筑前一件、筑後八件、肥前七件、肥後四件となっており、豊後国東を除けば、筑後、肥前、豊前、肥後と豊後本国以外での使用例が目立つ。しかも、豊後本国以外での宛先は、五条、問注所、横岳、松浦、佐田、麻生、城、相良等のその地域の有力と思われる領主に宛てて出されていることが判明する。このことは、戦国期の大友氏が、自己の領域を拡張し、そこで社会秩序を維持していくにおいては、彼ら在地領主を「方角之儀」を媒介として、その地域の「方角衆」を求心的に結集せしめようとする意向の表れではないだろうか。主従制的ヒエラルキーによるタテの一元的な支配を、あえて貫徹せず、従来より在地に根元的に存在する相互扶助の論理をもって、そこの地域における問題を解決しようとしたのは、その時の危険性・緊急性もさることながら、戦国時代という騒乱の社会に状況下において、可能な限り「無事」の解決を地域的公権力たる大友氏が求めた結果ではあるまいか。

## 注

（1）藤木久志「室町・戦国期における在地法の一形態―人返法の検討を中心として―」（『聖心女子大学論叢』三一・三二合併号、一九六九年。後に『戦国社会史論』東京大学出版会、一九七四年に所収）
（2）木村忠夫「戦国期大友氏の軍事組織」（『日本史研究』一一八号、一九七一年）
（3）木村氏は、注(2)の論文内において、「方角衆として把握されているものの人名を列挙して見ると竹田津氏・蒲池氏・黒木氏・富来氏・雄城氏・田染氏・古庄氏・五条氏などである。」とされており、如何なる根拠を以て彼らを方角衆とされたのか不明である。
（4）表①の史料No.11・12・13・15・16・18・19・20・22・23・25・26・29・30などがそれにあたると思われる。
（5）田北学編『増補訂正編年大友史料』（以下『編大史』と略す）一八巻三四一号の年月日未詳「某書状案」に「親父治重政所職御存知之時」とあることから、古庄鎮光の父治重は田染荘政所であったことがわかる。また、『編大史』二二巻二四六号の奈多鑑基書状案に「役所古庄右馬助諸成敗候而」とあり、田染荘政所は古庄氏がその役についていたと考えられる。なお、政所の機能等に関しては拙稿「戦国期大友氏の領国経営(一)」（『大分県地方史』一三九号、一九九〇年）を参照して頂ければ幸いである。
（6）表①No.9の史料
（7）『編大史』二二巻一七号
（8）表①No.10の史料
（9）『編大史』二二巻二四六号の奈多鑑基書状案によると、永禄十一年においても、古庄鎮光と田染建栄の相論がまだくすぶっており、鑑基は「再来無心元候」と嘆いている。
（10）『編大史』三三巻一一号
（11）『編大史』一八巻四八七号
（12）『編大史』二八巻二七五号

(13) 『編大史』二四巻一八八号
(14) 『編大史』二二巻一六号の某目安案に「(古庄)長方役職存知中ニ」とある。
(15) 注6に同じ
(16) 大友氏より「方角衆」として指名され、紛争の調停者になった例は、この田染荘の相論関係史料以外に余り見ることはできないが、藤木氏が注(1)の論文で「爰元衆中被申談、至小田弥十郎方令助言候」という史料をあげられているように、相論等の無事解決の手段として助言が行われる場合も若干あり、それは、衆中(『編大史』一七巻一六六号・二一巻二〇七号・二三巻九一号)からであったり、相論に何らかの関係を保つ個人(『編大史』一七巻三〇五号・二〇巻四七七号・二三巻一五四号)からである場合もある。しかしながら、本稿の課題である大友氏と「方角衆」との関係の究明からすれば、今回は、「方角衆」もしくは「方角」が史料用語として使用されている集合体に限定して考えたい。
(17) 拙稿「戦国期大友氏の領国経営(二)」(『大分県地方史』一四〇号、一九九〇年)参照。
(18) 注5に同じ
(19) 注7に同じ
(20) 表①No.5の史料
(21) 表①No.27の史料
(22) 史料内に直接「方角之儀」とは記されていないが、これと同様の意義ではないかと思われる史料として、二月十日付け田原親賢書状(『編大史』二一巻二九二号)に「彼方之事連々方角候間申談候」、また永禄九年八月十九日付け奈多鑑基書状(『編大史』二二巻四一号)に「御方角之事候間、弥有入魂干要候」、八月十五日付け上野宗巴書状(『佐賀県史料集成』六巻横岳文書一一九号)に「方角之事ニ候間、毎事頼存候」という記述が見られる。
(23) 表②No.5の史料
(24) 『編大史』二一巻三六八・三六九号

(25) 『編大史』二一巻三九三号～三九五号
(26) 九州史料刊行会編『九州史料叢書　麻生文書』一四五号（九州史料刊行会、一九六六年）
(27) 表②No.9の史料
(28) 『編大史』二四巻一四九号
(29) 『編大史』二四巻一五七号
(30) 『編大史』二五巻四号・三〇号
(31) 『編大史』二五巻二七五号
(32) 『編大史』二五巻二七三号
(33) 『編大史』二五巻二七六号
(34) 『編大史』二五巻二四一号
(35) 表②No.12の史料
(36) 「古文書写」（芥川龍男・福川一徳編『西国武士団関係史料集三十三　問注所文書(二)』文献出版、一九九七年）
(37) 『編大史』二五巻二三二号
(38) 拙稿「城誘に関する一分析」（『大分県地方史』一四三号、一九九一年）

〔付記〕　本稿の作成にあたり、佐藤和彦先生、早稲田大学外園豊基先生、別府大学飯沼賢司先生、東京学芸大学日本中世史ゼミの諸先輩方から多くの御教示、御指摘を賜わりました。ここに記して感謝申し上げます。

# 寛永期における一柳氏の転封と分知

大石　学

## はじめに——課題の設定と分析視角——

本稿は、中規模の外様大名である一柳氏（五万石）の寛永一三年（一六三六）六月の転封と分知について、一柳氏関係文書および三重県四日市市域の地域史料を検討することによって、その実態を明らかにしようとするものである。

近世前期において、譜代大名が転封を繰り返す中で官僚的性格を強めていったことは、すでに指摘されているところである。[1] 筆者もまた、三河国刈谷地域を事例に、近世前中期の小規模譜代大名（ほぼ二～三万石）が地域社会の運営システムに依拠しつつ、領地の支配・行政を展開していた実態を明らかにした。[2]

しかし、譜代大名に関する研究成果に比し、近世前期における中小規模の外様大名の転封や分知の実態に関する研究は十分とはいえない。本稿の考察が、中小外様大名を含めた近世国家権力の成立過程の実態解明の一助となれば幸いである。

なお、寛永期における一柳氏の分知は、本稿が取り上げる寛永一三年六月の分知に続く同年一一月の伊予西条（一柳直盛の長男直重・三万石）、播磨小野（二男直家・二万八〇〇〇石）、伊予小松（三男直頼・一万石）の三家への分知がある。本稿の視角から言うと、当然これもまた重要な検討課題となるが、紙幅の関係から別稿で行うことにしたい。

## 一　一柳氏の来歴

はじめに、一柳氏の来歴について見ておきたい。(3)『寛政重修諸家譜』によれば、一柳氏は伊予国河野氏の流れを汲み、大永年間（一五二一〜二八）に、河野通直《みちなお》の男宣高《のぶたか》が美濃厚見郡西野村(4)を領し、一柳を家号としたという。同書には、この間のいきさつを次のように記している。

大永年中父通直死し、家をとろへしにより父が領知伊予国を去て、美濃国厚見郡にいたり。西野村を領す。ときに河野の称号を改めむとおもへり。一日土岐の郡司に謁しともに世事を語る。郡司が曰く、汝は古の良家なり。我ともがら席を同うする人にあらずと。宣高稽首して、我今家衰へ身まづしうして先祖を顕はさむも本意なし。ねがはくは河野にかふべき称号を授けたまへといふ。郡司辞してゆるさず。宣高これを請てやまず。或時郡司蹴鞠の遊びをなす。宣高も招きに応じてその庭にあり。また称号をあらたむることをこふ。ときに柳桜松楓枝をまじへ其興深し。中にも一柳の麗すぐれたり。郡司これを指て、一柳をもて氏とせむや否といふ。宣高よろこびて、今より一柳を用ひ子孫に伝ふべしとなり。これより代々一柳を以て家号とす(5)

これによれば、宣高は厚見郡の郡司に対して河野の姓を改めることを出願したが許されなかった。しかし、郡司らと蹴鞠をしていた時に、庭に一本の麗しい柳があったことから、一柳を名乗るようになったという。以後一柳氏は、美濃地域において勢力を延ばすことになる。『寛政重修諸家譜』によれば、宣高の子の二代直高《なおたか》（又右衛門）は天正八年（一五八〇）七月二日に五二歳で没する。

直高の長男直末《なおすえ》（市助、伊豆守）は天文一五年（一五四六）に西野村に生まれる。元亀元年（一五七〇）に豊臣秀吉に仕え、その後黄母衣七人の列に加わり戦功をあげる。天正一三年に美濃国において六万石を領し、浮見城（現〇〇〇）に住し、従五位下伊豆守に叙任する。天正一八年の小田原北条氏との合戦のさい、三月二九日山中城の先鋒として参戦し、鉄砲で撃たれて戦死する。直末の弟の三代直盛（四郎右衛門、監物）の武功を記した「一柳監物武功記」は、戦死の時の秀吉の様子を次のように伝えている。

其時秀吉公朝御膳御食被成蒔田権之助致配膳罷在候処江小寺官兵衛参伊豆守手負候由申上候得は、秀吉公食を御吐出伊豆守手負候と申は致討死候哉と被仰候は、官兵衛其通に候と御請被申候、其時被仰候は城を攻破候ても無益、関東にも代間敷伊豆守也と被仰御膳之上江御落涙、其後は御食も不被進御愁傷程久御座候由十三年以前蒔田権之助直盛江語被申候(6)

すなわち、当時秀吉の小姓を勤めていた蒔田権之助広定(7)が直盛に語ったこととして、食事中に直末の負傷の報を受けた秀吉は食事を吐き出し、それが戦死とわかると、関東にも代え難い者であったと膳の上に涙を落とし、その後は食も進まず、長く嘆き悲しんだという。史料の性格から言って、この記述をそのまま信じることはできないが、直末が秀吉の厚い信任を得ていたことを示す逸話となっている。

三代直盛は、永禄七年（一五六四）に厚見郡に生まれたが、天正一八年に兄直末が討死すると、秀吉から尾張国において三万石を与えられ黒田城（現愛知県木曽川町）に住んだ。翌一九年一一月二八日には従五位下に叙し監物と称した。文禄元年（一五九二）正月一一日には五〇〇〇石を加増され、慶長五年（一六〇〇）の関が原の合戦のさいには、東軍として参加し戦功をあげている。

翌六年には一万五〇〇〇石を加えられ伊勢国神戸《かんべ》城主（神戸は鈴鹿市）となった。[8]領地は河曲郡・鈴鹿郡あたりとされるが、[9]慶長一六年、元和元年頃に村替えが行われ、三重郡の村々も領地になったとされる。[10]同一五年には尾張国名古屋城築城の普請役（奉行）を勤めている。同一九年と元和元年（一六一五）には大坂の陣に参戦し、特に元和の合戦では戦功を挙げている。その後、元和三年、同五年に二代将軍秀忠の上洛に従い、寛永五年には日光山の家康十三回忌に秀忠に従って下向している。さらに、同一一年にも三代将軍家光の上洛に従っているが、この時の扈従は東海道四日市宿の本陣史料からも確認される。[11]

## 二　伊勢国神戸領の支配

### 1　神戸領の支配

一柳氏の伊勢国神戸領支配については、三重郡東坂部村（四日市市）の庄屋を勤めた舘家に伝わる由緒書の記事が参考になる。

a
元禄二年（一六八九）三月「刀衣服御赦免之者由緒改帳」
一佐倉村　坂井半右衛門
先祖六代以前坂井佐左衛門与申者、駿河国今川殿家来、其以後佐倉村へ浪人仕、五代以前ゟ佐倉村庄屋役仕候
一　半右衛門祖父　崎田小右衛門
一柳美作守様ニ知行百五拾石拝領仕候
一　半右衛門外舅　崎田源右衛門
一柳対馬守様ニ知行百石拝領仕候

b
同前付紙、享保五（一七二〇）五月「覚」
一　私　七代以前　瀬川彦右衛門
一柳監物殿知行弐百石拝領仕罷在、其後河原田村へ参浪人仕居申候
彦右衛門子　瀬川新左衛門
右同御代無足仕罷在候処、河原田村庄屋役被仰付候（12）

aによれば、佐倉村（四日市市）の庄屋を勤めた坂井家は、元は駿河国今川氏の家臣であったが、六代前の坂井佐左

衛門が佐倉村へ来て土着し、五代前から庄屋役を勤めている。元禄期の当主坂井半右衛門の祖父の崎田小右衛門は、一柳直盛の二男の美作守直家（寛永一九年没）から一五〇石の知行を与えられ、半右衛門の外舅の崎田源右衛門は、一柳対馬守（末禮《すえひろ》か）から一〇〇石の知行を与えられたという。

またbによれば、川原田村（四日市市）の庄屋を勤めた瀬川家は、七代前の瀬川彦右衛門が一柳直盛から二〇〇石の知行を与えられていたが、その後川原田村へ来て土着した。その子瀬川新左衛門は、一柳直盛の時代に無足人（在郷武士）の身分でいたところ川原田村の庄屋に任命されたという。

由緒書であるため、一柳末禮に関する記載や一柳氏支配期の無足人の存否など、慎重に検討すべき記述も見られるが、一柳氏が地域の有力者層と主従関係を結んでいたことがうかがえる。近世前期の一柳氏の領地支配は、彼ら地域の有力者との関係を基礎に展開していたといえよう。

なお、a・bともに、「浪人」として佐倉村・川原田村へ来たことが記されているが、同じく神戸領であった鈴鹿郡水沢野田村（四日市市）には次のような史料が残されている。

c　一柳監物様御証文之写

水沢野田村諸役令免許候、牢人いつかたゟもよひ越、田地荒候ハぬやうニ可仕者也

慶長十六

九月二日　　　　安藤助丞(13)

すなわち一柳直盛の地方役人の安藤助丞が、水沢野田村の諸役を免許し、どこからでも牢人（浪人）を呼びよせ田地

を荒さぬよう指示している。
同様の指示は、一柳氏の前に水田野田村を支配していた伊勢亀山藩主松平忠明（慶長一五年）や、一柳氏の後に同村を支配した伊勢津藩藤堂高虎（元和元年）、藤堂高次（寛永九年）も出しており、(14) 近世前期において浪人が重要な労働力であったことが知られる。

## 2 農民との軋轢

しかし、この時期の一柳氏の農村支配は、農民と鋭く対立していた。史料dは、元和五年（一六一九）に一柳直盛の家臣四名が連名で、年貢徴収など領地支配の実態について言上したものである。

d
言上
一大坂御陣之刻、人足数多召連飯米不相渡旨百性共申上ハ大□候御陣と存家中留守居之者迄不残親子三人として召連罷立故右御扶持米相渡申候、百性之儀近年物成定之刻、其心付仕置申ハ、然ニ其砌百性共世間見合立毛上所を苅取金銀代替四拾ヶ村□かへ年貢米一円納所不仕故、手前之兵糧さへ迷惑仕□□然共其年百性申分ノことく右ニ土免ニ相定置、内重而二ツ成三ツ成之定米引さけ遣候故飯米遣不申候、是ハはや五年以前之儀ニ候
一伯耆国御番ニ罷越候刻右同前ニ御座候、其以前者人足飯米遣候へ共、其砌より土免ニて萬入用分用捨仕置候、其上大風吹申ニ付其年も土免ニ相定内重而それ〳〵ニ追免遣申候、是ハ十一ヶ年ニ罷成候
一当物成之儀春免ニ堅相定置候得共、風あたりいよ〳〵達而申理候条、奉行を出検見を仕、百性迷惑不仕候様ニそれ〳〵ニおいい免遣可申候、若其上にも百性申分御座候ハヽ、内見分立毛上中下ヲ聞罷ニ升付仕、三分一百性ニ遣残

分年貢米納所可仕由申聞候へとも同心不仕候、其上於此地物成可相究由、百姓申分如何ニ御座候
一麦年貢之儀はや廿ケ年召置候、当年初而納所仕下却由申分ニ御座候
一百性萬事ニ付迷惑不仕候様ニと存、年々堤井水等迄家中役人ニ申付候
一年貢米納所仕升之儀、勢州国中納升より壱石ニ付三升五合四升ツ、ほか〳〵申付候、今迄ハ百性用捨分如此ニ申付候
一人しち召置儀百性迷惑仕中申上候、年貢米納所仕来□□申ニ付、人しちめしおき候、請人立申百性候前ハ取不申候事
元和五年
九月十三日
一柳監物内
安東助丞
山中勘左衛門
赤塚伝右衛門
戸蔵次大夫
(15)

すなわち、まず第1条では、五年前の大坂の陣（慶長一九年・一六一四か元和元年・一六一五）のさいに、農民人足の飯米を支給せず、また家中に扶持米を上納させたことにより、仕置として土免を採用し年貢を引き下げる措置を採ったことが記されている。第2条では、一一年前に直盛が伯耆国の番を勤めた時（『寛政重修諸家譜』によれば慶長一六年の米子城守衛のことか）にも同様の措置を採ったこと、それ以前は人足飯米を支給していたが、この時から土免により、年貢引き下げの措置が採られるようになったこと、その年は大風の災害があり土免による追加引き下げを行った

ことが記されている。

第3条では、元和五年分の年貢について、春に年貢を定めたものの、風害が著しいため奉行を派遣し、農民の迷惑にならないよう免の引き下げをした。それでも農民側が不満を述べたので、升付きをした上で三分の一を農民の取り分としたが、それでもなお農民側は納得せず現地で年貢を決めるように主張しているが、これはいかがなものか、と述べている。生産物の三分の一農民取得原則は、すでに太閤検地の施行過程で示されており[16]、元和期においても、個別大名が領地支配の中で引き続き基準として適用しようとしていたことが窺える。

第4条では、麦年貢を二〇年間徴収してきたが、今年は初めて返却したこと、第5条では農民の迷惑とならないよう、毎年堤や井水の管理を家中役人に命じてきたこと、第6条では年貢米について、これまで一石につき三升五合から四升ほど用捨米としてきたこと、第7条では年貢納入に関して人質を取るようなことはしていないこと、を述べている。全体として、この言上は、一柳氏の領地支配が農民の「迷惑」とならないよう、農民を大切にしていることを主張したものとなっている。

発給者の四名のうち、安東助丞はcの発給者安藤助丞と同一と考えられる。寛永一三年六月に一柳直盛が伊予西条に転封され、領地に赴く途中八月に大坂で没したのち、一一月に伊予西条(直盛の長男直重)、播磨小野(二男直家)、伊予小松(三男直頼)の三家への分知が行われたさいに作成された同年一一月晦日「一柳監物家来数之覚帳」(享保二一年写)[17]によれば、山中勘左衛門は長男直重の家臣馬廻りとして一〇〇石を与えられ、戸蔵次太夫は二男直家の家臣馬廻りとしてこれも一〇〇石を与えられている。他の安東・赤塚については不明であるが、おそらく同様の禄高であったとみられる。

以上、史料dの言上は、一柳氏の地方役人が、農民支配の実態を報告しつつ、農民らを大切にしていることを主張したものであった。では、一柳氏はどうしてこのような言上をしなければならなかったのか、次にこの史料d作成の前提として、当時一柳氏の支配に対する農民の抵抗があったことを見ていきたい。

## 3　幕府（公権力）の調停

次の史料eは、dと一連の文書である。

e

一柳監物殿百性出入扱定中分

一当免相之儀見立相談候て御定可有候、於相違者三ヶ弐稲百性所にてついほういたし有次第納所可被成候事

一千石夫之外壱人如詰夫之日限算用候て可被遣候、若御公儀御用之時ハ御扶持方何も御国なミニ可被遣候事

一夏成之儀ハ春定之ことく畠方半分返、当年ハ御取可被成候、麦者米壱升ニ弐升五合御算用可被成候、扨又年々夏成之儀者去春之半分ツ、何々在々も御納所可被成候事

一まめひゑ町之うりかいのね御取可有候、於相違ハ其物次第ニ可被成候事

一油ゑ□木いたもめん・へにのはな有合申候者其者次第うりかい可被成候事

一茶年貢ちやニて御取可被成候事

一江戸にて被召遣候下女御用捨可被成候事

一当御年貢未進御座候者人しち御取うけ人御座候上者、何も人質御返し可被成候事

一御年貢米金銀時々ねニ御取可被成候、たらすハ米ニて御納所可被成候へく米□付御国なミ可被成候事

一霜月中ハ其手代一人ニて納所可被成候、皆済不罷成候と極月朔日ゟ高百石ニ弐人ツ、催促人御付可被加候事

一御訴訟罷越当納辻遅々申候間、年内ハ千石夫外御免可被成候事
右通御意得百性今度出入萬我々うけこひ申候間、何事も無相違様ニ被決上候て可給候、乍慮外任其由ニ如此御座候、
以上
未　九月十五日　水谷九左衛門（花押）
安藤助丞殿
山中勘左衛門殿
赤塚伝右衛門殿
戸蔵次大夫殿

⒅

第1条では、免の決定について役人と農民の間で話し合うこと、相違があった場合は、これも太閤検地の原則と同じく三分の二を年貢として納入させることが指示されている。第2条では、人足について千石夫以外は日当を計算して支払うこと、公儀御用の場合は扶持を「御国なミ」（一国並み）に支払うことが示されている。

第3条では、夏年貢は春に決めたように畠方年貢を半分返すこと、麦は米一升につき二升五合の割合で換算すること、総じて夏年貢は春年貢の半分とすることなどが示されている。第4条では豆や稗の値段は町の値を基準にすること、第5条では油・木綿・紅花などは有り合わせの売買価格とすること、第6条では茶年貢は現物納とすることなどが示されている。

第7条では江戸屋敷で使用する下女の徴発は用捨すること、第8条では年貢未進者の人質は返すこと、第9条では

年貢米金銀は相場値段とし、不足分は「御国なミ」に米納とすること、第10条では一一月の年貢納入は手代一人でさせ、遅れた場合は一二月より高一〇〇石につき二人ずつ付けることなどが示されている。

第11条では訴訟となった本年分の年貢については遅れるので、年内は千石夫の他の夫役は免除することなどが示され、末尾にはこれらの箇条が、農民の出入を受けて幕府が決したものであることが記されている。

なお、発給者の水谷九左衛門（光勝）は、慶長三年当時徳川家康領であった伊勢国朝明郡羽津村（四日市）の志氐《しで》神社の棟札に「江戸内府家康殿領中代官水谷久左衛門光勝」と家康の代官とあり、[19]同一六年頃に初代四日市代官となり、伊勢国の幕領を管理した人物である。その後元和四年には伊勢山田奉行も兼ねるに至っている。[20]名古屋城普請にさいしては奉行の一人として千石夫を統轄している。[21]史料eの第2条・第11条で千石夫に関する指示があるのも、こうした職務とかかわってのことと思われる。なお、宛名の四名は史料dの発給者と同一である。

以上のことから、この時期、伊勢国神戸の一柳氏の領地支配は、農民との対立が深刻化し、農民の幕府への訴訟という事態が起こり、一柳氏の地方役人の弁明（史料d）を経て、幕府役人の裁定（史料e）が下ったことが知られるのである。個別領主の領地支配の動揺に対応する形で幕府（公権力）が介入・調停したのである。そのさい、領主の夫役よりも公的・国家的夫役である千石夫を優先させていること（第11条）、個別領主支配を超える「御国なミ」（第2条、第9条）の基準を示していることは、個別領主の支配が大きく制限されている点において注目される。なお、「御国なミ」の基準は、この他にも「一、慶長十三年ゟ同拾七年弐月まてハ、国なミの庄屋御免之御役義引、相残所御役義仕候御事」[22]などの例が見られ、この時期広く用いられていたことがうかがわれる。

# 三　伊予国西条への転封と分知

## 1　伊予国西条への転封

訴訟一件の一七年後の寛永一三年（一六三六）、一柳直盛は幕府から加増と転封、さらに分知を命じられた。この間の動きを『徳川実紀』を中心に見ていきたい。

まず、寛永一三年六月一日条に、「一柳監物直盛に一万八千石加恩たまひ。六万八千石になさる。但し勢州神戸を転じ伊予国西条にて五万八千石。播磨国にて一万石給ひ。加恩の内にて五千石を二子美作守直家に給ふ。直盛は六万三千石を領す」(23)とあり、六月一日に一万八〇〇〇石の加増と伊予国西条への転封が命じられた。このことについて、『徳川実紀』の同年一一月二四日条には、「当代（家光）に至りて伊予国は先祖代々領したる国なればとて望請しかば。ことし六月朔日請ふ所をかなへられ。一万八千石を加へ封を移され六万八千石となり」(24)とあり、一柳氏側の旧領復帰への希望によるものであったことが記されている。すでに見た領地の農民との軋轢なども転封を希望する要因となっていたのかも知れない。

また、『寛政重修諸家譜』には「六月朔日神戸をあらため伊予国西条城をたまひ、一万八千石余を加へられ、同国新《に》居《い》・宇摩《うま》・周布《しゅうふ》・播磨国加東《かとう》四郡のうちにをいてすべて六万八千石余を領す。このとき仰せにより加恩のうち五千石を二男直家に分ちあふ」(25)と、新たな領地の郡名が記され、同時に加増の内から二男直家に五〇〇〇石を分知するよう指示があったことが記されている。

『徳川実紀』によれば、その後六月四日には、「一柳監物直盛并子丹後守直重就封の暇たまひ。使番青山善四郎重長。曽根源左衛門吉次は勢州神戸の城請取。書院番野一色外記義重は伊予国西条引渡。目付兼松弥五左衛門正直は播州の地引渡命ぜられ暇給ふ」[26]と、直盛は新領である伊予国西条への入封の暇を与えられ、使番の青山重長と曽根吉次が勢州神戸城の請け取役、書院番の野一色義重が西条領の引き渡し役、目付の兼松正直が播州領の引き渡し役を命じられ暇を与えられた。

## 2 神戸城の引き渡し

ここで神戸城と城主の変遷について概観しておきたい。[27] 神戸城の最初の城主神戸氏は、貞治六年（一三六七）に亀山城主関盛政の長男盛澄が領地を分割され、神戸の西の西条（鈴鹿市）に沢城を築き神戸氏を称したことに始まる。このち天文年間（一五三二～五五）に盛澄から三代目の神戸具盛が神戸城を築き、弘治年間（一五五五～五八）に具盛から二代のちの利盛が、城を沢から神戸に移したという。

元亀二年（一五七一）に織田信長の三男信孝が神戸城主となり、天正八年（一五八〇）に神戸城の拡幅工事を行った。城は南北約六〇〇メートル、東西約九〇〇メートルで、本丸、二の丸などの廓を設け、五層の天守閣、二の丸御殿、二重櫓などを備えた。天守閣は石垣が堀の水面より三、五メートルの高さ、天守棟木まで約九メートルで、小天守を控えた優美なものであったという。

天正一〇年に本能寺の変が起こると信孝は岐阜城に移り、信孝の異父兄の小島兵部少輔が神戸城に入った。天正一一年に信孝は兄（信長の二男）信雄と対立し、信雄の家臣林与五郎が小島兵部を討って神戸城主となった。

翌一二年に豊臣秀吉と徳川家康・織田信雄が対立すると、林与五郎は秀吉方の亀山城を攻めたが敗れて美濃に逃れたため、秀吉は生駒甚介親正に四万一〇〇〇石を与えて神戸城主とした。その後、秀吉と信雄は和睦し、天正一三年夏に信雄の家臣の滝川雄利が二万石の領主として入った。

天正一五年七月には水野忠重が三河国刈谷から移ったが、文禄元年（一五九二）には旧領の刈谷に戻り、神戸には滝川雄利が再び入った。文禄四年の一柳右近可遊による桑名城築城のさい、神戸城の五層の天守閣は桑名城に移されたと伝えられる。(28) 慶長五年（一六〇〇）滝川雄利は関が原の戦いで西軍に加わり領地を没収された。その後尾張国黒田城主の一柳監物直盛が五万石をもって神戸城主となったのである。以上が神戸城と城主の変遷である。

さて、一柳直盛の神戸城の引き渡しのさいに作成された文書が、寛永一三年六月二八日「伊勢国河曲郡神戸城中万改帳」（播磨小野一柳家文書、以下「改帳」と略す）である。この史料は、別表で示したように、神戸城内の施設や物品を書き上げたものである。本丸分、二の丸分、北の丸分、丹後守（長男直重）屋敷分、作事屋材木分、美作守（二男直家）屋敷分、蔵人（三男直頼）屋敷分、その他に分類され、さらに部屋別に区分された上で、部屋や建物の大きさや、畳、障子、雨戸などの物品の数量、色、状態などが細かく記されている。

帳末には、桑名城主松平摂津守定綱の家臣の高橋分右衛門と山岡喜左衛門が、一柳直盛家臣の石河忠右衛門、後藤十左衛門、桑原次郎兵衛、藤田夫左衛門の四名に対して、「右御帳面之通無相違請取申候、為後日仍如件」と、記載の物品を確かに受け取ったことを記している。

なお、一柳直盛家臣の四名については、先の寛永一三年一一月「一柳監物家来数之覚帳」によれば、石河忠右衛門と後藤十左衛門が馬廻り四〇〇石、桑原次郎兵衛が馬廻り二〇〇石であり、いずれも分知のさいには丹後守直重の家臣となっている。また、藤田夫左衛門は馬廻り二〇〇石で美作守直家の家臣となっている。史料c・dで見た地方役人たちに比べて禄高が高かったことが知られる。

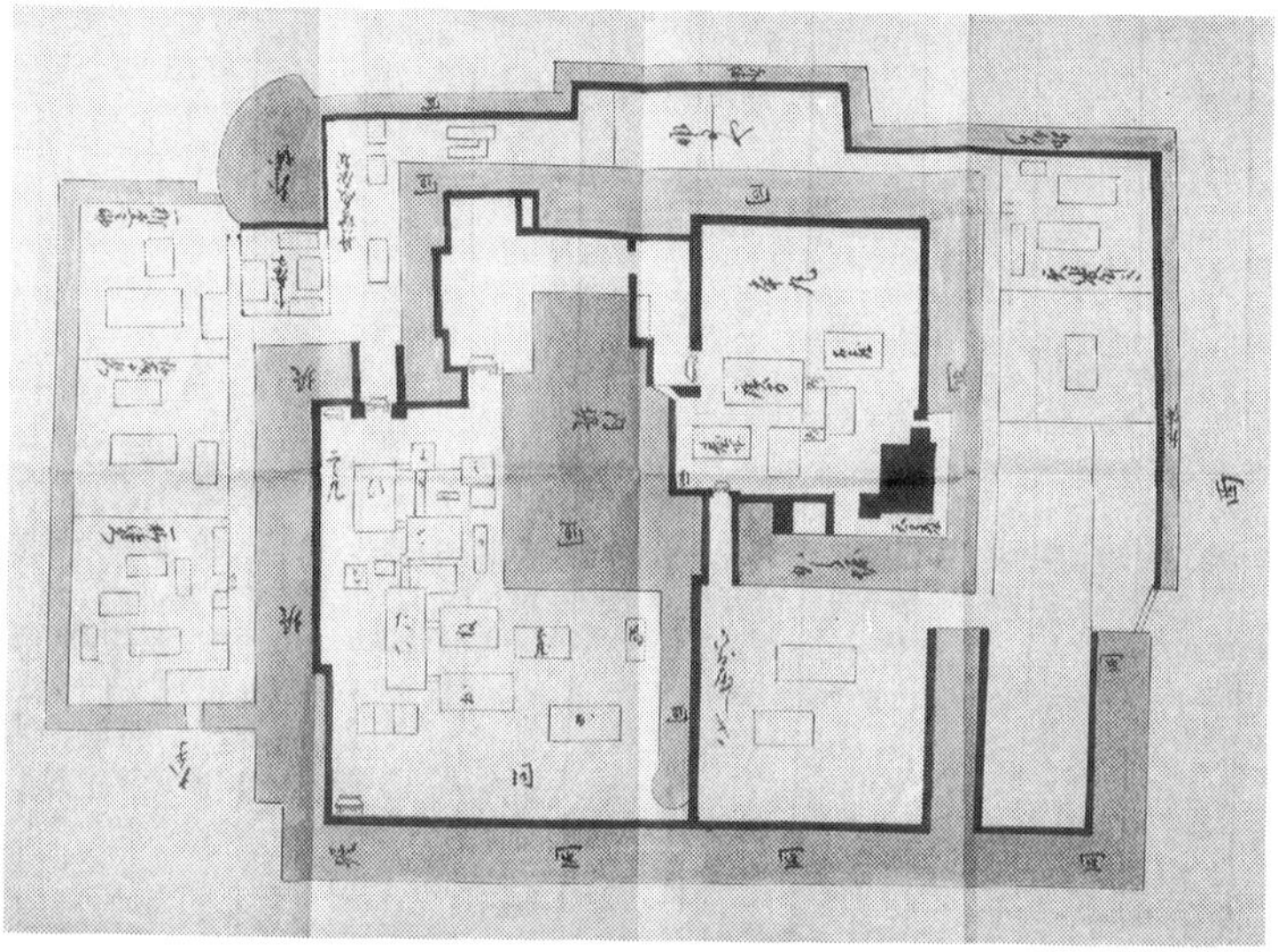

図A

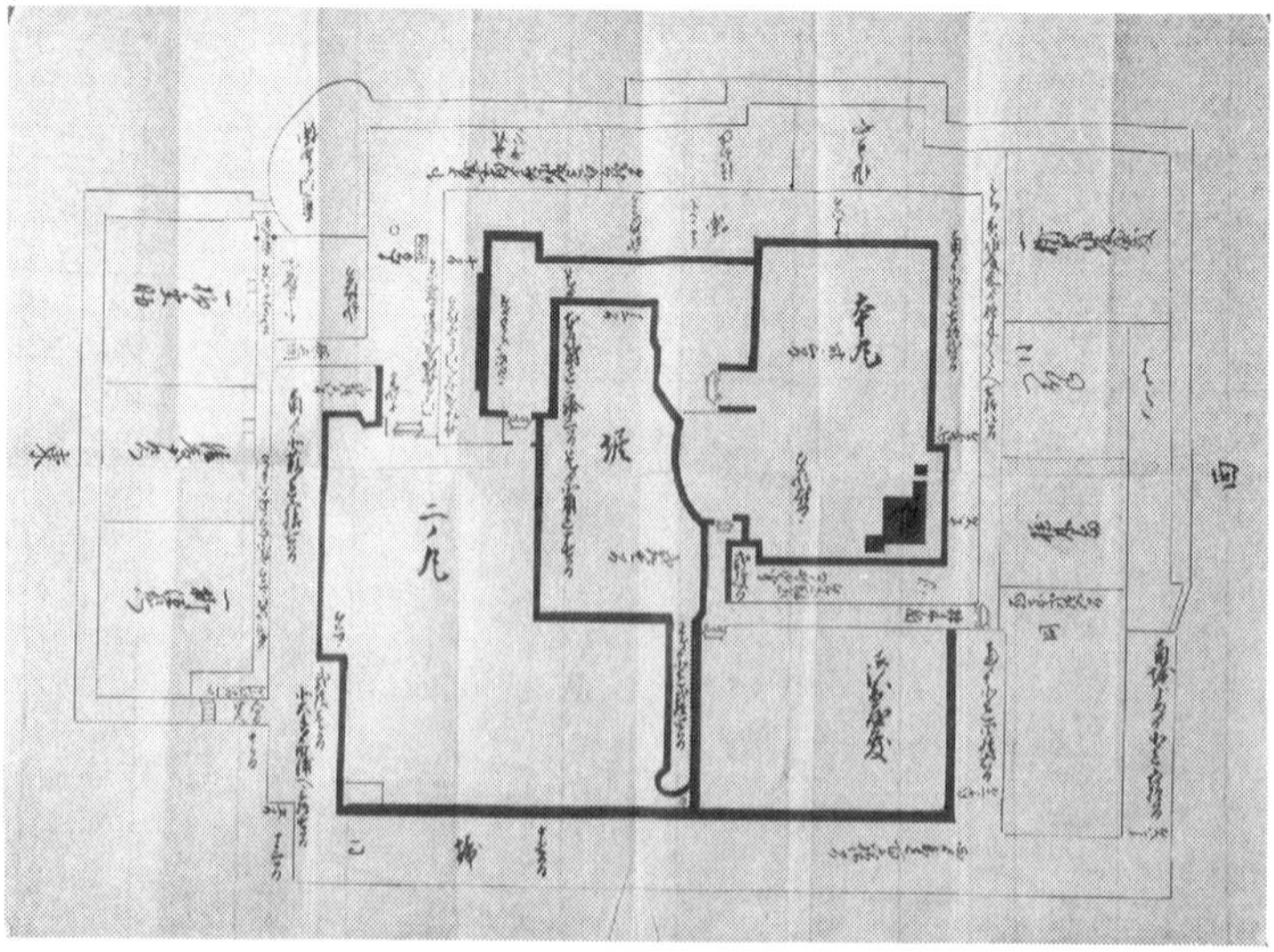

図B

以上のように、この史料は転封にあたり一柳氏の家臣が神戸城の城付の施設や物品を書き上げたものであり、国有財産のリストともいうべきものであった。

さて、図A・Bは、当時の神戸城の絵図である。(29)どちらも作成年代が不明であるが、ほぼ改帳の記載と一致しており、この時期の神戸城の様子を伝えるものである。以下、この絵図と改帳を比べながら当時の神戸城のようすを見ていきたい。まず、絵図の本丸部分の西北部に天主台とあるが、これは先述の文禄四年に桑名城に移された五層の天守閣（あるいはその跡地）と見られる。また、本丸には、広間、台所、土蔵などが記されているが、これらは、それぞれ改帳の、広間No.1～51、台所No.159～172、土蔵（かわらふき御蔵）No.176に対応する。図中「ろ」は廊下No.93～105にあたる。絵図で書き込みのない四角い建物の一つは御風呂屋No.55～92と思われる。この他、本丸には井戸No.179、つきかねNo.181、御門矢倉No.182～184、御鷹部屋No.185などがあったことが知られる。

二の丸については、絵図の「ひ」が改帳の広間No.187～212、「風」が風呂屋No.415、「たい」が台所No.377かNo.398に当たる。絵図には土蔵や、さまざまな仮名文字が見え、また改帳には、書院No.240～282、物置No.287～291、367～373、小書院No.296～333、奥座敷No.334～366、番屋No.416、鷹部屋No.421～422、番部屋No.423～427、矢倉No.428～435などが記されているが、それぞれ絵図のどの部分に当たるかは不明である。

改帳の「北の丸の分」No.436～439は、位置から見て絵図の「御番屋敷」に当たるとみられる。「丹後守（長男直重）屋敷分」は城郭の東北部の外堀の内側にあり、絵図に見える三つの建物は、それぞれ改帳の広間No.440～476、台所No.483～490、501～505、長屋No.491～499などに当たると思われる。

「作事屋材木の分」No.509～542は絵図の南部に見える「作事や」に保管されている材木の書き上げである。「美作守（二男直家）屋敷ノ分」は城郭の西南部の外堀の内側にあるが、絵図に見える建物群および美作守の「つほね」、「植木畠」

「はた」などは、改帳の家No.543～564、578～582、花畠家No.583、番所No.584、馬屋No.585～587、598～599、長屋No.600～602などに当たると思われる。「蔵人（三男直頼）屋敷ノ分」No.603～693については絵図に記載がない。

城郭の東部の三つの屋敷には、一柳源左衛門、後藤十左衛門、一柳杢之助の名が見えるが、先の寛永一三年一一月晦日「一柳監物家来数之覚帳」によれば、一柳源左衛門は禄高一四〇〇石（一柳家臣中最高）の重臣、後藤十左衛門は先述の通り馬廻り四〇〇石の家臣であり、いずれも長男直重付きとなっている。一柳杢之助については「覚帳」に記載がなく不明である。

以上のように、当時神戸城郭内には一柳直盛父子と重臣たちが住んでいたことが知られるのである。

## 3　分知と家産の分割

さて、直盛の伊予転封と同時に二男直家が五〇〇〇石分知を許されたことは先に述べたが、(1)寛永一三年七月一九日「此帳面美作守へ不残遺道具之帳、一柳監物」、(2)（寛永一三年）七月一九日「一柳美作守へゆつり渡諸道具之帳、一柳監物」、(3)（寛永一三年）七月一九日「西御本丸ゑんせう蔵ニ有之御道具之帳、此帳面不残美作守へ遺、一柳監物」（表紙に「六月一六日一柳監物御墨」とある）の三点の史料（いずれも播磨小野一柳家文書）は、この分知に伴い作成されたものである。内容は、当主直盛から二男直家（美作守）への財産分与の目録である。それぞれ裏表紙に「三冊之内」と記されており、これらが一連のものであることが知られる。以下、これらの史料により、分知に伴う一柳氏の財産分割の様子について見ておきたい。

まず、(1)は箱や長持などの容器別に、色・数量などが記されている。品目は、鞍、馬印、弓のつる、火縄などの馬具・武具類、屏風、刀掛け、布類、反物、風呂釜、ひしゃく、行灯、やかん、皿、杯、茶碗、紙・蠟燭などの日用品、さらには鶴、白鳥など生き物に至るまで多様であり、城中の生活の一端が窺われる。

(2)は武具が中心となっている。鉄砲、大筒、刀、鑓などが書き上げられているが、米と味噌（備蓄品とみられる）は、いずれも転封先の伊予（直盛）と、二男直家、長男直重、三男直頼の四者で、一〇：四：三：三の割合で分割されている（№46～47）。二男直家は分知されることから兄弟の中で最も大きな比率になっていると思われる。直家は、この他に馬六疋の内二疋を与えられ（№48）、江戸屋敷の新蔵に所蔵されている道具類も与えられている（№49）。さらに、江戸上屋敷を与えられ、その一部を直頼に与えることも示されている（№51）。転封とそれに続く分知を契機に、一柳氏は家産を分割することになったのである。

(3)は焔硝蔵に収蔵されていた物品のリストである。鉄砲・大筒の玉の他、かなとこ、つるはし、薬研などの工具・用具類が書き上げられている。差出・宛名ともに一柳直盛の家臣であるが、先の寛永一三年一一月「一柳監物家来数之覚帳」によれば、差出人の小川喜兵衛、松本作兵衛、宮崎加右衛門のうち、松本は馬廻りよりも身分が低い給米取の下級武士であり、後に三男直頼（蔵人）の家臣となる。また、請取人は宮島清右衛門、林左兵衛、安東宗兵衛の三人であるが、宮島は一〇〇石馬廻り、林は一五〇石馬廻りで、いずれも後に直家の家臣になり、また、安東は一〇〇石馬廻りで直重の家臣になる人物である。

(1)～(3)は一柳氏内部のやりとりであるためか、担当者の禄高は他藩と交渉した先の「万改帳」の担当者よりも低くなっている。

以上、転封に続く分知にさいして、一柳氏が譲り渡しの物品目録を作成し、私的財産の分割を行っていたことが確認されるのである。

# おわりに

以上、本稿では一柳氏が寛永期に経験した転封と分知の実態を明らかにしてきた。本稿で指摘しえた点を以下にまとめておきたい。

①一柳氏は、伊予国河野氏の流れを汲むと伝えられる旧家であり、一柳直末と直盛の兄弟は豊臣秀吉から厚い信任を受けていた。徳川幕府成立後、特に寛永年間の転封と分知を通じて、外様の中小大名としての位置を確定した。

②近世前期の伊勢国神戸時代の一柳氏の領地支配は、地域の有力者と主従関係を結び、彼らの力に依拠して展開したものであった。しかし、この時期の一柳氏の支配は必ずしも順調ではなく、年貢や夫役など負担の問題をめぐって農民が幕府へ訴え、一柳氏の地方役人の弁明を経て、幕府役人の介入・調停が行われるという事態も見られた。このとき一柳氏の地方役人が農民の「迷惑」にならぬよう心がけていることを主張し、また幕府役人が「国なミ」の基準を示したことも明らかになった。

③寛永一三年六月、一柳直盛は一万八〇〇〇石余の加増と、伊勢国神戸から伊予国西条への転封、さらには二男直家への分知を命ぜられた。このうち、転封に関連して神戸城引き渡しのさいに作成された文書が「伊勢国河曲郡神戸城中万改帳」であった。この史料は、一柳氏の家臣が神戸城の城付の施設や物品を書き上げ、桑名藩士が確認したものであり、城付の国有財産のリストともいうべきものであった。

④一方、分知に関して作成された史料が、「此帳面美作守へ不残遣道具之帳」、「一柳美作守へゆつり渡諸道具之帳」、「西御本丸ゑんせう蔵ニ有之御道具之帳」であった。これらは、直盛から直家への一柳氏の家産分割リストであっ

た。これら寛永年間の転封と分知に関連して成立した一群の史料は、以後重要文書として永く播磨小野一柳氏に伝えられたのである。

## 注

（1）たとえば、藤野保『新訂幕藩体制史の研究』（吉川弘文館、一九七五年）、水林彪「近世の法と国制研究序説1～6」（『国家学会雑誌』第九〇巻第一・二号、第五・六号、第九一巻第五・六号、第九二巻第一一・一二号、第九四巻第九・一〇号、第九五巻第一・二号、一九七七年～八二年）、谷口昭「近世の家産官僚―譜代大名の転封を素材として―」（『名城法学』第四一巻第四号、一九九二年）、同「大名の領知と家産―城邑の引渡を中心に―」（『名城法学』第四二巻第一号、一九九二年）他。

（2）拙稿「刈谷城城付四か村について」（刈谷市郷土文化研究会発行『かりや』第一八号、一九九七年）。

（3）一柳氏の来歴については、秋山英一編著『伊予西条藩史・小松藩史』（伊予史籍刊行会発行、一九三一年）、一柳貞吉編纂、一柳愼・一柳安次郎校閲『一柳家史紀要』（私家版、一九三三年）、藤田敬次編輯『小野舊藩誌』（小野藩創始三百年記念会発行、一九三七年）などを参照のこと。

（4）西野村については不明な点が多いが、厚見郡西荘（のち西庄村、岐阜市）がこれにあたると思われる（『角川日本地名大辞典21・岐阜県』角川書店、一九八〇年、五六二頁、『日本歴史地名大系第二一巻・岐阜県の地名』平凡社、一九八九年、四六〇頁など参照）。

（5）『新訂寛政重修諸家譜』（続群書類従完成会発行）第一〇―一五四頁。

（6）「一柳監物武功記」（東京大学史料編纂所謄写本）。

（7）高柳光壽・松平年一著『戦国人名辞典・増補版』（吉川弘文館、一九六二年）二一八頁。

（8）近世初期の一柳氏と伊勢国の関係については、拙稿「伊勢国文禄検地の基礎的研究」（徳川林政史研究所『研究紀要』昭和五七年度、一九八三年）、「伊勢国文禄検地奉行一柳右近をめぐる一考察」（三重県総務部学事文書課編『三重県史研究』第二号、一九八六年）、「伊勢国文禄検地に関する一考察―三重郡の検地を中心に―」（地方史研究協議会編『地方史研究』第二〇九号、一九八七年）、「統一政権の成立と地域―伊勢国三重・鈴鹿郡境地域を例に―」（日本歴史学会編『日本歴史』第五三四号、一九九二年）、「一柳右近可遊と伊勢国」（『東京学芸大学紀要』第三部門・社会科学・第四九集、一九九八年）の一連の論考において考察している。御参照いただければ幸いである。

（9）木村礎・藤野保・村上直編『藩史大事典』第四巻・中部編Ⅱ・東海（雄山閣出版、一九八九年）四二七頁、『鈴鹿市史』第二巻一二九～一三四頁。

（10）四日市市編集・発行『四日市市史』第八巻・史料編・近世Ⅰ（一九九一年）、八七二頁。

（11）三重県四日市市立博物館所蔵清水本陣文書「元和元年以来御往来記控」。

（12）『四日市市史』第八巻（注10参照）、六一八頁。

（13）『四日市市史』第八巻（注10参照）、二九二頁。

（14）『四日市市史』第八巻（注10参照）、二九二～二九三頁。

（15）伊予小松一柳家文書。東京大学史料編纂所所蔵。

（16）安良城盛昭『太閤検地と石高制』（ＮＨＫブックス、一九六九年）、一〇六～一一一頁。

（17）兵庫県小野市小野市立好古館所蔵一柳家文書。

（18）小野市立好古館所蔵一柳家文書。

（19）四日市市編集・発行『四日市市史』第一七巻・通史編・近世（一九九九年）、一八～一九頁。

（20）『四日市市史』第一七巻（注19参照）、一〇八～一一〇頁。

（21）高木昭作「幕藩初期の国奉行制について」（歴史学研究会編『歴史学研究』第四三一号、一九七六年、二八頁、のち同『日本近世国家史の研究』岩波書店、一九九〇年に所収）。

(22) 「乍恐申上候条々」河内国泉村七右衛門訴状（宮川満『太閤検地論』第Ⅲ部、御茶の水書房、一九六三年）、四一七〜四一八頁。
(23) 『新訂増補国史大系・徳川実紀』第三篇二四頁。
(24) 『新訂増補国史大系・徳川実紀』第三篇四〇頁。
(25) 『新訂寛政重修諸家譜』第一〇—一五五頁。
(26) 『新訂増補国史大系・徳川実紀』第三篇二四頁。
(27) 「神戸城」（『日本城郭大系10・三重・奈良・和歌山』新人物往来社、一九八〇年、一〇二〜一〇四頁）、『四日市市史』第八巻（注10参照）、八七二〜八七三頁参照。
(28) 安岡親毅著・倉田正邦校訂『勢陽五鈴遺響1』（三重県郷土資料叢書第75集、一九七五年、八八頁）。
(29) 小野市立好古館所蔵一柳家文書。

〔追記〕本稿は、一九八二年に行われた財団法人徳川黎明会による一柳家文書の史料整理、及びその後の松尾美恵子氏との共同調査の成果を発展させたものである。

本稿の作成にあたっては、兵庫県小野市小野市立好古館の粕谷修一氏にお世話になった。記して謝意を表する次第である。

また、一九九九年一二月一八日に学習院女子大学で開催された第一〇九回幕藩研究会での報告のさいに、松尾氏および上野秀治氏をはじめ、出席者の方々から貴重な意見をいただいたこともあわせて記しておきたい。史料整理以来お世話になっている一柳末幸氏及び御家族の方々にも、改めて御礼申し上げたい。

52一、印篭、きんちゃく、作州へ遣　　　　　　　　　　　　　（以上）
（差出）一柳監物
（宛名）一柳美作守

**(3) 7月19日「西御本丸ゑんせう蔵ニ有之御道具之帳、此帳面不残美作守へ遣、一柳監物」（奥書の日付は6月16日）**

1弐百九拾丁、鍬、内六十丁えなし　2弐拾丁、たうくわ
3弐拾一丁、鶴はし　4六拾九本、たなつき、内三拾八丁えなし
5弐拾弐丁、すき　6七拾五、たかねけんなふ　7七拾、小つち
8百弐拾数、大小矢　9五拾壱本、山たかね　10百九拾壱本、石割のミ
11壱くわ、ふいかわ　12五前、大小はし　13四つ、大つち
14弐つ、大けんのふ　15弐つ、かなとこ　16壱つ、小道具入箱
17弐前、大はし　18五筋、かなくさり

19弐拾弐本、うちつき　20百拾本、古き忍ひ返し　21拾七、おのほりをり
22百四拾五、つりかすかい　23五拾八貫目、新キ鉄さいわり
24廿六貫八百目、わかね　25六丁、かなてこ　26七拾四貫五百目、古鉄之分
27弐つ、やけん　28弐拾、小拾物残地　29弐拾弐貫九百目、えんせう四箱ニ入
30弐百弐拾匁、口薬壱箱ニ入　31七百五拾匁、御持筒ノくすり、但つほ箱ニ入
32卅弐貫九百目、御鉄炮之薬、但四箱ニ入
33九拾三、外七つ不足、鉄大玉、七十五匁ツヽ有
34百八十三、外拾七不足、鉄中玉、五十目ツヽ有
35百七、廿匁筒ノ鉄玉　36拾四貫五百目、外五百目不足、湯□
37九拾、鉄玉、但廿五匁つヽ有　38四千五拾、鉄玉、両目六貫五百匁つヽあり
39四千五十、鉄玉、但両目右同事
40四千七百廿五匁、鉄玉、両目七貫五百八十匁つヽ
41四千五拾、鉄玉、両目六貫五百目つヽあり　42七拾四、両目卅五匁つヽあり
43四拾七、鉄玉、両目十五匁つヽあり　44四百、鉄玉、両目六匁筒ノ玉
45三貫三百目、なまりさほ　46弐万五千九百五十、鉄玉、但拾八箱ニ入
47弐千三百五十、なまり玉、両目六貫目　48千四百五十、なまり玉壱箱ニ入
49弐千三百五十、なまり玉、壱箱ニ入　50千九百、なまり玉、壱箱ニ入
51四千五百、なまり玉、壱箱ニ入　52三千七百、なまり玉、壱箱ニ入
53弐千三百、なまり玉、壱箱ニ入　54弐千七百、なまり玉、壱箱ニ入
55四千三百、なまり玉、壱箱ニ入
56四万四千六百拾、鉄玉、但拾箱ニ入
前かとつほニ入申候を箱ニ入替申候
57拾弐、あきつほ
58弐つ、枡
（差出）小川喜兵衛・松本作兵衛・宮崎加右衛門
（宛名）宮島清右衛門・林左兵衛・安東宗兵衛

27一、四拾六本、上々蒔絵
28一、三百七拾弐筋、矢
29一、九拾、どうらん
30一、壱箱、物之本
かけ字共
香爐箱
めくきぬき
鷹ノ大絵
具足ノいと
鷹ノゆけ
もめんたび
31一、御料湯道具共内□□有
32一、八拾七挺、古鉄炮
33一、九拾挺、新鉄炮
34一、四拾六挺、同大筒
35一、三挺、なんはん筒
36一、四拾六本、持鑓
37一、百三拾本、長柄
38一、拾本、木身ノ鑓
39一、弐拾六ふり、長刀
40一、九拾、口薬入
41一、弐百六拾七、木綿道眼
42一、壱領、自身ためしさねノ具足
43一、壱荷、茶弁当
44一、壱かつき、弓たて
45一、自然帳はつれノ道具猶予之ハ作州へ遣
46一、勢州より与州へ八木弐百五拾石遣
同百石美作守へ遣
七拾五石丹後守へ遣
七拾五石蔵人へ遣
47一、与州へ味噌豆五石遣
同弐石美作守へ遣
壱石五斗丹後守へ遣
壱石五斗蔵人へ遣
48一、馬六疋之内弐疋、美作守へ遣
49一、於江戸新蔵之内ニ有之諸道具之分不残美作守へ遣
50一、頂妙寺之孝淳方ニ金屏七双半之分頂置候即孝淳へ遣
51一、江戸上屋敷作州へ遣
但広間東之塀より東之分、自身居申候家屋敷共ニ蔵人へ遣

6上上　　一、壱箱、巻物共入、五ノ板ノ物箱
7黒色中箱　一、壱箱、百三拾壱入、帷子
8栗色箱　　一、壱箱、六拾七単物、弐拾八遣小袖、ぬいあわせ有之
9　　　　一、六貫七百目、むしり綿弐把
10　　　　一、壱箱、らうそく百挺
11　　　　一、壱つ、掛硯
12　　　　一、四つ、はさミ箱色々入
13　　　　一、壱ふり、長刀
14　　　　一、五本、持鑓
15　　　　一、壱腰、不断指之刀

□めぬりの箱ニ入分
16上上上　一、壱箱　一、弐拾腰分、刀一つ金具
　　　　　　　　　一、弐拾弐腰ノ分、刀ノさやさあさやぬりさや
　　　　　　　　　一、弐拾六腰ノ分、脇指ノさや一つ

是よりおく未請取不取
17一、四拾挺、らしゃ鉄炮袋
18一、五拾挺、しゃうしゃうひ鉄炮袋
19一、壱つ、御こたつかけまきえはさミ箱ニ入
20一、小袖六之内、御もんしまのうら、あさき
　　　　　　　あやしま、うら黒
　　　　　　　弐つのし目、うらあさき
　　　　　　　しゃちん、うら黒
　　　　　　　白はたへむくむく
21一、壱箱、小袖五之内、弐つさあや
　　　　　　　　　阿や嶋
　　　　　　　　　しやす
　　　　　　　　　のし目
22栗色ノ箱ニ入、一、壱つ、段子ノまく
23　　　　　　一、七つ、古ひろうと
24　　　　　　一、三拾壱、丹後道眼
25栗色箱ニ入候夜掛六之内、壱つ、つむきふとん
　　　　　　　　　　　壱つ、こたつかけ
　　　　　　　　　　　壱つ、とんす
　　　　　　　　　　　壱つ、べに入□物
　　　　　　　　　　　壱つ、をかへ□
　　　　　　　　　　　壱つ、しふちゃ
26一、三拾六張、新弓

**《木地長持ニ入分》**

297のほり出し鳥毛50本　298はさし鳥毛 112　299鉄炮ノ口薬入５つ
300鉄炮とうらん３つ　301鉄炮玉袋入鴨ノはし１つ　302鉄炮いなへ９つ
303鉄炮いかた大小18　304なまり玉　305半弓ノ矢５筋
306馬取ノまへかけ30

**《木地長持ニ入分》**

307鉄炮着小さし物、きぬ 388
308鉄炮小さし物、かけ筒、おころもち 200人前の分
309うけ筒ノからミなハ色こん 148筋　310新キのほり衣79本
311のほり手縄70筋　312うけ筒ノからミなハ 120筋

**《長持ニ入分》**

313古キのほり衣 250本　314木地箱ニ入のほりノかこ手68本

**《木地長持ニ入分》**

315も丶ひき 120　316手ぬくい、かきすし 124　317もめんはたき 118
318木地長持二枝ニ入のほり具足51料

**《木地長持ニ入分》**

319古キ具足下、但し用ニ不立 161人前　320古キゆこ手 162人前
321古キ道眼５人前

**《木地長持ニ入分》**

322もめんこゆて、之ニ筋道新キ、内五十五ぬの 255人前
323のほり指具足、但こいあさき新規55人前

324まへくし12人　325のほりさし29本　326鉄炮着ぬりわた 103かい
327鉄炮ノ火なハ60筋　328のほりかけ筒14　329のほりかニ手68本
330のほりうけ筒60　331小さし物ノうけ筒 220　332鉄炮玉薬箱ニ入９荷
333鉄炮路次へ、但与州へ砌３荷　334矢筒５荷　335わん50人前
336あしうち折敷50人前　337つほさら、ふた共ニ50人前
338ひらさら、ふた共ニ50人前　339す丶はち４つ
340なますさら、但そめ付50　341すさら50　342す丶１対　343かないろ２つ
344ゆつき１つ　345杉丸はし、角はし 500セン　346食次しゃくし５つ
347しんぬりかんなへ２つ　348なし地まきへ重箱１組　349染付大はち１箱
350もめんまく６はしり

**(2) ７月19日「一柳美作守へゆつり渡諸道具之帳、一柳監物」**

1上上上　一、壱枝、刀脇指入、栗色小長持
2　一、壱枝、同入、まっ黒小長持
3上上　一、壱枝、万入、黒小長持
4上上新箱　一、壱枝、金銀入、黒長持
5上羽化こノ箱一、壱枝、金銀入、黒長持

《杉長持ニ入》

228五丸九束内一丸帳かミ、四丸九束をなし

《たて弐ツニ入》

229木わた7貫 900目

《杉長持ニ入分》

230なをし紙15束　231帳かミ10束　232染あつかミ3束

233ひねりミの1つ　234平家1帖

235あつかミ　3束6帖白キ、弐束ハくろキ5束6帖

《杉長持ニ入分》

236御小ふり2つ　237御えほし1つ　238御刀かけ1つ

239てかけ硯、但御ふう有1つ　240金はく2箱　241すりはこ1つ

242す、1対　243御もん大ひらさら6つ　244御領分郡村々之絵図1つ

245くろぬりの重箱1組　246すはち2つ

247ろうそく2箱　248栗色重箱5箱　249けし・からし弐箱ニ入42袋

250金ひゃうふ3双　251具足2箱　252栗木色大重箱5組　253す、3箱

254屏風色々御座舟へ遣5双半　255あふミ御座舟へ遣23かけ

256くら御座舟へ遣7ふち　257折釘御座舟へ遣1包

258高ひしゃく御座舟へ遣3本　259古キ□け、しりかい、御座舟へ遣1包

260腹付御座舟へ遣3かけ　261せとばち御座舟へ遣10

262古キあをり御座舟へ遣2かけ　263くつわ御座舟へ遣1包

264しふかみ御座舟へ遣5枚　265桐板御座舟へ遣25枚

266やけんつは共ニ2つ　267かき3つ　268くらあふミ1かけ　269なた6丁

270鶴2わ　271馬ノたつな23　272白鳥2わ

273ひはり1わ　274うし角7つ　275芹* 紙、うつはミつ1包

《木地長持ニ入分》

276弓ノつる 269筋　277もめんノひなわ 172かけ　278矢ノね31

279やり3本　280とうらん2つ　281長柄ノさや、但鳥毛90

《木地長持ニ入分》

282もめんひなわ 184筋　283竹ひなハ 173筋　284馬よろい1かけ

285竹ノごう 150余

286中ノ矢根共箱ニ入 100筋　287かふと立6本　288馬しるし棹2本

289馬しるし鳥毛2つ　290三の手ノしない竹2本

《木地長持ニ入分》

291うつほ、但なめし、金ノもん在之20本

292うつほ、但なめし、ぬいかけ4本　293鉄炮袋、但なめし37

294弓袋、但なめし10　295とうらんなめし24　296矢ノね箱1つ

160ゆとう、内弐つしんぬり４つ　161しんぬりめしつき５つ
162ためぬりめしつき２つ　163くり色ノめしつき３つ
164あさ絵ノめしつき３つ　165しふち小丸ほん24　166しんぬりろうはこ２組
167三重ノふちたか１組　168ミしたらい２つ　169なしちちらはこ１組
170しんぬり小湯とう１つ　171ミしたらい１つ

**《杉長持ニ入分》**

172ぬりかんなへ３つ　173かないろ７つ　174大ちうはこ２組
175なしちちうはこ４組　176まき絵さかつき20　177木かんなへ１つ

**《杉長持ニ入分》**

178すし９つい　179しんぬりちうはこ４組　180かないろ６つ
181大やくわん１つ　182酢さら　183かんなへ２つ

**《木地長持ニ入分》**

184きりノ御刀箱７つ　185きりノ御脇指筋７つ　186御手ぬくいかけ２つ
187御刀かけ２つ　188料紙はこ１つ　189つゝらノ大こり１つ
190かうかわふんこ１つ　191けんたい１つ　192ためぬりふんこ１つ

**《杉長持ニ入》**

193しんぬりめしつき５つ　194くりいろめしつき19
195しんぬりつゆき７つ　196丸本17枚

**《五十人前十箱ニ入》**

197江戸しゃわん50く　198かへ折敷50枚　199つほさら50
200ひらさら50　201さかつき 100　202めしつき、しゃくし共ニ５つ

**《百人前拾九箱ニ入》**

203あかりこくろわん 100く　204折敷 100枚　205つほさら 100
206ひらさら 100　207さかつき 100　208めしつき10　209しゃくし10
210此内折敷弐枚、さかつき四つ不足ノ分

211**すないろ廿五５箱**
212**すはち卅５箱**
213**そめ付大さら廿２箱**
214**木ノちいさ刀但下緒共に26**

**《木地はこニ入分》**

215かなあんとん３つ　216すいふろ１つ　217水さし１つ　218かんなへ５つ

**《木地はこニ入》**

219ねすミ不入、あんとん３つ　220ちゃうき３つ　221まる１つ

**《木地はこニ入分》**

222かなあんとん４つ　223かけとうたい５つ　224くら１ふち
225かなふセ升拾三、内九つ京升、弐ツ町升、弐ツ下用升、壱ツやくわん

**《杉長持ニ入分》**

226半紙10しめ　227小かミ10束

80かちんきれとも

**《ためぬりはさミ箱ニ入》**

81なつめはこ14　82なつめはこ内なつめ有５つ　83鞍９ふち内１ふち要打

84上々ふろかま御茶屋御用　85台子１組　86水指１つ　87水こほし１つ

88ひしゃく立１つ

**《次ノ間》**

89ふろかま御茶屋ノ御用　90台子１組　91水さし１つ　92水こほし１つ

93ひしゃく立１つ

**《木地長持ニ入分》**

94御朱印箱２箱　95てんひん１つ　96山ふだ１箱

97とのくちふんこ１つ　98栗色ふんこ４つ　99帳書付共１箱

100内ニ小きる物弐ツ、さるかん弐つ、しゃす并はふたへかうろ有１箱

101きりちゃへんとう１つ　102御手ぬくいかけ１つ

**《木地長持ニ入分》**

103御かけ硯２つ　104すし茶わん１つ　105すゝノさら３つ

106木ノぬりかんなへ２つ　107あをい御もんこき１く

108せいほいんさかつき22　109御しゃうき１く　110小さかつき64

111かなしゃくし16　112めしつき33　113やくわん６

114きり御もんおしゃうき１く　115まきへノ木さら９つ

116かうらい小はち１つ　117そめ付はち１つ　118白キ茶碗１つ

119からノハ角ほん１つ　120まき絵たかえこし１つ　121かないろ１つ

122ねこあしほん１枚　123染付ノ酢さら10　124すし１対

125しんぬり大すり箱２つ　126染付なますさら10　127まきへちうはこ１組

128すしかう箱１つ　129しん取７つ　130油つき４つ　131薬鍋10

**《木地半長持ニ入》**

132むらさき尻かハ１かけ　133しんく尻かハ２かけ

134あをりノ緒、但もめん　135手綱とも　136のくつしほねとも

137ほらノかい２つ　138ねりくりノあをりノ緒　139きつ付腹付２かけ

140くら４ふち　141たちき２つ

**《木地杉長持ニ入分》**

142もうせん３枚　143あかねもめん19端　144嶋もめん37端

145ふとんはり10筋　146嶋もめん帯９筋　147女かるさ３く

148しゃむろ染５端

**《木地長持ニ入分》**

149しし地ノ刀筒４つ　150くろぬり刀筒６つ　151御脇指ノさや

152つは80枚　153布むね当１包　154くろぬり脇指筒９つ

155ぬりさや・さめさや９本　156御刀かけ１つ　157御硯箱５つ

158ぬり状３つ　159外色々道具入

**《杉長持ニ入分》**

《不入古帳并御せいし故やき申候》（＊印は記載抹消の跡あり）
23万書物共、くり色箱ニ入＊　24万書物共、同箱ニ入＊
25色々帳共、黒キ箱ニ入＊　26紙帳、杉はこニ入＊

27五束行書、杉はこニ入
28弐ふち、鞍あふミくり色ノ鞍箱ニ入
29くらあふミなし、地黒キ鞍箱ニ入
30弐両具足并小道具共ニ
《木地はこニ入分》
31手しかく１ツ　32黒キしかく１ツ　33花入、但やき物１ツ
34たヽミいと１貫目余　35しかくたい７ツ

36半屛風家ニ入
37大弁当
38三人前ノへんとう１ツ
39こはん、家ニ入２めん
40しゃうきはん、家ニ入２めん
41丹後守様御茶つほ２箱＊
42明つほ２つ
43大ぼん２つ＊
44大ほん９つ＊
45御茶うす１つ＊
46御茶屋こたつ１箱
47らうそく100 丁
48東鏡、但五十一巻１箱
49からかね鍋大小一箱ニ入５つ
《栗色箱ニ入分》
50白もめん14端　51かきもめん５端　52あさきもめん11端
53筋もめん２端　54かちんもめん２端　55白キぬの６端
56くすぬの１端　57もめん糸３巻　58白キもめん下帯４筋
59もめん袋２つ
《栗色箱ニ入分》
60水引　61大すミ３ちゃう　62馬ノたすけ　63ふミはこ５つ
64かうかい４本　65あふき14箱　66いろいろきぬ糸とも
67しゃうしゃうひ刀袋４つ　68かな印判２つ　69古さめ５本
70かちゃう１つり　71ひん水入１つ　72右之外いろいろ入有
《木地はこニ入分》
73上々御座畳へり　74赤地ノとんす２巻　75とんすノきれ３包
76高宮16端　77かちんぬノ40端　78とうぬの10端　79カウライヘリ７巻

（以上、風呂屋之分）

673**鷹部屋（3間）**　674戸3本
675**馬屋（2間×6間）**　676戸だいしょう3本
677**長屋（2間×15間）**
678うつみ門、戸ひら二枚、くゞリ戸有　679戸4本
680**土戸5本**　但五ケ所ニ有

681**座敷、下屋敷之分（3間×6間）**
682畳40畳　683腰障子17本　684戸14本　685ふすませうし4本
（以上、下屋敷、座敷之分）

686**台所（3間×5間）**　687腰障子3本　688戸3本
689**家（1間半×4間）**　1ツ
690**家（2間×6間）**　1ツ　691戸1本
692**家（2間×3間）**　1ツ
693**土戸、但三ケ所ニ有**　3本

（以上）

（差出）松平摂津守内高橋分右衛門、山岡喜左衛門
（宛名）一柳監物内石河忠右衛門、後藤十左衛門、桑原次郎兵衛、
藤田夫左衛門

**(1)寛永13年7月19日「此帳面美作守へ不残遣道具之帳、一柳監物」**
**《栗色箱ニ入分》**
1せてんノ道眼21　2もめん黒茶道眼2　3めんすノ道眼11
4しやちんノ道眼8　5かめや嶋ノ道眼5　6もめん嶋ノ道眼2
**《ためぬりはさミ箱ニ入分》**
7むらさきかハ6　8ちゃカハ6枚半　9なめし1枚　10右ノ外色々とれ共有
11**九つりかちゃう、黒キ箱ニ入**
12**古キ御朱印箱、1つ**
**《栗色箱ニ入分》**
13ゆかたしほやぬの22端　14しほやぬの4枚　15ひしぬの上々2端
16白さらし1疋　17ちゝミ1ツ

18**料紙分　大つゝら三ツニ入**
**《木地はこニ入分》**
19赤しゃう束夏冬ノ分2ツ　20さしぬき1ツ　21すわら□上下共ニ1ツ
22かふりえいとも蔵人分

617**湯殿せっちん（1間半×4間）**
618畳、但あかりや3畳　619杉えん（3尺×3間）　620戸
（以上、湯殿之分）

621**ろうか畳**　5畳
622戸2本　623腰障子2本

624**台所（4間×5間）**
625戸大小4本　626物置（1間×3間）　627五重ノたな二ケ所ニ有
628なかたな（3尺×2間）　629釜1ツ　630台頭へ置畳6畳
（以上、台所之分）

631**ろうかノ畳**　18畳　632腰障子4本　633戸大小6本
（以上、ろうか之分）

634**北ノえんがわノ畳**　6畳　635戸1本
636**東ノえんがわノ畳**　8畳　637戸1本　638れんじのあかりせうし2本
639**畳**　24畳　640戸2本　641腰障子4本　642三重ノたな三ケ所ニ有

643**座敷（3間×3間半）**
644畳19畳、内壱畳ハとこ畳　645小戸2本　646腰せうし4本
647ふすませうし6本　648せうし5本　649いろり但しふちくろかき1ツ
650袋棚1ツ　651ぬきえん（3尺×2間半）　652石はち1ツ
（以上、座敷之分）

653**台所（6間×6間）**
654畳28畳　655戸大小10本　656腰障子6本
657五重ノ棚三ケ所ニ有　658せうし4本　659なかし棚（3尺×2間）
（以上、台所之分）

660**土蔵（2間×3間）**
661三方ニ棚有　662小戸2本　663小せうし2本　664大戸寸戸有2本
（以上、土蔵之分）

665**蔵（4間×6間）**　666戸3本
667**蔵（2間×6間）**　668戸4本

669**風呂屋（2間×6間半）**　但小風呂有
670せうし4本　671戸3本　672釜大小3ツ

（以上、家壱つノ分）

565**奥ノ物置（２間×３間）**　566戸１本
567**家壱つ（２間×３間）**　568戸２本
569**薪部屋（２間×６間）**　570戸２本
571**馬屋（２間×５間半）**　572戸１本
573**番屋（２間×５間）**　574戸２本
575**番屋（２間×３間）**　576戸１本
577**土戸組三ケ所ニ有３本**
578**家壱ツ（５間×５間半）**
579あかりセう、但石所ニつミ置27本　580戸組石所ニつミ置63本
581畳18畳　582土戸二ケ所ニ有２本

（以上、家壱つノ分）

583**花畠家壱つ（４間×４間）**
584**番所（４間×４間）５つ**
585**馬屋（９間）**　586中間部屋（３間×３間）　587戸５本
588**釜屋（２間×３間）**
589**鍛冶部屋**（２間×３間）
590**下台所**（６間×９間）　591戸大小８本
592**座敷**（２間半×５間半）
593唐紙障子４本　594腰障子８本　595戸２本　596三重ノ棚有

（以上、座敷之分）

597**ろうか**（２間×２間）
598**馬屋**（５間×５間）　599戸４本
600**長屋**（２間×８間）　601戸３本
602**土戸**　但三ケ所ニ有３本

**《蔵人屋敷ノ分》**
603**座敷（５間×７間）**
604畳12畳　605戸10本　606あかりセうし４本
607畳18畳　608戸４本　609唐紙障子４本　610あかりセうし２本
549腰障子１本　550れんしノあかりセうし２本
611**南えんがわノ畳**　内三畳ハおしこミ17畳
612雨戸８本　613あかりセうし大小６本
614**西えんがわノ畳**　６畳
615雨戸７本　616あかりセうし２本

506**番所（１間半×３間）**
507**長屋（２間×５間）**
508**土戸４本**

**《作事屋材木の分》**
509檜角物、長さ弐間半、但大小有32本
510栗丸太、大小有、内廿弐本ハ礼木、御用ニ渡分三拾本 152本
511松角物、長さ弐間半、但大小有57本
512くれ板、五かさニつミ有、但かさニ付六拾束つゝ 280束
513新兵衛板、廿九かさニつミ有、但かさニ付三十束つゝ 860束
514檜おがいた、内拾三枚ハ礼板ノ御用ニ渡分百枚 113枚
515松おが板90枚　516栗角物、内拾壱本ハ古木48本　517どい板 110枚
518かわがり板10枚　519くれまさ、但小枚53枚　520小くれ木50丁
521大くれ木15枚　522大ほた１丁　523桧しゝりゃう９丁
524桧古角物、但長さ七八尺ツヽ26本　525大丸木大小17本
526大すり木大小５枚　527中丸木大小有10本
528古木大小、内十五本丸木45本　529古木大小60本　530古木大小40本
531新松成木大小、内五十六本ハ礼柱ノ御用ニ渡分三拾壱本87本
532古門壱つノ道具かれこれつミ□有之　533畳ノたい４丁　534石ばい６俵
535へりとりノうらむしろ 150枚　536はしこ大小２丁　537くらかけ大小２つ
538小竹30束　539畳ノ下地 152畳　540畳こも1242枚
541杉丸太、長さ四間半１本　542きりノ木、長さ九尺弐間位、四五尺廻り２本
（以上、作事屋之分）

**《美作守屋敷ノ分》**
543**座敷（２間半×４間）**
　544畳、内六畳ハ小へこ27畳　545戸12本　546畳、但ものおき６畳
　547同戸１本
548次ノ間15畳
　549腰障子１本　550れんしノあかりせうし２本
551**家壱ツ（４間×９間）**
　552座敷、但ふたま（２間×４間）553畳16畳　554南えんがわノ畳８畳
　555おしこミノ畳４畳　556戸20本
557**台所（２間×５間）**
　558戸大小３本　559南えんがわノ戸一本　560台所北ノ間ノ戸２本
　561台所物置（２間×３間）　562戸１本
563所々あかりせうし23本
564同障子４本

461からかミセうし、ひってあり２本　462あかりせうし４本

463南えんかわノ畳20畳
464戸大小 464本　465腰障子８本　466あかりせうし４本
467杉障子、ひってかけかね有２本
468西えんがわノ畳８畳
469雨戸12本　470あかりせうし５本
471湯殿（１間半×２間）
472料理ノ間（４間×４間半）
473畳10畳　474戸大小15本　475釜２つ
476北ニひさし有（２間×４間）

（以上、広間之分）

477**ろうか（３間×４間）**
478畳20畳　479戸９本　480あかりせうし７本
481**湯殿せっちん（２間×３間半）**
482戸６本

483**台所（３間×11間）**
484物置（３間×３間）　485戸大小３本　486畳18畳
487**物置（２間×２間半）**
488戸大小２本
489**台所（３間×６間半）**
490戸大小７本

（以上、台所之分）

491**長屋（２間×５間半）**
492戸２本
493番屋（１間半×２間）
494戸１本
495長屋（２間半×16間）
496うづミもん、但戸ひら弐枚、くゝり戸有（３間）　497畳14畳
498戸大小19本　499あかりせうし大小４本

（以上、長屋之分）

500**土戸大小７本**
501**奥台所（４間半×14間）**
502畳18畳　503戸46本　504あかりせうし16本　505釜大小２つ

（以上、台所之分）

416番屋、但とりぶき
417井戸二ケ所、何れもかわ有
418土戸大小
419うしとらノ方矢倉（３間×６間）
420戸大小６本
421鷹部屋（６間）
422戸７本
423番部屋（１間半×２間）
424戸２本　425さう蔵（３間×９間）　426番部屋（２間×４間）
427番部屋（１間半×２間）
428門二階矢蔵、但戸ひら弐枚、くゝり有
429戸大小24本　430あかり障子16本　431畳42畳
432門矢蔵（３間×５間）
433戸大小17本　434れんじあかりせうし５本　435畳12畳

**《北ノ丸ノ分》**

436とりふき家壱つ（４間×５間）、戸三本有
437とりふき家壱つ（５間×６間）、戸拾四本有
438とりふき家壱つ（３間×４間）、戸壱本有
439とりふき家壱つ（２間半×６間）、戸弐本あり

**《丹後守屋敷分》**

440**広間（４間半×15間）**
441唐紙ノ間（３間×３間）
442床畳１畳　443畳、但おしこミ共ニ19畳
444棚半セうし、ひって有２本
445はり付、ひってかけかねかんかう８本　446ふすまセうし４本
447あかりセうし４本
448からかみノ間（３間×３間）
449畳18畳　450はり付戸、ひってかけかねかんかう有６本畳
451からかミセうし、ひってかけかねかんかう有４本
452あかりセうし２本
453唐紙ノ間（２間×３間）
454畳内弐畳ハおしこミ12畳
455はり付戸、ひってかけかねかんかう有４本
456からかミセうし８本
457唐紙ノ間（２間×３間）
458畳13畳　459おしこミたなノこセうし２本
460はり付戸、ひってかけかね有６本

354畳24畳
355戸18本　356あかり障子７本
357東えんがわ（１間半×４間）
358戸２本　359腰障子２本　360二重ノたなあり
361南えんかわノ畳12畳
362戸３本　363こし障子８本
364西えんかわノ畳15畳
365雨戸11本　366あかりせうし５本
367物置（３間×５間）
368戸２本　369二重ノ棚三方ニ有
370物置（３間×５間）
371戸大小共ニ３本　372あかりせうし２本　373二重ノたな有
374北えんかわノ畳17畳
375こし障子10本　376戸６本
377奥ノ台所（６間半×９間）
378畳25畳　379戸大小19本　380釜２ツ　381二重ノ膳棚有
382あかりせうし４本
383ろうか（１間半×４間）
384戸大小３本　385れんじのあかりせうし２本
386二重ノたな有
387ろうか畳８畳
388戸６本　389あかりせうし３本
390同ろうか畳８畳
391戸大小３本　392あかり障子１本　393二重ノたな二ケ所ニ有
394同ろうか畳６畳
395戸４本　396あかりせうし２本　397二重ノ棚有
398台所（６間半×８間）
399戸大小23本　400畳25畳　401五重ノ棚五ケ所ニ有
402なかしたな有（３尺×３間）
403書院へノ廊下（２間×３間）
404畳８畳　405 戸２本　406あかりせうし１本
407三重ノたな三方ニ有
408あふらへや（２間×３間）
409戸１本　410四方ニ棚有
411とりぶきノ家壱つ（５間×５間）
412戸14本
413とりふき家壱つ（４間×５間）
414戸５本
415風呂屋（２間×５間）

298弐間ノ床畳１畳　299畳、青地どんすへり８畳
300書院床こしはり付セうし４本
301こしはり付セうし、かけかね有６本
302ふすませうし、ひってかけかね有４本
303墨絵之間（２間×２間)、但でい引
304畳もへぎどんすへり８畳　305こしはり付セうし、かけかね有４本
306ふすませうし、ひってかけかね有６本
307とくさノ間（２間×２間)
308たゝミ８畳　309はり付戸、ひってかけかね有７本
310あかりセうし４本　311ふすまセうし、ひってかけかね有２本
312三重ノ棚有
313北ノえんかわ、たゝミ10畳
314はり付戸、ひってかけかね有６本　315戸３本
316あかりセうし５本　317おしこミノ畳、二重ノたな二方ニ有２畳
318湯殿せっちん（３間半×３間)
319戸３本　320あかりセうし１本
321南えんかわノ畳12畳
322こし障子11本　323 戸２本
324杉セうし、ひってかけかねあり２本　325あかりセうし１本
326西ノえんがわノたゝミ８畳
327雨戸かけかね有９本　328あかりセうし４本
329ひって四つ、かけかね弐、くさり不足
330ろうか（１間×４間)
331戸３本　332あかりセうし２本
333蔵（３間×５間）但、かわらぶき

334奥ノ座敷（７間×８間半)
335畳12畳　336はり付戸、ひってかけかね有４本
337あかりせうし２本　338腰障子４本　339戸４本
340ふすまセうし、ひって有４本
341畳８畳
342はり付戸、ひってかけかね有８本　343あかりセうし４本
344戸４本
345畳８畳
346戸８本　347あかりせうし４本
348畳８畳
349戸８本　350あかりせうし４本
351畳10畳
352戸２本　353あかりせうし１本

242畳、但へりもえきどんす12畳　243書院とこ、さませうし４本
244はり付戸、ひってかけかねかんかう有８本　245あかりセうし６本
246ふすませうし、ひってかけかねかんかう有８本
247唐紙ノ間（３間×２間）
248とこ（３間×２間）　249床畳１畳
250畳、但へりもえきとんす19畳
251ちがいたな半障子、ひって有４本
252はり付戸、ひってかけかねかんかう有６本　253あかりセうし３本
254ふすませうし、ひってかけかねかんかう有
255唐紙ノ間（３間×４間）
256畳、但へりもへきとんす24畳
257はり付戸、ひってかけかねかんかう有18本　258あかり障子９本
259ふすませうし、ひってかけかねかんかう有４本
260からかミノ間（２間×２間）
261畳８畳　262はり付戸、ひってかけかねかんかう有８本
263あかりセうし２本
264次ノ間（２間×２間）
265たゝミ８畳　266戸４本　267あかり障子１本
268畳、但北ノえんかわ19畳
269雨戸13本　270戸６本　271あかり障子７本
272畳、但東えんがわ20畳
273雨戸14本　274あかり障子６本
275畳、但南えんがわ24畳
276雨戸18本　277あかり障子９本
278杉障子、ひってかけかね有２本
279畳、但西えんがわ10畳
280雨戸６本　281あかり障子３本
282杉障子、ひってかけかね有４本

283**ろうか（２間×４間）**
284畳16畳　285戸大小８本　286れんしのあかりセうし３本
287**ねすミいらす物置（２間×６間）**
288畳26畳　289戸大小６本　290あかり障子大小６本
291弐重ノ棚三ケ所ニ有
292**ろうか（１間半×４間）**
293畳14畳　294戸大小４本　295れんしのあかりセうし３本

296**小書院（５間×７間）**
297上段ノ間（２間×２間）、但はり付でい引絵有

189床有（３尺×３間）　190 床畳２枚
191畳、但へり赤地とんす18畳
192はり付戸、ひってかけかねかんかう有８本　193あかりせうし４本
194ふすませうし、ひってかけかねかんかう有４本
195ほたんノ間（３間×４間）、何れもはり付金絵
196畳、但へり地とんす24畳
197はり付戸、ひってかけかねかんかう有６本　198あかりせうし３本
199ふすませうし、ひってかけかねかんかう有４本
200桧ノ間（３間×３間）、何れもはり付金
201畳、但へりあさきノとんす18畳
202はり付戸、ひってかけかねかんかう有12本　203あかりせうし６本
204畳、但南えんかわ18畳
205雨戸12本　206あかりせうし６本
207畳、但東えんかわ35畳
208雨戸18本　209あかりせうし９本
210杉障子、但絵有、ひってかけかねかんかう有４本
211畳、但北ノえんがわ14畳
212雨戸８本　213あかりせうし４本
214杉障子、但絵有、ひってかけかねかんかう有４本
212畳、但西えんがわ27畳
216雨戸18本　217あかりせうし９本　218四間通りニ五重ノたな有
219三尺ニ指間ハ杉えん通り道、但らんかん有

（以上、広間之分）

220**ろうか（２間×２間）**
221畳８畳　222戸大小５本　223あかりせうし大小３本
224**からかミノ間（３間×３間）**
225畳18畳はり付戸大小、ひってかけかねかんかう有８本
226あかりせうし大小７本
228**東えんがわ（１間×２間）**
229雨戸４本　230あかりこしせうし２本
231**番衆道具へや（２間×７間）**
232畳23畳　233戸大小７本　234あかりせうし大小５本
235二重ノ棚二方ニ有　236ひさし、但二重ノたなあり（１間半×６間）
237**ろうかノたゝミ11畳**
238戸大小５本　239あかりせうし大小３本

240**書院（７間半×９間半）**
241唐紙ノ間（２間×３間）

145南えんかわノ御畳10畳
146雨戸８本　147杉障子、絵有、ひってかけかねかんかう有４本
148あかりセうし４本
149西えんかわノ御畳14畳
150雨戸11本　151杉障子、絵有、ひってかけかねかんかう有２本
152戸２本　153あかりセうし７本
154御湯殿セっちん（１間半×２間半）何れもはり付すなこ絵有
155同御畳４畳　156はり付戸、かけかねかんかう有７本
157北ノぬきえん、こしセウシ８本
158湯殿ノ戸５本
（以上、御奥御座敷の分）

**159御料理ノ間（２間×２間半）**
160ひらき戸２本　161あかりセうし大小８本　162なかしだな２間
**163御台所（６間×６間半）**
164戸大小34本　165御膳棚ノあかりセうし52本　166あかりセうし13本
167大戸６戸　168なかしだな二ケ所ニ有２間　169置いろり大小４つ
170水ため桶５つ　171釜大小２つ
172御台所ノ上二階あがりはし弐ツ有、戸大小六本有
（以上、御台所之分）

**173北ろうか、但三重ノたな有（１間半×２間）**
174あかりセうし14本
**175ころうか、但三重ノたな有（１間×１間半）**
**176かわらふき御蔵（２間半×５間）**
**177へいろ御門１ケ所**
**178土戸、但何れも戸有６ケ所**
**179井戸、但何れもかわ有２ケ所**
**180大筒、だいなし１丁**
**181つきかね１ツ**
**182裏ノ御門矢蔵（２間×４間）、戸大小三本、但戸ひら弐枚**
**183御矢蔵、但二階有、大戸壱本**
**184表ノ御門矢蔵（３間×７間）、戸大小拾弐本、但戸ひら二枚**
**185御鷹部屋、但何れも戸有**
**186かぶき御門、戸ひら弐枚、くゝりひらき戸**

**《二ノ丸ノ分》**
**187広間（６間×13間）**
188松ノ間（３間×３間）、何れもはり付きんえ有

96ふすまセうし、ひってかけかね、かんかう有２本
97御湯殿、セっちん、はり付戸、何れもすなこ絵あり２本
98御畳３畳
99同壱本ハ半せうし、すなこ絵有、壱本ハあかりセうし２本
100御ろうか（１間×２間）
101御畳４畳　102 はり付、ひってかけかね、かんかう有２本
103御セっちんノ御畳３畳
104同はり付戸、大小絵あり、ひってかけかねかんかう有２本
105同ふすまセうし、すなご絵あり、ひってかけかねかんかう有１本
（以上御ろうかノ分）

**106御奥ノ御座敷（６間×８間）**
107上段ノ間（２間×２間）何れもはり付てい引絵あり
108御座御畳、但うんげんへり２畳　109御畳、青地とんすへり８畳
110御床御畳１畳　111御ちかへだなノ半セうし、ひってあり２本
112御書院床、さまセうし４本　113御書院床、かけ戸２本
114御納戸ノ戸、但かなものあり２本
115はり付戸かけ、かねかんかう有２本
116ふすまセうし、ひってかけかねかんかう有４本
117御納戸ノ御畳８畳
118菊ノ間（２間×３間）何れもはりつけてい引絵有
119御畳12畳　120はり付戸、何れもかけかねかんかう有８本
121ふすまセうし、ひってかけかねかんかう有４本
122あかりセうし４本
119鳥ノ間（２間×３間）何れもはり付すなこ絵有
124御畳21畳　125はり付戸、かけかねかんかう有５本
126ふすまセうし、ひってかけかねかんかう有４本
127あかりセうし２本
128萩ノ間（２間×３間）何れもはり付すなこ絵有
129御畳12畳　130はり付戸、かけかねかんかう有10本
131ふすまセうし、ひってかけかねかんかう有４本
132あかりセうし７本
133唐紙ノ間（２間×２間）
134御畳８畳　135はり付戸、ひってかけかねかんかう有４本
136あかりセうし２本
137二階御座敷（４間×４間）、但ふたま有、内一まからかミ
138御畳31畳　139戸大小18本　140あかりセうし17本
141二階御座敷（２間×４間）
142御畳15畳　143戸４本　144あかりセうし２本

49雨戸12本　50あかりセうし６本
51西えんかわノ御畳、内三畳ハ半畳17畳
52杉障子絵有、ひってかけかねかんかう有４本
53雨戸７本　54あかりセうし４本
(以上御広間ノ分)

**55御風呂屋へノ御ろうか、但何れもはり付絵有、すなこ**
56御畳14畳　57はり付戸、かけかね有１本
58大小ふすまセうし、ひってかけかねかんかう有３本
**59御風呂屋（３間×８間）**
60御あかり屋（２間×２間)、何れもはり付でい引絵有
61御座御畳、うんげんへり４畳　62御床畳１畳
63御畳、但とんすへり８畳
64はり付戸、ひってかけかねかんかう有８畳
65こしはり付せうし、ひってかけかねかんかう有４本
66あかりせうし２本
67板ノ間（２間×３間)
68御小風呂戸４本　69御棚ノ杉半セうし、ひって絵有４本
70こしセうし４本　71れんしノ戸１本
72水船、但きりノまきえ、ふちいつかけ２ツ
73御たらい、同まきえ、ふちいつかけ１ツ
74御桶大小、同まきえ、ふちいつかけ１ツ
75御すいなふ、同まきえ、ふちいつかけ２ツ
76御ひしゃく、大小まきえ、ふちいつかけ３本
77御かいげ、同まきえ、ふちいつかけ５本
78たらひ１ツ　79桶５ツ　80かいげ４本　81すないふ２ツ
82とい５本　83ぬかおほくり１足
84西ノえんかわノ雨戸８本
85同えんかわノあかりセうし４本
86東えんがわノ御畳、但押込共ニ５畳
87御たな半セうし、すなご絵有、ひって有２本
88ふすまセうし、すなこ絵有、ひってかけねかんかう有２本
89杉障子、絵有４本　90板ノ間腰障子６本
91御風呂屋かまやノ戸６本
92釜３ツ
(以上御風呂屋ノ分)

**93御ろうかはり付（１間×５間）**
94御畳９畳　95はり付、ひってかけかね、かんかう有１本

**寛永13年６月28日「伊勢国河曲郡神戸城中万改帳」**（播磨小野一柳家文書）

**《御本丸ノ分》**
1**御広間**（７間×11間）
2上段ノ間（２間半×３間）、但何れもはり付でい引絵有
3御座御畳、青地きんらんへり２畳
4御床御畳、とんすへり、但長さ弐間１畳
5御畳どんすへり15畳　6御ちかへたな半障子、ひって有４本
7御書院床こしはり付せうし、但かけかね有４本
8御書院床かけ戸、かけかね有２本
9はり付戸、かけかねかんかう有２本
10ふすませうし、ひってかけかねかんかう有４本
11御何度ノ御畳４本　12御納戸ノ戸、はり付かなもの有２本
13御そくだい、但しんとりそくせん有、何れもくろぬりまきえ１ツ
14御てそく黒ぬきまきえ１ツ
15金桧絵ノ間（３間×３間）
16御畳もへぎ地ノとんすへり18畳
17はり付戸かけ、かねかんかう12本　18あかりせうし６本
19ふすませうし、ひってかけかねかんかう有４本
20金すなこ千鳥ノ間（２間×３間）
21御床畳１畳　22御畳、但かうらいへり12畳
23御書院床ノさませうし４本　24御書院床ノかけ戸かけかね有２本
25はり付、但かけかねかんかう有２本　26あかりせうし２本
27ふすませうし、但ひってかけかねかんかう有６本
28御こたつ、黒ぬり、但ふち共ニ２ツ
29すなこはセ越ノ間（３間×３間）
30御畳、但かうらいへり18畳
31ふすませうし、ひってかけねかんかう有６本
32はり付戸、かけかねかんかう有12本　33あかりせうし９本
34唐紙ノ間（２間×３間）
35御畳12畳　36はり付戸、但かけかね有４本
37唐紙障子、但ひって有６本　38あかりせうし　５本
39同唐紙ノ間（２間×３間）
40御畳12畳　41はり付戸大小、但かけかねかんかう有８本
42あかりせうし４本
43東えんかわノ御たゝみ21畳
44雨戸12本　45あかりせうし４本　46大戸２本
47南えんかわノ御畳、内三畳ハ半たゝみ29畳
48杉障子絵有、ひってかけかねかんかう有６本

# あとがき

本論文集は、佐藤和彦先生の東京学芸大学御退官を記念して、東京学芸大学教員及び卒業生の有志により、先生への献呈論文集として編まれたものである。

佐藤和彦先生は、一九七五年四月に東京学芸大学教育学部に赴任され、以来二十五年間にわたり、日本中世史を中心とする、歴史研究と歴史教育に情熱を傾けてこられた。先生の温かいお人柄もあって、指導を仰いだ学部生・大学院生は、多くの数にのぼる。

特に東京学芸大学のゼミは、単位制のゼミではなく、いわゆる自主ゼミである。日本中世史に興味があり、自ら学ぼうという学生が参加していることもあり、その研究への情熱はたいへん強いものがあった。しかし、情熱に比して、史料読解などの実力はまだまだ未熟であり、もどかしい思いをすることも多々あったが、そのような時にも、先生の温かくねばり強い指導は、私たちに自信を与え、よりよい方向に導いてくださった。ゼミとしての結束も強く、共同しての荘園調査も積極的に行われ、それは何冊かの調査報告書に結実している。

また、東京学芸大学の卒業生は、全国各地で教員になっているものも数多い。在学中に先生の教育に対する情熱を肌身で感じ取ることのできたことは、教員として子供や生徒、学生に接していく上での大きな財産となっているといえよう。さらに、先生の研究に対する真摯な姿は、大学を卒業して大学院に進学し、また社会に出て研究を続けていこうとする時に、常に私たちを鼓舞してくれた。

本論文集を編むにあたって、昨年中に三回にわたる研究会が開催された。月日と報告者を挙げるならば、四月二五日（日）に青木啓明・則竹雄一・楠木武、七月四日（日）に小林一岳・中島敬子・小島晃、七月一八（日）に佐藤先生、及び鈴木哲雄・梶山嘉則・錦昭江・三重野誠、である。先生はすべての研究会に参加され、報告をされるとともに、それぞれの研究報告に対して、懇切な指導・助言を与えて下さった。研究会の報告者・参加者は、懐かしい「佐藤ゼミ」の雰囲気を味わいながら、相互に学問を深めることができたと思われる。

その結果、刊行することができたのが本書である。題名は、「相剋の中世」とした。先生はゼミや授業において、日本中世の歴史を考える上で、民衆の視点から見ることの重要性をかねがね述べておられている。もちろん、中世国家論や制度・政治史も重要な研究対象であるが、それらの研究をする際にも、為政者の背後にある民衆の姿を忘れてはならないということを主張されている。中世社会を、民衆と国家ないしは権力との「相剋」としてとらえ、その「相剋」の実像を民衆の側に立って解き明していくことが、先生の歴史研究の大きな柱である。

先生の薫陶を受けた私たちにも、知らず知らずのうちに、この視点や態度はいわば血肉となっているといえよう。この題名には、そのような先生と私たちの、中世社会への思いが込められているのである。本書が、中世民衆の姿や、民衆と権力の関わりを明らかにするために、少しでも役に立つことができるとすれば、大きな喜びである。

本書の編集の際には、木村茂光先生に丁寧なご指導をいただいた。また本書の刊行にあたって、東京堂出版の松林孝至氏にたいへんお世話になった。無理な編集日程となったのにもかかわらず、本書が刊行されたのは氏の支えがあったからといえる。心から感謝したい。

二〇〇〇年二月一日

小林一岳
則竹雄一

## 執筆者紹介（五十音順）


| | | |
|---|---|---|
| 青木啓明 | 1971年生れ | 東京学芸大学大学院博士課程 |
| 大石　学 | 1953年生れ | 東京学芸大学助教授 |
| 海津一朗 | 1959年生れ | 和歌山大学助教授 |
| 木村茂光 | 1946年生れ | 東京学芸大学教授 |
| 小島　晃 | 1954年生れ | 平凡社地方資料センター |
| 小林一岳 | 1957年生れ | 明星大学助教授 |
| 酒井紀美 | 1947年生れ | 東京学芸大学非常勤講師 |
| 佐藤和彦 | 1937年生れ | 東京学芸大学教授 |
| 鈴木哲雄 | 1956年生れ | 県立千葉高等学校教諭 |
| 中島敬子 | 1970年生れ | 東京都建設局 |
| 錦　昭江 | 1955年生れ | 鎌倉女学院中・高等学校教頭 |
| 則竹雄一 | 1959年生れ | 獨協中・高等学校教諭 |
| 三重野誠 | 1964年生れ | 大分県立先哲史料館研究員 |

相剋の中世―佐藤和彦先生退官記念論文集

二〇〇〇年二月一五日　初版印刷
二〇〇〇年二月一九日　初版発行

編　者　佐藤和彦先生退官記念論文集刊行委員会
発行者　大　橋　信　夫
組　版　株式会社東京コピイ
印刷所　株式会社平河工業社
製本所　渡辺製本株式会社

発行所　株式会社　**東京堂出版**
東京都千代田区神田錦町三―七（〒一〇一―〇〇五四）
電話　東京　三三三三―三七四一　振替　〇〇一三〇―七―二七〇

ISBN 4-490-20396-9 C 3021